古典文獻研究輯刊

二十編

潘美月・杜潔祥 主編

第 13 冊

清代曆書研究

吳 岩 著

國家圖書館出版品預行編目資料

清代曆書研究／吳岩 著 -- 初版 -- 新北市：花木蘭文化出版社，
2015〔民 104〕
目 2+184 面；19×26 公分
（古典文獻研究輯刊 二十編；第 13 冊）
ISBN 978-986-404-094-0（精裝）
1. 曆書 2. 清代
011.08   103027404

ISBN-978-986-404-094-0

9 789864 040940

古典文獻研究輯刊
二十編 第十三冊   ISBN：978-986-404-094-0

清代曆書研究

作　　者　吳岩
主　　編　潘美月　杜潔祥
總 編 輯　杜潔祥
副總編輯　楊嘉樂
編　　輯　許郁翎
企劃出版　北京大學文化資源研究中心
出　　版　花木蘭文化出版社
社　　長　高小娟
聯絡地址　235 新北市中和區中安街七二號十三樓
　　　　　電話：02-2923-1455 ／傳眞：02-2923-1452
網　　址　http://www.huamulan.tw 信箱 hml 810518@gmail.com
印　　刷　普羅文化出版廣告事業
初　　版　2015 年 3 月
定　　價　二十編 24 冊（精裝）台幣 42,000 元　　　版權所有・請勿翻印

清代曆書研究

吳 岩 著

作者簡介

吳岩，女，漢族，1972 年 11 月 13 日出生，吉林省通化市人。先後畢業於通化師範學院、遼寧師範大學、北京師範大學，獲得歷史學碩士、博士學位。2011 年至今，在首都師範大學歷史學院博士後流動站從事博士後研究。主要研究方向爲中國近代社會文化史。發表《從〈前清一代思想界之蛻變〉到〈清代學術概論〉——文本發生學視角下的清學史著述解讀》《從改正朔到改用西曆——西學東漸下國人傳統觀念變化的一個審視角度》等論文，參與編著民國思想文叢。

提　　要

　　清代曆書包括曆譜與曆注兩部分。曆譜所指，相當於今天常見的月曆、日曆、檯曆等所承載的內容，即對年、月、日劃分的簡單的表格類呈現。曆注是對曆譜做出的注釋和補充。曆譜加具有吉凶宜忌項目的曆注，即構成一本曆書所涵蓋的內容。清代曆書在內容上的繁複與龐雜表明，曆書不僅是一種計時授時的工具，也承載著人們對於宇宙、世界及周遭生活的理解和認知。清代曆書的編製、頒行是一種政治象徵手段，在唯天是從的政治倫理建構中，統治者通過編製曆書與頒行曆書的方式，獲取秩序性、等級性的資源，並通過象徵性的手段確認和強化秩序與等級。曆書中對時間點的鋪陳定義，普遍的存在關聯性、規律性和秩序性。人們將自己的日常生活納入其中，並借助此種關聯性、規律性和秩序性，感知存在，建構意義。曆書在進入使用層面之後，因其有著不同的使用功能，也就此繁衍出從編製、頒行、流佈以至解讀都未曾浮現過的意義。除用以查詢之外，曆書還可供背誦、贈予、記事，並因其內涵觀念的象徵性而衍陳爲具有靈驗功效的神靈之物。而曆書作爲書籍，又體現出以編製、頒行到使用爲表現形式的社會運行與社會互動，這意味著觀念世界仍有其社會學層面的影響機制在發揮調節作用。

目

次

緒　論 ……………………………………………… 1

　一、對本文選題的界定 ……………………………… 1

　二、學術史回顧 ……………………………………… 5

　三、研究思路 ………………………………………… 15

　　（一）本文的問題意識 …………………………… 15

　　（二）本文的研究思路 …………………………… 16

第一章　對現存清代曆書的各項分析 ……………… 21

　一、針對現存清代曆書的收藏情況做出的分

　　　析 ………………………………………………… 21

　二、現存清代曆書收藏的可能來源 ……………… 23

　三、現存清代曆書數量的估算 …………………… 29

　四、清代曆書種類劃分的不同標準及其具體

　　　劃分 …………………………………………… 32

第二章　清代官頒曆書的編製與改定 ……………… 35

　一、清代官頒曆書的種類 ………………………… 35

　二、清初改正朔之「改」與「不改」 …………… 38

　　（一）傳統改正朔的性質與作用 ……………… 38

　　（二）清初改正朔——依西洋新法 …………… 40

　三、官頒曆書的編製 ……………………………… 42

　　（一）編製曆書的機構——欽天監 ………… 42

（二）編製時憲書依託的理論書籍 ………… 51
四、官頒曆書的改定 ……………………………… 58
（一）湯若望根據天文實測對曆書做出的
改動及其引發的爭論 ……………… 58
（二）清統治者對曆書做出的修訂 ……… 62
第三章　清代曆書的頒行與流佈 ……………………… 69
一、官頒曆書的頒行 ……………………………… 69
（一）曆書由編製者到使用者手中要經過
的流程安排 ………………………… 69
（二）頒朔與受朔儀式 …………………… 71
（三）儀式中的曆書種類及樣式 ………… 73
（四）京城以外官員獲得曆書的方式 …… 74
（五）頒朔於少數民族政權及藩屬國 …… 75
（六）頒朔與受朔的政治象徵 …………… 76
二、清代曆書在民間社會的流佈 ………………… 80
（一）頒朔於民及其具體措施 …………… 80
（二）民間通書的行銷 …………………… 83
（三）曆書的發行數量及書價估算 ……… 87
第四章　清代曆書的解讀與使用 ……………………… 91
一、曆書的解讀 …………………………………… 91
（一）筆者對時憲書的文本解讀 ………… 92
（二）時憲書編製者與使用者的解讀——
以《民曆輔注解惑》與《大清時
憲書箋釋》為例 …………………… 98
二、曆書的使用 …………………………………… 106
（一）用以查詢和背誦的曆書 …………… 106
（二）用以贈送的曆書 …………………… 110
（三）作為屬靈之物的曆書 ……………… 114
（四）用以記事的曆書 …………………… 118
結　語 …………………………………………………… 129
附錄一　現存清代曆書書目 …………………………… 131
附錄二　《清四朝時憲書》墨筆題記內容摘錄 ……… 161
參考文獻 ………………………………………………… 177

緒　論

一、對本文選題的界定

在澄清和確認曆書這一概念之前，有必要先對曆、曆法、曆注、曆譜等經常與曆書混用或與曆書相關的概念做以闡釋，並在其與曆書之相關為何的分析中，闡明曆書的性質、功能及意涵，最後結合本文論列內容，再對作為本文研究主題的曆書之所指為何，作出澄清和確認。

首先看曆譜、曆注與曆書。曆譜所指，相當於今天常見的月曆、日曆、檯曆等所承載的內容，即對年、月、日劃分的簡單的表格類呈現。曆注是對曆譜做出的注釋和補充。曆譜加具有吉凶宜忌項目的曆注，即構成一本曆書所涵蓋的內容。

其次看曆法與曆書。曆法就現代人的理解來說，是指推算年、月、日的長度和它們之間的關係，制訂時間順序的法則。但在古代中國，曆法涵蓋內容並非如此。學者江曉原得出結論：中國古代曆法的「主要成分為對日、月、五大行星運動規律之研究，其主要目的則在於提供預推七大天體任意時刻位置之方法及公式。」〔註1〕以此進行星占，預卜吉凶。因此，中國古代的曆法並非單純意義上的對宇宙天象的探究和描述，而是充滿人文氣質，從而也就注定了基於此種曆法制定出來的曆書，決然不會是對時間的簡單刻畫，而必然附著複雜的人事意向。唐宋時期曆譜與曆忌之學的深入結合，曆注的由簡至繁，以及明清時期曆書的龐雜和繁盛，正是由曆法而曆書的人文氣象，一路發展而來的結果。〔註2〕就此而言，古代曆法不僅為曆書中曆譜的編製提供

〔註1〕江曉原：《天學真原》，遼寧教育出版社2007年版，第115頁。
〔註2〕曆書載體的變化，使得曆書足夠容納更多的內容，從而出現了越來越多的曆注，這也是由曆譜向曆書或者說由曆日向具注曆轉變的物質因素。相關研究筆者會在學術史回顧中介紹。

天文曆算方面的學理基礎，也奠定了曆書人事對應天象的基調。而古代曆法
爲曆書所開闢出的這個天人相通的空間，其填充物究竟爲何，卻並不必然受
制於曆法，即曆書內容溢出曆法範疇，兩者仍有區別所在。曆法指代的是法
則，而曆書指代的是據曆法劃分而來的一套時間表述體系的物質呈現。曆書
作爲一種表述時間體系的物質載體，在很大程度上是獨立於曆法而取決於政
治、社會、習俗、文化等其它因素的。曆書中大量的曆注及其它內容，都與
曆法沒有直接的必然聯繫。就曆書中的曆譜而言，年、月、日的劃分固然取
決於曆法，但其表述符號，是用阿拉伯數字還是用天干地支，抑或是用政治
的、文化的、宗教的象徵符號，則並不必然與曆法相關。正如曆法全部內容
並非僅供編製曆書之用，〔註3〕而曆書的全部內容也並非僅視曆法而定。兩者
僅有部分的交集，如將曆書僅以曆法視之，無疑將遮蔽曆書部分的社會與文
化功能，尤其是曆書的物質性和日常性，會被完全忽略。所以，曆書與曆法
是兩個相關聯但卻不能等而同之的概念，質言之，曆法重在法，是一種知識
性、技術性的手段，決定了年月日時的劃分，而曆書是一種時間表達的物質
載體，規定了年、月、日時的表述方式。將曆書與曆法區別開來，並非要在
本文有關曆書的研究中，將曆法排除在外，而是要將曆法與曆書從一種概念
上的混用而帶來的邊際完全疊合中並置開來，讓曆法從另外的角度爲曆書研
究提供參照。曆法應作爲曆書遷演過程中的一個變量出現，而不應成爲曆書
的代名詞。

　　最後看曆與曆書。以上提及的曆譜、曆注、曆法、曆書等概念，均內涵
著曆的成分。相對其它範疇而言，曆是一個明確的毫無歧義的指代範疇，但
在進入這一範疇之後，曆之所指究竟爲何，卻是含混模糊的。對於使用這一
概念者而言，可以最大限度地降低誤指，蓋因其含混模糊、無所不指的特性。
但對於接受者而言，尚需結合其據以出現的語境，作出判別，畢竟在曆的範
疇內，又有著不同的領域，事關不同的層面。

　　以上對與曆相關之概念及其與曆書關係的辨析，所力圖廓清與呈現的正
是有關曆書這一概念的範疇及邊界。無論是古代文獻還是今人論述，都存在
著將上述諸多概念混用挪用的現象。〔註4〕就今人論述而言，對有關曆之相關

〔註3〕中國古代曆法對日月及五大行星的研究，遠遠超出了編製曆書的需要，其最
　　　終目的是服務於星占預卜。見江曉原：《天學眞原》，第113～137頁。
〔註4〕例如，黃儒宣在其博士論文《〈日書〉圖象研究》（中國臺灣大學文學院中國
　　　文學研究所2010屆博士論文）中提到「《日書》的性質類似於今日的農家曆，

概念的混用，一方面是對前人的沿襲，另一方面也造成了對相關內容進行研究時，因概念的模糊而難以將問題帶入一個適當的研究框架，做出闡釋。就本文鎖定的研究時段而言，期間人們沒有將曆書作為一個需要辨析闡明的概念來對待之，也正是曆書於此期間在人們腦海中的一種存在方式，這恰是需要本文研究予以解釋的現象之一。

　　辨析曆書與其它概念的相關與相別，正是為了在曆的範疇內，理出相對清晰的脈絡，對準焦距，鎖定本文研究的目標——曆書。對曆書概念作出明確闡發的是學者江曉原：「曆注中有吉凶宜忌之說者謂之曆書。無曆注或曆注中僅有曆忌項目而無吉凶宜忌之說者謂之曆譜。」〔註5〕曆書所涵蓋的內容成為江曉原對曆書作出界定的重要依據。但曆之成書，在於其內容的繁複增加，而曆之為書，則還在於其具備了書籍的特點，質言之，曆書也是書籍的一種。江曉原的定義顯然沒能從曆書的載體形態上予以關注。將曆書納入到書籍的範疇內，接下來仍需對何為書籍作出裁定。書籍史研究所呈現出的書籍的歷史性，決定了對於書籍這一概念的界定必然是多樣的。聯合國教科文組織對書的定義「它指的是至少 50 頁以上的非定期印刷出版物。」〔註6〕這顯然是一個不能讓書籍史研究者滿意的界定，49 頁與 50 頁的差別當然不可能成為研究書籍時做出取捨的標準。有鑒於此，法國學者弗雷德里克·巴比耶在其所著的《書籍的歷史》一書中，對書籍做出了如下界定：「在本書中，我們採取一種更廣闊的視角：我們的目的是在研究文字歷史的同時，研究文字與主宰各個時期的社會、政治、文化和經濟範疇的關聯，換言之，研究它的中介功能。為此，我們將在書的定義下，包括一切不考慮其載體、重要性、周期性的印刷品，以及所有承載手稿文本並有待傳播的事物。」〔註7〕這是一個有關書籍的更為寬泛的界定，本文亦是在此寬泛的書籍界定下，將曆書納入到書籍範疇。現對本文所研究的

　　　舉凡飲食、建築、裁衣、出行等日常生活，及婚姻、喪葬等擇日宜忌都有詳
　　　盡的說明。」江曉原在《天學真原》指出，雲夢秦簡《日書》是「一部曆忌
　　　專書」「曆忌之書並非只講忌，而是宜、忌兼講，其內容正是具注曆中大量曆
　　　注的來源和根據。」（見該書第 141、144 頁）可見曆忌之書與後世人們認為
　　　的曆書既有相同之處，也有不同之處。
〔註 5〕江曉原：《天學真原》，第 153 頁。
〔註 6〕轉引自【法】弗雷德里克·巴比耶著、劉陽等譯：《書籍的歷史》，廣西師範
　　　大學出版社 2005 年版，第 4 頁。
〔註 7〕【法】弗雷德里克·巴比耶著、劉陽等譯：《書籍的歷史》，第 4 頁。

對象——曆書，做出如下界定：含有曆譜和其它內容，以書籍形態出現的事物即爲曆書。

接下來對本文選取的時間段——清代做出簡要說明。毋庸置疑，清代作爲中國歷史上最後一個王朝，經歷了巨大變革，中國似乎所有的關乎古今中西、傳統現代的論爭都要從其說起。那麼，在這一片甚囂塵上的思想論爭之外，在物質層面經歷的滄海桑田的變遷之下，有沒有一種結構化的、模式化的領域存在呢？在我們著眼於清代的激烈變革時，是不是會有一種潛在的、靜默的領域作爲時代的底色而既不爲彼時人察知，亦爲我們所忽略呢？質言之，當清代的變遷發生時，是否有一種不變存在呢？當我們對這些變遷給予過多的關注，並以之定義一個時代時，又是否是全面的呢？這樣的疑問，並非否認變遷的發生，中國的今日之於昨日，可謂面貌全非，這至少從物質層面而言，是可以確認無疑的。但對一段經歷巨變的歷史，僅以變論變，則難免騎驢找驢之誤。或許變與不變之間的彼此規約，才是何以如是的端由，那麼，找出這個不變，便是本文通過對清代曆書的研究所要達成的任務。當然，異質觀念世界在縱向時間維度裏的存在，意味著觀念世界的歷史性變化，但揭示這個變化，需要在一個更長的時段裏，才能顯現出足以讓觀念世界發生結構性變化的機制。正如葛兆光先生借用年鑑學派的「長時段」概念來作爲「一般知識、思想與信仰世界」的變化據以延展的時間坐標系。本文所要找出的清代之不變，是相對於那些浮在歷史表象的變化而言，即此處言及的不變，是一個相對概念。

將清代曆書與不變相對應，首先是就曆書內容而言，從順治朝到宣統朝，曆書的模式化呈現、曆譜、曆注、排列格式，幾無任何改變。除皇帝年號有所不同外，在年、月、日、時以循環符號系統的表述中，甚至覺察不到時間的流逝。其次，清代曆書從編製頒行到使用，貫穿有清一代，從未間斷，則此意味著曆書據以發揮作用的時空中，有著某種不變的領域。最後，曆書作爲一種時間表述的物質載體，其內涵著中國人傳統的時間觀念，在人們與曆書的種種關聯中，勢必有與此時間觀念相呼應的認知與理解模式。那麼，曆書的一成不變，就意味此認知與理解模式的穩定呈現，這就是本文通過對清代曆書的研究所要企及的某種穩定的、模式化的，在一定程度上被清代的變遷所遮掩的不變領域，即清代國人的觀念世界。所以，本文以清代曆書爲主題的研究，是在以清代爲段限的時段內，通過對曆書的研究以呈現彼時國人

的觀念世界。而因清代曆書及其所表徵的觀念世界的穩定性和常規性，所以本文研究傾向於將清代壓縮爲一個橫斷面，忽略據鴉片戰爭以段限而產生出抑或也實際存在的變化，從而在橫斷面的紋理間借曆書溝通意義的鏈接，質言之，本文傾向於橫向的意義詮釋，以呈現藉由曆書表達的觀念世界。當然，鴉片戰爭之後，西方時間制度在中國的逐步蔓延，清末有關改元改曆的紛爭，以及清政府在行將覆滅的最後一刻，宣稱要對曆書做出的修訂，都意味著曆書的象徵性資源所受到的衝擊，但就其日常應用的層面而言，仍有著較爲穩定的呈現。民國旨在廢除傳統曆書的改曆與廢曆運動，屢遭波折，亦說明了以傳統曆書爲表徵的觀念世界依然強固地存留於人們的日常生活之中。而民國政府以改用陽曆爲表現形式的頒行國民曆，儘管所頒曆書已面目全非，但其藉以樹立正統並統御國民的方式，又與中國傳統的改正朔何其相似。所以在抽離了內容之後，形式依然延續，則其在某種程度上也表徵著曾有的觀念世界的延續。

　　但無論如何，清代至今，曆書最後退出了中國的政治領域，也日漸失去其在國人生活中的日常性與必備性。新的時間制度，以新的表現方式，新的影響機制，塑造著中國的現代形態，也表徵著一種新的時間觀念。〔註8〕但仍有的疑問是，那些曾依存於中國傳統曆書中的認知模式、理解模式，是否隨著時間表述方式的改變而改變了？相關與此的論述，就時段而言，已超出了本文的覆蓋範疇，但無疑，本文研究會爲上述問題開展研究提供前提與條件。

二、學術史回顧

　　目前學界尚未有關於曆書的研究專著，以曆書爲研究主題的論文並不多見，其它研究中涉及曆書內容，多出現於天文曆法史、擇吉文化以及風水等研究中。對曆書的主題研究及相關研究基本可分爲兩類。第一類爲縱向的研究，可將之置於曆書發展史的角度來看待。第二類爲橫向的研究，包括對曆書字面內容及相關內容的研究。以下從縱向與橫向兩個方面就學界在曆書方面的研究略作梳理。

〔註8〕對此部分內容，已有學者予以關注，並展開研究，可參見湛曉白：《時間的社會文化史：近代中國時間制度與觀念變遷研究》，社會科學文獻出版社 2013年版；黃金麟：《歷史、身體、國家：近代中國的身體形成（（1895～1937））》，新星出版社 2006 年版；張書華：《現代性的追求：晚清時間意識之轉變及其意涵》，中國臺灣私立東海大學中國文學系 2008 屆碩士學位論文。

　　以縱向的曆書發展史角度觀之，首先進入我們視野的是江曉原對於曆書起源的研究。通過對曆書起源研究的介紹，進一步釐定曆書的範疇，以便在此範疇之內，回顧相關學術研究。如前所述，江曉原將曆書定義為「曆注中有吉凶宜忌之說者謂之曆書。」通過對古曆實物的考察，江曉原認定最晚的曆譜為451A.D.，最早的曆書為658A.D.，由曆譜向曆書的演變過程發生於451年到658年之間，跨越大約二百時間。「1973年於新疆吐魯番阿斯塔那210號古墓出土之唐顯慶三年（658A.D.）曆書殘卷，」〔註9〕為現今所見最早的曆書實物。在曆書出現之前，人們所使用的曆譜，經過漫長的演化，從具簡單曆注，到曆注趨於繁複以至終於成書，而曆注中出現吉凶宜忌內容成為判別其是否為曆書的標準。曆注的由簡至繁，是曆忌之學與曆譜深入結合所致，那麼由此帶來的問題則是：究竟是怎樣的契機，使得曆忌之學被吸收為曆注而終使曆譜繁複成書？江曉原在「這一演變的契機或原因，仍是未解之謎」〔註10〕的不明確態度下，給出了一個近於猜測的答案：「其間或許與異域文化之影響啟發不無關係」。其進一步的研究結論為：由曆譜向曆書演變所發生的時期，「正是七曜術及印度天學在中土流行之時」。〔註11〕所以「中土曆譜演變為曆書，是受了《摩登伽經》、《宿曜經》之類外來學說的啟發和影響，大致當與歷史事實相去不遠。」〔註12〕學者鄧文寬對江曉原的這一結論提出了質疑，在《從「曆日」到「具注曆日」的轉變》〔註13〕一文中，首先作者認同江曉原對於曆譜和曆書的界定，接著指出曆譜與曆書之別，從其自題名亦可反映出來，曆譜自題名為「曆日」，曆書自題名為「具注曆日」，接著對於曆譜向曆書，即曆日向具注曆日的轉變原因，提出了不同看法。鄧文寬認為，曆書出現之前，就存在著曆譜與記載曆忌之學的《日書》，分開書寫、結合使用的情況，只是由於文字載體等限制，而沒能將兩者共置於同一載體當中。秦簡《日書》中記載的曆忌內容已經具備後世曆書曆注中的吉凶宜忌內容，隨著紙張數量的增多，書寫更加容易，將原來曆忌書中的曆忌內容作為吉凶宜忌等曆注引入曆譜，使之繁複成為曆書，是必然的趨勢，所以「由曆譜轉

〔註 9〕江曉原：《天學真原》，第155頁。

〔註10〕江曉原：《天學真原》，第156頁。

〔註11〕江曉原：《天學真原》，第313頁。

〔註12〕江曉原：《天學真原》，第314頁。

〔註13〕鄧文寬：《從「曆日」到「具注曆日」的轉變》，《敦煌吐魯番天文曆法研究》，甘肅教育出版社2002年版，第134～144頁。

變爲曆書，是從中國古曆內容及書寫質材的變化生發出來的，而不待來自域外文化的啓迪。」〔註14〕對於曆書的起源問題，兩位學者的意見既有統一，也有分歧。統一之處在於，都認爲具注曆日，即帶有吉凶宜忌內容的曆譜出現，可看做曆書的起源。具體出現時間的最下限，根據出土古曆實物，兩人都認爲暫定於 658 年是可行的，對於上限，江曉原認爲是在 451 年，而鄧文寬根據竹簡與紙張在西晉並用的情況推斷，在兩晉時期就已出現曆書。另外關於曆譜向曆書的演變問題，江曉原認爲是受域外文化的影響，作爲一種有待驗證的猜測，可擱置不論，鄧文寬將紙張的普及使用作爲曆譜與曆忌結合成曆書的物質條件，無疑將曆書物質性的維度納入到研究中，拓展了曆書研究的視野。陳昊的《「曆日」還是「具注曆日」——敦煌吐魯番曆書名稱與形制關係再討論》一文，〔註15〕是將曆書名稱問題作爲探討主題的文章，其以定名作爲問題的自覺意識，無疑開啓了相關研究的新角度，但其主要是在「曆日」及「具注曆日」之間做出探討，且將兩者都歸諸曆書名下，是在默認曆書爲一種泛稱的前提下，忽略了曆書亦是一種需要釐定的概念。

接續曆書起源研究，論列曆書在唐宋之際的發展，是劉永明的《唐宋之際曆日發展考論》一文。〔註16〕作者從三個方面對唐宋之際的曆日發展做出考論，首先是論證「曆注內容的增加與曆日選擇功能的強化」，進而結論爲「以指示吉凶爲主的曆注內容的擴充使曆日功能發生了巨大的錯位，那就是使曆日指示吉凶的功能比計時授時的功能更加引人注目。」其次，通過「曆日與術數相結合進程的再透視」指出「曆日雖然是由國家編訂的，但以指示吉凶、選擇宜忌爲主旨的曆注內容的逐步充實，首先與眾多的非官方的陰陽術數家的附會造作分不開」，其進一步的發展便是方術化、駁雜化、實用化的曆注內容向官方曆書的滲透。最後，闡述曆日深入日常生活和社會生活的原因及表現。該文是對唐宋之際曆書發展做出兼具縱向與橫向研究的綜合論述之作。上述研究所涉及的三個方面，實則釐劃出了曆書發展的三條軌迹：曆書功能的轉變、曆書發展自下而上的運行，以及曆書之爲用的具體事項。

〔註14〕鄧文寬：《從「曆日」到「具注曆日」的轉變》，《敦煌吐魯番天文曆法研究》，第 134～144 頁。

〔註15〕陳昊：《「曆日」還是「具注曆日」——敦煌吐魯番曆書名稱與形制關係再討論》，《歷史研究》2007 年第 2 期。

〔註16〕劉永明：《唐宋之際曆日發展考論》，《甘肅社會科學》2003 年第 1 期。

　　此外，對於曆書在唐宋元明清時期的大量印刷、廣泛使用的關注仍是接續曆書發展史角度的研究。相對於曆書起源研究存在的分歧，關於曆書在唐代及以後的繁榮發展，各主題不同的研究，均認同這個繁盛階段的存在。曆書的繁盛發展，自唐代一直延續到清代，從相關研究中可得到四個方面的證明。首先是曆書印刷數量大、種類多；其次是曆書使用範圍廣；再次是曆書在民眾生活中成爲日常必備品；最後是曆注內容不斷增加繁複。曆書數量之多，可從出土古曆實物和相關史書記載獲知。「在敦煌卷子中保存下來的唐宋曆書共 37 種。其中唐代 18 種，五代 12 種，北宋 7 種。」「37 份年代確切可考的曆書，分佈於 808～993A.D.之 185 年間，平均五年一份。這一事實值得注意。曆書固然每年都有，但敦煌卷子並不是欽天監的檔案，而是五花八門，幾乎遍及古代中國文化的各個方面，其中出現曆書，本來帶有極大的偶然性。然而竟能平均每五年保留下來一份，不能不說是頗爲豐富密集了。」〔註 17〕曆書在元代已相當普及，「以元文宗天曆元年（1328）爲例，當年全國售賣的曆日就高達三百多萬本，平均約每四戶戶部繳稅名冊的人家，即擁有一本官方印售之曆。」〔註 18〕「自元代以下，明清曆書相對來說不再成爲珍秘之極的文獻，從明中期直至清末，各年曆書大體完整保存下來。這一方面是因年代已近，存留較易，更重要的恐怕是因這些曆書皆爲刊本，發行四方，數量遠較前代爲大。」〔註 19〕明清時期的曆書不但數量大，而且種類多，「曆日的種類也隨著選擇術的深入社會而日漸繁雜，如以明清兩代爲例，欽天監每年除上呈供皇族專用的上曆、皇太后曆、東宮親王曆等曆之外，還編撰有供社會大眾使用的民曆（此即皇曆）和七政曆（記七政四餘之行度）。」〔註 20〕明清時期曆書數量之多，種類之繁雜也帶來了曆書中曆注的繁複與各執一詞，爲此清代前期相繼頒行了對於曆注中所涉及的選擇術予以矯正統一的官方典籍包括：《選擇通書》、《萬年書》、《星曆考源》、《欽定協紀辨方書》。〔註 21〕

　　曆書在經過繁盛發展之後，走向凋落，這樣的判斷是基於今天的曆書現狀而言。就曆書的使用來看，在現今多數人的日常生活中，曆書不再是

〔註 17〕江曉原：《天學眞原》，第 157 頁。
〔註 18〕黃一農：《社會天文學史十講》，復旦大學出版社 2004 年版，第 277 頁。
〔註 19〕江曉原：《天學眞原》，第 160 頁。
〔註 20〕黃一農：《社會天文學史十講》，第 277 頁。
〔註 21〕林裕盛：《擇日通書之脈絡分析與研究──以〈欽定協紀辨方書〉爲中心》，南華大學宗教學研究所 2007 屆碩士學位論文。

生活百科全書和行動指南手冊，失去了它在人們生活中的日常性與必備性，此點是無需論證的現實。此外，隨著曆法退出統治政權關於統治合法性的建構，曆書也隨即失去它在政治文化中的象徵意味，這一點也毋庸置疑。

民國時期，國民政府通過改用陽曆、廢除舊曆等方式，宣告傳統曆書在政治領域失去其合法地位，但同時也頒行國民曆、革命曆等新形式的曆書，希望藉此達成變革、塑造國民觀念的目的。對此展開研究的有左玉河《論南京國民政府的廢除舊曆運動》一文〔註22〕，作者雖然沒有明確引入曆書研究角度，但其論列國民政府廢除舊曆的舉措之一：查禁舊曆書，頒行新曆書，則在某種程度上呈現了曆書的近代際遇。湛曉白的《時間的社會文化史：近代中國時間制度與觀念變遷研究》從時間觀念的角度觸及了民國曆書的多元化呈現，對民國政府頒佈的《國民曆》、革命日曆和民間曆書進行了內容和功能的分析。〔註23〕上述研究涉及的曆書，是從政治、民俗和時間觀念的角度切入，為本文對清代曆書的研究提供了借鑒與思路。

以上從縱向的曆書發展史角度對曆書研究的關注，為我們提供了一個整體把握曆書發展的脈絡，以下從橫向的角度，對於曆書相關方面的個案研究的關注，可以為我們提供一個瞭解曆書的大致框架。橫向的個案研究大致可分為三類，一是結合曆書字面內容，從曆法、術數角度做出的研究。二是從外緣角度，對曆書的出版、發行、頒賜和使用情況做出的研究。三是將曆書字面內容與圍繞曆書相關之內容結合在一起的研究。

首先是針對曆書字面內容的研究。曆書字面內容主要包括曆譜和曆注。對曆譜、曆注考證性的研究，多圍繞敦煌文獻展開。隨著敦煌文獻的發掘，此項研究隨之展開，「最早刊布敦煌曆日的是近代著名學者羅振玉。不過，真正揭開研究序幕的是王重民先生，他於 1937 年發表了《敦煌本曆日之研究》。」相關研究的回顧與展望可參見鄧文寬：《敦煌吐魯番曆日的整理研究與展望》一文。限於學力及專業，本文對此項研究情況不做過多介紹，更多研究可參見學者鄧文寬的《敦煌吐魯番天文曆法研究》一書。

〔註22〕左玉河：《論南京國民政府的廢除舊曆運動》，《中華民國史研究三十年（1972～2002）》下卷，社會科學文獻出版社 2008 年版，第 1167～1219 頁。

〔註23〕湛曉白：《時間的社會文化史：近代中國時間制度與觀念變遷研究》，社會科學文獻出版社 2013 年版。

此外，對曆書字面的研究多圍繞曆注展開。將歷代曆書之曆注做以綜合考察的是張培瑜、徐振韜、盧央的《曆注簡論》一文。〔註24〕該文首先論列了曆注由簡至繁的發展歷程，接著對曆注中出現的「伏、社、臘、梅」、「七十二候與五等用卦」「陰陽、大會、小會、建除、納音」等內容，在闡述其歷史流變的同時，將其含義一一解析。黃一農《選擇術中的嫁娶宜忌》一文，〔註25〕以曆書曆注中「亥不嫁娶」為例，梳理選擇術的流變和其與社會的互動。劉道超、周榮益在《神秘的擇吉》一書中，〔註26〕將曆書作為擇吉必備的工具書，並以清代官頒曆書——時憲書為例，對曆書中出現的「幾龍治水」、「男女命宮」、「年神方位」和其它基本概念逐一說明介紹。此外，南華大學宗教學研究所林裕盛的碩士論文《擇日通書之脈絡分析與研究——以〈欽定協紀辨方書〉為中心》，〔註27〕是筆者僅見的以曆書為研究對象的學位論文。該文主要對現今臺灣坊間流行的擇日通書的編撰體例及內容，做出整理歸納，並與清代《欽定協紀辨方書》進行比較，找出異同之處，仍屬就曆書字面內容做出的研究。

對早期曆書字面內容考證性的研究，所解決的是天文曆法及年代學定年方面的問題。對晚近曆書字面內容歸納總結以及介紹說明性質的研究，為我們理解讀懂曆書提供了必備的知識基礎。但曆書相關的術數文化方面，尚未開展深入研究，在從學理角度回答了「是什麼」之後，卻沒有從文化角度進一步提供「為什麼是這樣」的答案，這是相關研究者在研究過程中便已覺察到的問題。〔註28〕曆書中術數文化研究的匱乏，勢必對本文研究造成障礙與

〔註24〕張培瑜、徐振韜、盧央：《曆注簡論》，《南京大學學報》（自然科學版）1984年第 1 期。

〔註25〕黃一農：《選擇術中的嫁娶宜忌》，《社會天文學史十講》，復旦大學出版社 2004年版。

〔註26〕劉道超、周榮益：《神秘的擇吉》，廣西人民出版社 2009 年版。

〔註27〕林裕盛：《擇日通書之脈絡分析與研究——以〈欽定協紀辨方書〉為中心》，南華大學宗教學研究所 2007 屆碩士學位論文。

〔註28〕「比如建除十二客，天水放馬灘秦簡、睡虎地秦簡均有著錄，排列規則與後世基本相同，也有對『建』、『除』等十二個字所主吉凶的解釋。但若問一下『為什麼這樣』，就很難回答。」見鄧文寬：《敦煌吐魯番曆日的整理研究與展望》，《敦煌吐魯番天文曆法研究》，甘肅教育出版社 2002 年版，第 126 頁；「黃道黑道、明星黑星等等都取十二支方位定吉凶，這是一種古老習俗的遺風，現在許多少數民族還保留著用方位支名和時日支名的所合來定吉凶。它們實質上的天文意義就不大了，其所以能這樣久地保存下來，實應加以深入探索。」見張培瑜、徐振韜、盧央：《曆注簡論》，《南京大學學報》（自然科學版）1984 年第 1 期。

限制。此外，部分研究中存在著對曆書「科學」或「迷信」的價值判斷，是筆者無法做出認同的研究取向。曆書在本文研究中作為一種媒介，經由過去人們對它的諸般看待所呈現的意義模式，是本文力求表現之物。

其次，對曆書的外緣研究，主要是就曆書的編製、出版、頒賜等方面的論述。因曆書的編製關係朝廷正朔大事，所以多為官方掌控。但被稱之「小曆」的民間私編曆書，也有著源遠流長的歷史。劉永明《敦煌曆日探源》一文，對學界普遍認為的「敦煌曆日產生於吐蕃佔領敦煌之後」的結論提出異議。通過對有關材料的梳理和考辨，作者認為「早在 8 世紀初，敦煌地區已經出現了與朝廷頒定的曆日略有不同的私編曆日。這種私編曆是敦煌曆的源頭，同時也是已知的中國歷史上最早的私編曆日。」〔註 29〕曹之《古代曆書出版小考》一文，從出版史的角度對唐、宋、元、明、清時期曆書的編撰機構及出版發行情況做出梳理。〔註 30〕周寶榮《唐宋歲末的曆書出版》一文，主要論述了唐宋不同時期的政府，對曆書出版採取的一些調控政策。正如作者所言，雖然曆書出版在雕版印刷業興盛的前提下，成為圖書出版市場上極為活躍的一項，但政府對曆書出版做出的調控，其出發點並不完全立足於圖書市場的整體政策調控，而事關朝廷內政、外交及整體經濟運作等方面。〔註 31〕這也提示了我們，曆書作為一種特殊的書籍，與其它以閱讀為主要目的的書籍在出版發行方面會有所不同。另外，政府對民間翻印、自刻、自印曆書而採取的或禁或弛的政策，也為我們提供了研究曆書的經濟或政治文化的角度。

如果說在出版方面，曆書還帶有商品的特性，那麼在頒賜方面，曆書則充滿神聖的象徵意味。韋兵《競爭與認同：從曆日頒賜、曆法之爭看宋與周邊政權的關係》一文，便為曆書之為神聖象徵物做出了詮釋。〔註 32〕該文將「曆法頒賜」作為一種確認統治秩序的儀式，從而周邊少數民族是否接受使用宋政權的正朔，成為其是否臣服中央政權的衡量標準。但該文將「曆法頒賜」與「曆日頒賜」混用，〔註 33〕顯然是沒有區分兩者在概念上的異同。曆

〔註 29〕劉永明：《敦煌曆日探源》，《甘肅社會科學》2002 年第 3 期。
〔註 30〕曹之：《古代曆書出版小考》，《出版史料》2007 年第 3 期。
〔註 31〕周寶榮：《唐宋歲末的曆書出版》，《學術研究》2003 年第 6 期。
〔註 32〕韋兵《競爭與認同：從曆日頒賜、曆法之爭看宋與周邊政權的關係》，《民族研究》2008 年第 5 期。
〔註 33〕比如在正文中使用的「曆日頒賜」，而在正文第一部分的標題中使用的是「曆法頒賜」，從行文具體內容來看，兩者是有區別的，但作者並沒有自覺的將二者從概念上做以釐定。

法作爲一種抽象的法則，其據以體現出來則是通過曆算類的書籍和曆書。而「曆算一類有關國家頒布正朔的制曆『核心技術』是禁止輸出的」。所以，中央政權向周邊少數民族政權所頒之曆，無論是儀式中的頒賜，還是接受與使用，都只能具體落實到曆書這一實物上，那麼曆書的另一功能便會就此浮現出來，即頒賜與接受之中，曆書是一種政治權力的象徵物，曆書中的時間標識符號成爲一種可資利用的政治資源，頒賜曆書意味行使統治，接受曆書意味臣服，曆書之被賦予政治象徵意味，在於制曆明時，昭示著受命於天，而受命於天是建構政治統治合法性的終極依據。可惜該文並未將曆法與曆書做概念釐清，曆書的這一功能淹沒在對曆法的論述中。如能將曆書從曆法概念中離析出來，則曆書可作爲象徵物的功能便會呈現出來。而曆書之充滿象徵意味，在不同語境中可讀取不同的內容，這無疑將拓寬曆書研究的視野。

最後是內外結合的綜合研究角度。對曆書字面內容、曆書的編製及印銷情況都有所涉及。這裡重點介紹臺灣學者黃一農的研究成果，其專門以曆書爲研究主題的論文是《通書——中國傳統天文與社會的交融》，該文認爲「通書的命名或取『通天人之際』之義，其中主要可分成百科全書式通書和年度通書兩大類，前者綜合整理各種選擇神殺的規則與意義，後者近乎官頒曆日的增補本。」〔註34〕在梳理了通書的出現及其演變過程之後，作者以福建泉州洪氏繼成堂所編通書爲例，詳細解析了其所編之《嘉慶十二年通書》、《嘉慶二十一年通書》以及《光緒二十五年通書》。從其持續時間而言，即便是民國成立後，繼成堂通書也仍持續刊行。「繼成堂通書從乾隆末年發行迄今，已歷近二百年的歲月，但絲毫未見遭時代淘汰的迹象。」〔註35〕這樣的現象，無疑在提示著我們，某種觀念世界據傳統曆書以爲表現而長久地盤亙在人們的日常生活之中。從其所編通書內容而言，曆算方面的推算頗爲精密，曆注方面則在遵依官頒時憲書、《協紀辨方書》的同時，也採納了民間各類通書之所長，以滿足民間需要。而官頒時憲書在清中葉以後，也開始吸納民間通書的部分內容和格式，清楚地反映出天文與社會間的互動。從行銷角度而言，繼成堂通書的印銷已採取在當時頗具創意的連鎖加盟方式。文章較全面地分析了清代民間自編曆書出現的背景、編撰內容、其與官頒曆書的雙向互動以

〔註34〕黃一農：《通書——中國傳統天文與社會的交融》，《社會天文學史十講》，第278頁。

〔註35〕黃一農：《通書——中國傳統天文與社會的交融》，《社會天文學史十講》，第301頁。

及行銷方式，使得曆書研究觸及了社會、經濟、文化等層面，是較完備意義上的歷史研究。黃一農另外一篇文章《從湯若望所編民曆試析清初中歐文化的衝突與妥協》，該文雖然旨在分析清初中歐文化的衝突與妥協，但其據以分析的對象是湯若望編製的民曆，也讓我們藉以獲知清初曆書編製的一個側面。此外，黃一農圍繞清初「曆獄」及耶穌會士湯若望展開研究的多篇論文，〔註36〕均不同程度地對清初曆書編製、修改及民間接受情況有所反應。黃一農的研究注重史料，尤其是對曆書的利用，別具隻眼，其從天文曆算角度對曆書的專業解讀，更爲不具相關知識背景的研究者提供了進一步研究的支點和平臺。其溝通天文與社會、政治的社會天文學史的研究取向，亦爲曆書研究搭建了曆法、政治、社會相通相融的學理背景及學術脈絡。

對民間通書的另一項研究來自陳進國的《信仰、儀式與鄉土社會——風水的歷史人類學探索》一書。該書爲風水習俗的專題研究，通書作爲民眾獲取風水常識的重要平臺，在該書第三章第一節中得到介紹。作者將通書作爲傳播風水知識的載體，並以福建泉州繼成堂所編洪潮和通書爲例，論述了繼成堂通過面授及函授的方式，招收參校門人和弟子，加速並擴大了通書所載風水知識的傳播。〔註37〕藉此我們可以在一種地方性知識體系的建構傳播，及其與中央意識形態的互動中，認識曆書的媒介地位和整合作用，該文爲曆書研究提供了一個更爲廣闊的知識背景和意義架構。

葛兆光《時憲通書的意味》一文，作者藉由 1931 年北平出版的一本《民國時憲通書》所載的內容，將曆書看做是思想、知識傳播到民眾中的重要文本之一，凸顯了曆書的載體作用。〔註38〕雖然作者興趣所在是知識精英與民

〔註36〕黃一農對曆書相關之其它研究可參見《清前期對「四餘」定義及其存廢的爭執》、《清前期對觜、參兩宿先後次序的爭執》，收入《社會天文學史十講》，復旦大學出版社 2004 年版；《湯若望與清初西曆之正統化》收入吳嘉麗、葉鴻麗主編《新編中國科技史》下冊，臺北銀禾文化事業公司 1990 年版；《擇日之爭與「康熙曆獄」》《清華學報》新 21 卷第 2 期 1991 年；《清初欽天監中各民族天文家的權力起伏》，《新史學》1991 年 6 月二卷二期；《湯若望〈新曆曉或〉與〈民曆輔注解惑〉二書略記》，《國立中央圖書館館刊》新 25 卷第 1 期 1992 年 6 月；《康熙朝漢人士大夫對「曆獄」的態度及其所衍生的傳說》，《漢學研究》第 11 卷第 2 期 1993 年 12 月。
〔註37〕陳進國：《一通而化俗：通書中的風水知識與時空禁忌》，《信仰、儀式與鄉土社會——風水的歷史人類學探索》上，中國社會科學出版社 2005 年版，第三章神聖帷幕：走向民俗化和儀式化的風水信仰，第一節。
〔註38〕葛兆光：《時憲通書的意味》，《讀書》1997 年第 1 期。

眾的思想錯位，但該文研究將曆書置於思想傳播層面，則爲研究曆書提供了兩個關照角度，其一爲思想層面，其二爲傳播層面，而將兩者疊合，或可讓我們發現思想的社會面向。將曆書視爲思想的傳播載體，凸現其物質性與社會性，無疑將爲曆書研究提供新的視角。

綜上所述，學界對於曆書的研究，已取得了一定成果，對曆書起源的研究以及對唐宋明清之際曆書繁盛發展的呈現，勾勒出了曆書的發展軌迹。對曆書字面內容的解讀，提供了瞭解曆書所必須的知識儲備。對曆書外緣以及內外兼具的綜合角度的研究，揭示了曆書所觸及的層面。綜合縱向與橫向的研究，我們可以獲得全程全景式的觀看角度。以上諸多研究均表明，曆書無論是在政治文化還是百姓的日常生活中，都長期佔據著重要的一席之地，其發行數量之多、使用範圍之廣、涉及層面之眾，著實是一個不容忽視的歷史現象。

有關曆書的現有研究成果在揭櫫曆書研究是一個極具說明性的重要研究課題的同時，也爲該領域留下了諸多有待進一步拓展的研究空間。就概念而言，曆書僅在江曉原關於曆書起源的研究中予以明確分析，在其它相關研究中，曆書並沒有被認爲是一個需要界定的概念，而常與其它概念混淆，被曆法、曆日等研究覆蓋。「曆」與「書」均有各自所觸及的層面，學界目前對曆書的理解和判斷也多集中於「曆」，而忽略「書」，即對曆書的研究較多集中於曆譜、曆注、曆法等內容，而甚少涉及「書」的層面。對於曆書多以「曆」看待之，而不以「書」看待之，是目前曆書研究中較爲普遍的現象，由是對於曆書的編製、出版、發行研究較少，尤其缺乏對於曆書使用情況的研究。只有先對曆書概念解而析之，才能構建出合而觀之的綜合研究視野。這也是本文在開篇首先對題名做出界定的初衷。正因爲缺乏對曆書概念的解析以及將「曆」與「書」並重的綜合研究角度，所以既有研究成果，在呈現曆書研究的豐富切入點的同時，並沒有在彼此之間建立起鏈接關係，質言之，零散的切入點尚不足以構成整體的研究框架和成熟的研究理論。

綜上所述，既有研究成果在給文本研究帶來前提與基礎的同時，更留下了諸多懸疑和難解之題。但有問題的地方，恰是研究的起點，所以，目前學界有關曆書的研究成果，對於本文研究所具有的意義，可謂啓發大於借鑒。

三、研究思路

（一）本文的問題意識

　　中國傳統曆書的繁複與龐雜表明，曆書不僅是一種授時計時的工具，也承載著人們對於宇宙、世界及周遭生活的理解和認知。通過對清代曆書的研究，本文所力圖觸及的正是人們的觀念世界。據天象刻畫年、月、日、時以表述時間概念，是曆書的本質屬性，但曆書中定義出的時間概念，卻並不以延展時間的流逝爲主，而是呈現出時間點上的複雜鋪陳，即中國的曆書重「時」而不重「間」。在對「時」的表述中，有著諸多意味：「『時』的第一方面的含義，是指天象、氣象和物候等自然環境構成的情景、形勢，用現代物理學的術語，場，所謂『天時』、『四時』是也；『時』的第二個方面是指更抽象、更一般性的機會、條件，所謂『時機』也；『時』的第三個方面是指宇宙間某種神秘的力量和趨勢，順之者得益，逆之者受損。」〔註39〕就此意義而言，曆書中呈現的與其說是時間觀念，毋寧說是一種人們認知、理解世界並用以開展生活、應對周遭環境的模式。那麼，本文對清代曆書的研究所觸及的就是清代人的觀念世界。

　　但觀念世界又似乎是個無從談起的領域，沒有情節、沒有衝突、沒有矛盾，甚至抓不住內容。觀念不同於思想，如果思想是內容，那麼觀念在某種程度上，就是承載內容的形式。思想具有多變性和多岐性，而觀念則具有穩定性和普遍性。觀念世界傾向於一種模式化和結構化的展現，那是一種理解、解釋模式，一種應用而不知的潛在，甚至是一種用於陳述思想的概念工具。而常常地，用作陳明思想的觀念作爲一種工具，又會和其所要展示的思想發生背離。所以從精英人物的思想入手，去觸及某種具有普遍性的觀念世界，往往適得其反。其一，精英人物的思想，可能代表了同時代思想可能達到的高度，抑或代表了未來思想的發展潮流，但在其所身處的時代，卻未必具有普遍性。其二，精英人物的思想的豐富性與多岐性，往往會使得企圖據其觸及觀念世界的研究者，在思想的眾多岔路口上或逡巡猶疑，或流連忘返，甚或因其思想與其觀念存在的背離性，而在據思想以論觀念的闡釋中妄下適得其反的結論。所以，對觀念世界的把握，最好在精英思想層面以外去尋找入口。當然，這並非是將精英排除在觀念世界之外。觀念世界也並非是一種據以劃分精英與民眾、上層與下層的二元對立的標準尺度。對觀念世界的呈現

〔註39〕吳國盛：《時間的觀念》，北京大學出版社2006年版，第40～47頁。

與把握，需要某種具備穩定性、常規性和普遍性的媒介，由是，曆書可以進入到對觀念世界的歷史研究中。

對觀念世界的歷史研究意味著，作為研究對象的觀念世界相對於今天的異質性的存在。異質的觀念世界並非僅僅存在於人類學家所研究的異文化當中。歷史的變遷同樣可以在縱向的時間維度上造成觀念世界之間的阻隔。察知這個異質觀念世界的存在，來自筆者在對清代曆書從內容到形式，從編製到使用的資料追索中，常常感到的訝異和不可理解。正如達恩頓所言「看不懂一句格言、一個笑話、一個儀式、或一首詩時，我們知道其中必有通幽的曲徑。在文件最隱晦之處挑三揀四，或許能夠解開聞所未聞的意義系統。這樣的線索甚至可能引出令人嘖嘖稱奇的世界觀。」〔註40〕那麼，將這些訝異背後的好奇心用以尋求那些不可解的事物曾經賴以表達其存在價值的意義空間，並在其中獲得解釋，就歷史研究而言，便是一種對曾經存在過的異質觀念世界的觸及和把握。這樣的觸及來自疑問，而這樣的把握則需要借助某種文化層面的闡釋。誠如格爾茲所言：「人是懸掛在由他們自己編織的意義之網的動物。」〔註41〕而文化就是這些網，就是不可解的「社會現象可以在其中得到清晰描述的即深描的脈絡。」〔註42〕那麼，這個用以對清代曆書進行「深描」的脈絡又何以搭建呢？

（二）本文的研究思路

如前所述，目前學界尚無對曆書做以系統研究的專著，個案研究所涉領域頗多，但均各自為政，缺少整體視角。由天文而曆法，由曆法而曆書的研究取向多為科技史角度的研究。所幸的是現在國內及港臺地區科技史研究出現內外兼及的研究趨勢，〔註43〕嘗試在「科技與人文的對話或學術與社會的

〔註40〕【美】羅伯特·達恩頓著、呂健忠譯：《屠貓記·法國文化史鈎沈》，新星出版社 2006 年版，第 3 頁。

〔註41〕【美】克利福德·格爾茲著、納日碧力戈等譯、王銘銘校：《文化的解釋》，上海人民出版社 1999 年版，第 5 頁。

〔註42〕【美】克利福德·格爾茲著、納日碧力戈等譯、王銘銘校：《文化的解釋》，第 16 頁。

〔註43〕黃一農、江曉原等學者不但倡導此一綜合的研究取向，且在有關天文、曆法、曆書等研究中將此研究理論身體力行之，具體研究成果可參見《社會天文學史十講》、《天學真原》等，二人相關理論倡導，可見兩本書前之作者自序，此外江曉原《科學史外史研究初論——主要以天文學史為例》，《自然辯證法通訊》，2000 年第 2 期，亦對此研究取向有更系統論述。

互動中扮演一主導的角色。」〔註44〕但「科技與人文的對話」或將研究主題限定於思想層面，「學術與社會的互動」難免遺漏細微的日常角落。所以，本文研究在憑藉科技史專業研究成果的同時，並不以其內外兼及的研究取向自限，一則因對「內」之不專業，無以由內而外；二則因科技史之內外兼及，恐於本文研究內容仍有不達之處。曆書之難解，不僅在於其內容，更在於其對於現代人而言，所無法理解的日常性、必備性與象徵性，即曆書在過去是怎樣發揮作用、價值與意義的。曆書字面內容之難解，或可借助於天文、曆法、術數等專業角度的研究成果予以解讀，而對曆書之諸多意味的解讀，則須更多借助人類學視角，「理解他人之理解」，方可於細微處收穫普遍性。但如何將曆書之諸多意味統攝於一個整體的架構中予以釋讀，仍需一個能將曆書所關涉的諸多層面並置在一起的研究理路。這樣的研究框架取自書籍史研究理論。

　　本文研究與書籍史理論的適切前提在於本文對曆書概念的釐定，即「包含曆譜及其它內容的書籍，稱為曆書。」本文研究所解析的曆書概念，與此前曆書概念最大不同在於，本文將「曆」與「書」並重。此前曆書研究，多注重「曆」而忽略「書」，本文研究將「曆」與「書」合而觀之。惟其如此，才能將曆書研究納入到書籍史的研究框架內，將有關曆書之編製、修定、頒行、流佈、解讀、使用等諸多層面，統籌進一個整體的研究序列中綜而論之，讓曆書之相關層面的研究各盡其份、各得其所。也惟其如此，才能將曆書置於更寬泛的範疇，同時也是具體而微的語境中，釋讀曆書由內而外的方方面面，進而呈現彼時人們的觀念世界。對曆書概念的重新釐定與解析，不僅是為了適切書籍史研究框架，亦是在以「書籍」看待之的前提下，發掘曆書研究的新領域。

　　所以進入書籍史的研究框架，在於書籍史研究所具有的開放性。書籍史是中國傳統史學研究的內容，也是西方新文化史研究的重要主題之一。中國傳統書籍史研究多為版本學、目錄學、校勘學、輯佚學等就書論書之作，其或為科技史所言的「內史」研究取向，這也是書籍史研究的根本出發點，但只見「書」不見「人」的書籍史，只能說明「是什麼」，而無法解答「為什麼」。給書籍史帶來開放性視角的研究來自西方新文化史研究理論，「書籍的歷史從此可以通過它與社會歷史本身的聯繫加以理解。書籍的歷史首先構成經濟史

─────────────

〔註44〕黃一農：《社會天文學史十講》，自序。

（生產條件、圖書生產本身及其傳播），也構成文化史和文化活動（文本的結構、接受、交流和適應性），因而也構成不同階段的社會、政治尤其是社會等級的歷史。書的『歷史學家領地』觸及正在從根本上擴大的歷史反思的所有方向。」〔註 45〕所以書籍史所具有的開放性與包容性，無疑可以吸納曆書的豐富層次。尤其是書籍史研究中，對於讀者的發現和研究，即閱讀史角度的引入，強化了由書而人的研究路徑。〔註 46〕具體到本文研究，則可凸顯曆書的編製者、相關政策制定者、頒賜者、接受者、販賣者、解讀者、使用者等與曆書相關聯的眾生面向，鼇開一條由書而人、內外互釋的研究路徑。但書籍史研究的龐雜涉獵，並非本文的研究取向，由書籍史開闢出的政治、經濟、文化等領域，就本文研究而言，僅僅是作為釋讀曆書的語境而存在，即在豐富層面搭建的立體化語境空間中，釋讀曆書，以觸及和呈現彼時國人的觀念世界。

所以，將曆書納入到書籍史的研究框架，仍在於作為實在之物，曆書自身並不能構成敘述與言說，尤其是曆書從形式到內容都比較模式化，除歷年的曆譜有所不同之外，曆注內容具有相對的穩定性和不變性，只有在人們對它的諸般看待及對待之中，方能彰顯其之為何及何以如是的影像。所以本文研究並不局限於曆書的字面內容，而是矚意於曆書作為一種意義的復合體，其與外部世界建立的鏈接關係。在此關切之下，曆書的字面內容也不再是自足封閉的體系，而呈現出開放性與映像性。本文對於清代的曆書研究，力求走進曆書據以發揮其價值、作用與意義的語境空間，尋求意義賴以確立、理解賴以達成的觀念世界。質言之，曆書的歷史應該「通過它與社會歷史本身的聯繫加以理解。」職是之故，本文在對曆書概念重新釐定與解析之後，將之納入到書籍史的研究框架予以分析闡釋。

將曆書作為書籍納入到書籍史的研究框架之中，將之置於編製、頒行、流佈、解讀、使用的具體語境中予以釋讀，以呈現觀念世界。以此，本文的清代曆書研究與書籍史研究又並非完全切合，即本文研究並不以論述紙張、印刷、行銷、販賣等內容為主要呈現，即便有所涉獵，均做語境鋪陳之用。

〔註 45〕 【法】弗雷德里克・巴比耶著、劉陽等譯：《書籍的歷史》，第 5～6 頁。
〔註 46〕 有關西方書籍史研究的這一取向可參見羅歇・夏爾提埃：《文本、印刷術、解讀》，收入林・亨特主編，江政寬譯《新文化史》，臺北麥田出版 2002 年版；張仲民：《從書籍史到閱讀史》，《出版與文化政治：晚清的「衛生」書籍研究》，上海世紀出版集團 2009 年版，導論部分。

對曆書的內外兼讀，以呈現觀念世界是本文力求達成之目的。此外，作為一種特殊的書籍，曆書也有別於其它以閱讀為主的書籍。曆書的政治性與實用性，決定了要在其所關涉的政治層面與日常生活中，考察中國傳統政治倫理的建構以及日常生活中曆書的使用。尤其作為日用類書籍，將曆書在日常生活中的使用納入到解讀曆書的語境之中，方足以在完整意義上呈現彼時的觀念世界。而這又非書籍史所能涵蓋。所以，書籍史的理論，對於本文研究而言，其意義在於提供研究的整體框架，而如何在搭建好的框架中，通過對曆書諸多面向的語境解讀來呈現觀念世界，仍需借助人類學的研究視角。

　　清代曆書對於現代人來說十分陌生。那些複雜的循環符號系統，那些交錯的排列規則，倒還在其次，其之所以難懂，是因為我們不具備相關的知識體系。真正讓人費解的是，我們可以看懂文字內容，但不知道為什麼會有這樣的表達。例如筆者看過的很多曆書封面上都有「夜觀無忌」的字樣，這四個字既不難認，意思也不難懂，但依然讓人無法理解的是，為什麼要在曆書上寫這四個字。如果僅以「迷信」視之，而對其加以「科學」角度的批判，或將之作為愚昧的陳迹不屑顧之，那只能流露一個現代人在異質觀念世界之外不得其門而入時的驕傲和無知。「將他們置於他們自身的日常狀態之中，使他們不再晦澀難懂。」〔註 47〕人類學對異文化研究所採取的「理解他人之理解」的研究取向，無疑可以為上述這個問題的解答提供啟示。所以，在以書籍史搭建整體研究框架所創設出的具體語境之中，仍需佐以人類學的視角加以解讀，才能走進陌生的觀念世界。

　　誠然，理論只是一種語言，一種研究取向。任何一項研究都不能嚴絲合縫地嵌入一個完備的理論體系當中，而任何一個完備理論的運用也無法確保將研究提升至同樣完備的程度。有鑒於目前曆書研究還沒有建立起完備的研究理論，筆者在對清代曆書的研究中借鑒了書籍史和人類學的研究理論，亦只能是一種研究的取向，或者說是筆者力求達成的一種效果。

〔註47〕　【美】克利福德·格爾茲著、納日碧力戈等譯、王銘銘校：《文化的解釋》，
　　　　　第 17 頁。

第一章　對現存清代曆書的各項分析

　　清代曆書大量存留，這一現象是在對清代曆書做以研究時不可繞過的領域。其原因有二：首先，清代曆書的大量存留，意味著據其編製、頒行、流佈、使用所鏈接的意義網絡的存在，也表徵著一個賴清代曆書以為浮現的觀念世界的存在。而這正是本文研究所要觸及的領域。其次，清代曆書的大量存留，無疑為我們提供著回到現場的路徑。所以，對現存清代曆書做出系統的歸納和總結，是通往陌生觀念世界的一個恰當的起點。從而，在對現存清代曆書的歸納和總結中，根據那些令我們訝異的、讓我們不解的事項做出分析和判斷，便是足以讓我們走近並觸及那個陌生觀念世界的必經之途。最後，清代曆書是本文研究的主題，則現存清代曆書便可作為本文研究中要使用的核心材料，對之做出分析則既是研究之目的，也是研究之手段。

　　大量的清代曆書現散存於國內外的圖書館、高校、研究所和個人手中。筆者根據各種古籍書目、相關研究論文及網絡書目檢索系統獲取的現存清代曆書的年份、名稱、版本、責任者、館藏地信息，以表格形式列出，作為附錄一附於正文後。本章針對現存清代曆書做出的各項分析，主要根據此書目而來。

一、針對現存清代曆書的收藏情況做出的分析

　　清代曆書在各館藏地的收藏情況，是筆者在整理現存清代曆書書目時，首先獲取到的信息。在對收藏情況做出分析時，某種自今以往的觀念差異性，便浮現出現來，針對差異做出的解釋，便是回到過去的努力。有較多的曆書傳世，起自明代。目前，國家圖書館藏明代大統曆曆書共 99 種 105 冊，已由

北京圖書館出版社古籍影印室彙編成冊，名爲《國家圖書館藏明代大統曆日彙編》（全六冊），於 2007 年出版發行，爲學界提供了完整系統的研究資料。比較之下，數量更多、種類更豐富的清代曆書，目前國內大陸地區尚未見有系統的彙編整理。〔註1〕臺灣及海外按年序彙編整理的清代曆書如下：

（一）中國國家圖書館臺灣分館

1、清嘉慶元年（1796）至二十五年（1820）時憲書（彙集清嘉慶間欽天監歷年刊本）

2、清道光元年（1821）至三十年（1850）時憲書（彙集清道光間欽天監歷年刊本）

3、清同治元年（1862）至十三年（1874）時憲書（彙集清同治間欽天監歷年刊本）

4、清咸豐元年（1851）至十一年（1861）時憲書（彙集清咸豐間欽天監歷年刊本）

5、清光緒元年（1875）至三十四年（1908）時憲書（彙集清光緒間欽天監歷年刊本）

（二）美國國會圖書館

1、1796～1820 年官頒曆書（嘉慶朝曆書）

2、1821～1850 年官頒曆書（道光朝曆書）

3、1851～1861 年官頒曆書（咸豐朝曆書）

4、1862～1875 年官頒曆書（同治朝曆書）

5、1875～1908 年官頒曆書（光緒朝曆書）

6、1909～1912 年官頒曆書（宣統朝曆書）

以上彙編成冊的曆書，僅包含了清代曆書的極少數量，大部分的曆書，仍然是零散狀態。單本曆書既不便於取閱，也無從說明展現曆書的諸多面向。曆書是連續出版物，按年序彙編在一起，方足以呈現曆書的連續性和完整性。此外清代曆書，種類繁多，對其進行分門別類的歸納彙集，也是梳理曆書所關涉的豐富層次的必要手段。

〔註 1〕中國國家圖書館收藏的較爲集中的清代時憲書爲《清四朝時憲書》，共 62 本，雖然沒有彙編成冊，但函入兩匣，書中有同一人的墨筆題記文字，顯然集中的原因，繫於個人，而非有意識地彙編整理。

對曆書的彙編整理必然是在大量收藏的基礎上展開。故宮博物院圖書館收藏的清代曆書全部爲官頒曆書，中國國家圖書館收藏的清代曆書，大半爲官頒曆書，民間通書極少。故宮博物院圖書館與國家圖書館是現今收藏清代曆書最多的館藏地，但遺憾的是，清代曆書的彙編整理工作，尚未見展開。當然，清代曆書無論是從收藏角度，還是從研究角度而言，難免有著尷尬的地位。首先因其成書年代距今尚不算遠，遠不具備宋明時期曆書的收藏價值，所以現在中國大陸的圖書館、高校及研究單位還沒有對某一種清代曆書，比如流傳甚廣的繼成堂通書、崇道堂通書以及清代時憲書、七政經緯躔度時憲書等，做過專門的收集彙編。各圖書館、高校收錄的清代曆書，多爲零散狀態，利用率極低，此其一。其二，清代的曆書，尤其是民間通書，多被看做迷信之物，是陳腐的不值一提的歷史陳迹。其三，即便有人對「老皇曆」偶有關注，也多以個人收藏爲目的，而很難將其置於一個系統化、整體化的範疇。由此帶來的問題是，首先，大量的清代曆書，處於零散狀態，這對於相關研究者的借閱及查詢帶來諸多不便，也使得清代曆書的豐富收藏難以得到充分利用。其次，各圖書館、高校、研究所對民間通書收錄不多，但民間通書依然是大量存在的，其多作爲個人收藏散落各地，很難成爲共享的學術資源，進入到研究者的研究視野。最後，清代曆書的豐富收藏，既提示著對其展開研究的必要性，也因其未能得到系統的整理和彙編，而又在某程度上給開展曆書研究造成困難。

二、現存清代曆書收藏的可能來源

如此眾多的清代曆書留存於世，難免讓人發出的疑問是：這些時效性的日常類用書，如何得以在最開始存留？其後又經過了怎樣的輾轉，穿越時間與空間，直至今日作爲藏書散佈各地？在這樣一部有關曆書的流轉史的追溯中，我們仍然可以根據牽涉其中的人與事來建構曆書產生意義的語境，並在其中讀取觀念世界賴以表達的信息。做這樣流傳史的回溯，不可能存在一條暢通無阻的、可以將沿途風景一覽無遺的時光隧道，這裡可以做的僅是某些片段的修復，完整全面的流轉史，終究是無法呈現的。

回溯清代曆書的傳世，首先要承認的是，相對於子彈庫、馬王堆、敦煌等處發現的秦漢日書和魏唐曆日，作爲本文研究主題的清代曆書，在時間上距今尚不算遙遠，這也是其得以大量存留於世的根本原因。其次是我們永遠無法獲知答案的偶然因素，其間或許蘊含著各種各樣的、千差萬別的答案。

最後是根據現存清代曆書的書目信息以及曆書實物上的蛛絲馬迹，來分析、判斷、推測如此大量的清代曆書傳世的可能原因。而在這樣的原因裏，不僅有我們想獲知的答案，更有由此生發出的眾多疑問，追索這些疑問的答案，便是本文將在以下章節中展開研究所要完成的任務。

清代官頒各類曆書，是現存清代曆書中留存最多、種類最齊全的曆書。收藏較多的清官頒曆書，且種類最為齊全的是故宮博物院圖書館，共計 408 本，覆蓋年份主要為清前中期。曆書種類包括刻本、朱墨抄本時憲書、七政經緯躔度時憲書、月五星凌犯時憲曆、月五星相距時憲書、中星更錄，其中月五星凌犯時憲曆、月五星相距時憲書，就中國大陸地區而言，為故宮博物院圖書館所僅有。故宮博物院圖書館的藏書多為皇室藏書，那麼如此之多的清代曆書，以怎樣的方式流入皇宮並得以保藏？種類如此之多的官頒曆書，除去日用之外，是否還別具用途？

其次是中國國家圖書館。清亡後，內閣大庫書籍主要流入故宮博物院圖書館和當時的京師圖書館（即今國家圖書館）。清代「內閣大庫中所有書籍，均為修書各館收集或購置而來，修書結束後，一般都將所用書籍繳藏內閣。會典館在修書各館中，徵集圖籍範圍最廣，也是入藏內閣大庫圖籍數量最多的。」〔註2〕「會典館是清廷為編纂《會典》而開設的特開修書機構，隸屬內閣。它初設於康熙二十三年（1684），時為編纂《康熙會典》而奉旨設立。以後又曾於雍正二年（1724）、乾隆十二年（1747）、嘉慶六年（1801）、光緒十二年（1886），分別為編纂《雍正會典》、《乾隆會典》、《嘉慶會典》和《光緒會典》而四次奉特旨開設，每次書成後閉館。會典書庫的書籍從朝廷中央各部院寺監衙門如六部、國史館、方略館、內務府、欽天監、武英殿修書處調取，閉館後書檔移交內閣保存。」〔註3〕其中編製與抄寫曆書是內務府、欽天監的工作職責之一，會典館徵調的書籍，或包括曆書。那麼，大量清代官頒時憲書得以存留在中國國家圖書館的可能途徑就是：欽天監、內務府——會典館——內閣大庫——京師圖書館（中國國家圖書館）。中國國家圖書館是今天收藏清代曆書最多的館藏地，而其曆書來源多為清政府相關職能機構，那麼，作為日用類書籍的曆書，其在政治層面又有何作為呢？

〔註2〕蕭東發主編、何東紅、朱賽虹編著：《中國官府藏書》，貴州人民出版社 2009 年版，第 211 頁。

〔註3〕蕭東發主編、何東紅、朱賽虹編著：《中國官府藏書》，第 166 頁。

　　還有一個較為醒目的館藏地是山東省圖書館，在其收藏的全部十八本清代曆書中，其中十七本為順治朝時憲曆，覆蓋除順治二年（1645）外的全部年份。較之於其它朝，順治朝距今時段較長，因此傳世曆書並不多見，國家圖書館藏的順治朝曆書僅兩本——《大清順治三年歲次丙戌時憲曆》、《大清順治十五年歲次戊戌時憲曆》，《大清順治三年歲次丙戌時憲曆》有沈曾植、王秉恩、陳垣的跋，為陳垣贈書。此外順治朝曆書全部藏於故宮博物院圖書館和山東省圖書館，這實在是一個讓人費猜疑的館藏分佈。山東省圖書館的十七本順治朝時憲曆流轉渠道，著實讓人費解，筆者查閱了山東省圖書館建館的一些資料，也未發現任何線索，但這個耐人尋味的館藏分佈，還是昭示著曆書流轉史裏蘊含著曆書研究的豐富取向。順治朝後，康熙、雍正朝的曆書在除故宮外的圖書館，偶有所見，乾隆朝的曆書分佈較為分散，其館藏地包括故宮博物院圖書館、中國國家圖書館、上海市圖書館、北京大學、人民大學、中國歷史博物館等處。清代官頒曆書，多在各大圖書館、高校收藏，一方面與其作為皇室、政府藏書得以存留有關，另一方面也與各圖書館、高校的建館歷史、及採訪書籍政策相關。

　　除作為皇室、政府收藏得以存留外，現存清代曆書仍有在政治層面以外得以存留的方式。比如，成為某種珍貴的贈品，那麼曆書就極有可能擺脫普通曆書來年就被廢棄的大眾化命運，而被曆書所有者世代珍藏。筆者在中國國家圖書館見到的《大清乾隆六十一年歲次丙辰時憲書》、《大清乾隆六十二年歲次丁巳時憲書》、《大清乾隆六十三年歲次戊午時憲書》便是作為這樣的饋贈珍品，被保有者世代珍藏。三本曆書均為刻本，封皮上有墨筆手書的「禮部尚書臣紀昀敬藏」字樣，此外《大清乾隆六十一年歲次丙辰時憲書》的兩篇跋文，也透露了些許這三本曆書的流轉經歷。紀昀的孫子紀樹馨寫於道光十年（1830）六月的跋文，不但寫明了曆書的來歷，也告訴了我們，曆書已被紀家人珍藏了近四十年。跋文如下：「授受禮成，撰進頌冊諸臣，諭內載乾隆乙卯十月仁宗睿皇帝率領王公大臣等，恭進乾隆六十一年時憲書百本，奉高宗純皇帝勅旨，只令於宮廷陳設及頒親近王大臣，而各省頒行仍俱係嘉慶年號，內外章奏亦一體令書新元，至高宗純皇帝御旨御筆紀元，仍用乾隆敘年，以符體制云云。先大父文達公自嘉慶元年至四年迭蒙恩賜乾隆紀年時憲書，歲各一本，久經藏弆，令敬述始末，俾觀者有考焉。」〔註4〕從跋文中可

〔註4〕中國國家圖書館藏《大清乾隆六十一年歲次丙辰時憲書》，紀樹馨跋文。

知，紀家珍藏的曆書年份為乾隆六十一年（1796）、乾隆六十二年（1797）、乾隆六十三年（1798）、乾隆六十四年（1799），共四本，為乾隆皇帝賞賜。1796 年嘉慶帝已登基繼位，皇宮以外頒行的時憲書均以嘉慶為年號，以乾隆為年號的曆書，每歲僅賞賜一百本，因此猶為珍貴。可以想見獲贈者以此為榮耀的心理，因為這樣的賞賜，雖不具政治性的殊榮，但卻意味著某種與皇室的密切關係。以乾隆年號命名的 1796 年至 1799 年的曆書，在官宦士人之間轉相傳遞，並以其私密性而彰顯這一特殊的榮耀。

　　吳振棫寫於庚申年（1860）十一月二十五日的跋文，就告訴我們時至咸豐十年（1860），這四本曆書已轉至「小亭觀察」手中。吳振棫的跋文裏，對時憲書相關的掌故略有提及：「內禪禮成，紀元嘉慶，而丙丁戊巳四年，仁宗恭進高宗時憲書，仍以乾隆紀年仰見孝治敦純，所以上洽歡心者，其曲且摯如此。此四冊為紀文達公家舊物，小亭觀察得之，國家掌故所繫，宜秘藏□易視也。又嘗覽《永寧錄》，雍正元年元旦，監臣進《雍正元年時憲書》，以賜文武各官，蓋是年為癸卯，其時憲書已於上年冬聖祖昇遐之前，通行頒發，故今天下仍用康熙六十二年時憲書，不忍於紀元之初，盡去其舊，孝子不匱之思，先聖、後聖若合符節焉。小亭博蒐舊聞，不知曾見此本否？至如齋戒忌辰，於是日旁加單圈雙圈，自雍正十三年始；紀年舊止六十年，令列百二十年，自乾隆辛卯始；載藩部地方太陽出入晝夜長短及節氣時刻，自康熙間始；乾隆間平回部兩金川，又先後增入，以及乾隆之改書名，嘉慶之改閏，咸豐之不改閏，亦學士大夫所當知者，書中所載或詳或略，今昔有異，惜不能盡獲舊本而參核之也。」〔註5〕吳振棫，嘉慶十九年（1814）進士，自道光二年（1822）起赴官上任，歷任山西、四川布政使、雲南巡撫、雲貴總督等職，同治七年（1868）還鄉，在敷文書院講學。著有《國朝杭郡詩續輯》46卷、《無腔村笛》2 卷、《黔語》2 卷、《花宜館詩鈔》16 卷及《續鈔》1 卷、《養吉齋叢錄、餘錄》等。咸豐四年（1854）任職雲南巡撫時，吳振棫曾就欽天監頒行的次年時憲書樣本，遲遲未到雲南，「以頒朔授時，事關令典，未便坐待貽誤」的原因，向四川蕃司借取時憲書樣本，〔註6〕後來在《養吉齋叢錄》當中，吳振棫也對時憲書的相關典故，多有總結。除紀樹馨與吳振棫的跋文

〔註 5〕中國國家圖書館藏《大清乾隆六十一年歲次丙辰時憲書》，吳振棫跋文。
〔註 6〕見吳振棫《奏為滇省本年至今尚未奉到時憲書樣本現已咨商四川省咨送一本來滇以便刊發事》，咸豐四年七月二十八日，卷號 04-01-38-0026 檔號 04-01-38-0026-049，國家第一歷史檔案館藏朱批奏摺。

外，曆書中還夾有一紙名片，名片上的幾行墨筆題記，又稍稍透露了一些有
關該書流轉的蹤跡：「貴大人，李嘉端（世勳弟）頓首，乾隆舊曆乃我朝大掌
故，題綴數言，非可草草，人事促迫，竟不獲如志，茲謹附櫬，惟有自呼負
負而已，惜陰□叢書已收到，此信即請書安。」〔註7〕藉此，我們可以獲知的
是，以乾隆爲年號的這幾本時憲書，雖然在學士大夫中幾經轉手，但經由以
上的跋文及隻言片語，表現出來的是他們對時憲書政治掌故的一致興趣，讓
人不禁要問的是：爲何時憲書的政治掌故「亦學士大夫所當知者」？爲何「乾
隆舊曆乃我朝大掌故，題綴數言，非可草草」？ 同年份的曆書，注明不同年
號，曆書作爲這一特殊紀年的載體，以此獲得了什麼附加意味？曆書何以能
成爲清代君臣之間親密關係的一個昭示？時憲書對於吳振棫這樣的學士大夫
而言究竟意味著什麼？

此外，曆書還可作爲承載記憶的紀念品而經由家族成員的珍藏得以保
存。筆者見過的一些曆書上有曆書使用者墨筆題記的文字，成爲見證曆書使
用的最直接證據。以國家圖書館藏的《清四朝時憲書》爲例，從咸豐元年（1851）
開始至宣統四年（1912）止，共計62本時憲書，幾乎每一頁上都有墨筆題記
的文字，從筆迹看應爲同一人所寫，題記內容均爲日常生活瑣事，蓋因其承
載個人生活經歷以及家族記憶，而得以經家族成員的世代珍藏，存留至今。
曆書的主人，將自己一生的點點滴滴記載於時憲書上，這樣經歷人生的方式，
通過對時憲書的使用獲得實現。那麼將自己的日常生活瑣事嵌合在以天干地
支、陰陽五行、建除十二直、二十八宿標注的時間表內，又意味著什麼呢？
我們是否可以據此推測，時憲書所承載的時間觀念，就是一個人賴以感知世
界存在的方式之一呢？

除宮廷收藏、家族收藏外，清代曆書是否還有其它的來源？明代《大統
曆》曆書的傳世，或許可以給我們提供一些啓示。學者周紹良曾藏有數十本
明代《大統曆》曆書，在提及《大統曆》曆書得以傳世的緣由時，周紹良提
到了一個頗具民俗意味的藏書來源：「現在各處所存之《大統曆》，大半原來
出於土木偶之裝藏，原因是明代塑造佛像、道像頗多，每像塑造完畢，都把
當年的一本曆書安置像腹。後來年久像毀，或重加修飾，原來所貯諸物遂被
取出，因之遂得爲藏書家所收貯。」〔註8〕清代曆書的傳世是否也有此種可能，

〔註7〕見中國國家圖書館藏《大清乾隆六十一年歲次丙辰時憲書》書頁中夾帶的名片。
〔註8〕周紹良：《明〈大統曆〉》，《國家圖書館藏明代大統曆日彙編》第一冊，北京
　　　圖書館出版社2007年版，第11頁。

目前尚未有確切證據，但明代《大統曆》曆書傳世告訴了我們，曆書除去查閱之外，還有別種用途。明代曆書被藏於佛像、道像的腹中，此種用途的曆書，已不是一般意義上的以供查詢的日用類書籍，而成爲了某種帶有神明色彩的宗教用品。清代接續明代而來，在沒有重大變革的前提下，民俗不至遽改。筆者曾見過一本《光緒三十三年時憲書》，在棕色牛皮紙封面上，有墨筆題記的「普照寺置」四個字，﹝註9﹞雖無法斷定其是否也如明代曆書一樣，置於寺廟中的佛像、道像之內，但可以肯定，這本置於普照寺的清代曆書，與明代置於佛像、道像內的曆書一樣，是帶有神明色彩的屬靈之物，那麼我們要問的是：一本日用類的書籍變爲靈驗的、神秘的、可以通靈的物品，這何以可能呢？究竟是曆書中的哪些內容使得曆書成爲人神溝通的媒介？

　　清代曆書，不僅收藏於中國大陸和臺灣地區，也出現在海外。這些漂洋過海的中國曆書，顯然不是作爲日用類書籍，而被使用不同時間制度、不同時間表述方式的外國人所收藏，那麼不遠萬里的漂洋過海，又是爲了什麼呢？首先要從中西交流說起。清初西人任職欽天監直至道光朝，鴉片戰爭之後，中外交往增多，這些都是中國曆書得以流向海外的時代機緣。任職欽天監的傳教士與海外的通信，爲我們提供了中國曆書走出國門的具體細節。於 1716 年來華並任職欽天監的耶穌會士戴進賢、徐懋德和嚴嘉樂在 1732 年 9 月 2 日從北京寄給捷克漢學家托菲爾‧西格弗利德‧拜爾信中，向拜爾介紹了中國的曆法、漢字、麒麟的象徵寓意等內容，並在隨信寄出的物品中附上「當今皇帝在位 11 年的皇曆」﹝註10﹞。當今皇帝指的是雍正帝，那麼隨信寄出的當爲雍正帝在位時期頒行的曆書。在 1734 年 10 月 30 日托菲爾‧西格弗利德‧拜爾從聖彼得堡回給戴進賢、徐懋德、嚴嘉樂的信中，拜爾對三人不遠萬里從中國寄給他的書籍及物品表示感謝，並提出：「如果能弄到 1723 年前出版的、甚至是你們老一輩的傳教士來中國之前出版的曆書，請一定送我一份，對此我將感到無限幸福。」﹝註11﹞拜爾想要的「1723 年前出版的」的曆書，當爲雍正朝以前的曆書，「甚至是你們老一輩的傳教士來中國之前出版的曆

﹝註 9﹞ 北京師範大學圖書館藏《大清光緒三十三年時憲書》。

﹝註10﹞ 見《戴進賢、徐懋德和嚴嘉樂從北京寄給聖彼得堡托菲爾‧西格弗利德‧拜爾的信（1732 年 9 月 12 日）》收在【捷克】嚴嘉樂著、叢林、李梅譯：《中國來信（1716～1735）》，大象出版社 2002 年版，第 125 頁。

﹝註11﹞ 見《托菲爾‧西格弗利德‧拜爾從聖彼得堡寫給北京戴進賢、徐懋德、嚴嘉樂的信（1734 年 10 月 30 日）》，收在【捷克】嚴嘉樂著、叢林、李梅譯：《中國來信（1716～1735）》，第 133 頁。

書」當爲清代之前的曆書。從托菲爾・西格弗利德・拜爾的回信中，我們得知這位對中國音樂、儒學都充滿嚮往的捷克漢學家，對中國的傳統曆書也抱有濃厚的興趣。但顯然，這些不遠萬里從中國寄往海外的曆書，並不是作爲查看時日或選時擇日的工具用書，拜爾甚至想要傳教士任職欽天監之前的曆書，也證明他關心的不是中國曆書中借用了西法的曆法、曆算，而是曆書中有中國特色的內容，即兼顧日月運行的陰陽曆法，附會天干、地支、陰陽五行，充滿神煞宜忌的曆注。這裡提到的僅僅是中國眾多曆書流向海外的一個小插曲，而且曆書外流的渠道與途徑也並非僅此一種，但拜爾對中國曆書的興趣所在，也爲我們提供了一個審視曆書的中西交界點，這裡帶來的問題是：中國傳統曆書中對宇宙、自然的認知模式，在外國人眼中看來，又會折射出怎樣的觀念呢？以他者爲參照定位的反觀裏，又會有著哪些自我體認呢？

三、現存清代曆書數量的估算

　　筆者整理出的現存清代曆書書目，以表格形式，作爲附錄一附於正文之後。表中收錄清代曆書共計 664 本，〔註 12〕曆書信息來源於中國大陸、臺灣及海外各圖書館、博物館、研究所及高校。收錄曆書年份從順治元年（1644）至宣統三年（1911），共計 268 年，覆蓋清代的時段。其中只有清代乾隆朝的個別年份未見曆書，缺失的年份爲乾隆三年（1738 年）、乾隆九年（1744 年）、乾隆十一年（1746 年）、乾隆十四年（1749 年）、乾隆十七年（1752 年）、乾隆十九年（1754 年）、乾隆二十六年（1761 年）、乾隆二十八年（1763 年）、乾隆三十二年（1767 年），即在 268 個年份裏，只有 9 個年份的曆書沒有存留。可以說現存曆書在年份上幾乎涵蓋了清代的全部時段。但本表收入曆書的數量及種類並不足以代表現存清代曆書的實際狀況。但我們仍然可以以本表收錄的曆書信息爲參照點，綜合其它方面的因素，進行合理的推算與考慮，進而對現存清代曆書的種類與數量，得出一個接近實際的結論。

　　首先，本表收錄的曆書，從縱向的年份來看，力求輯錄清代時間段限內每個年份的曆書信息，以窺曆書發展的延續或斷裂；在相同年份裏，力求輯錄不同種類的曆書及相同種類而版本不同的曆書信息，以窺曆書的豐富性與

〔註12〕《中國古籍善本書目》中收錄的清代曆書均以「卷」稱之，例如「大清順治四年歲次丁亥時憲曆一卷」，其它亦有以「冊」稱之，本表收錄的清代的曆書，均爲紙質，線裝或平裝，從外觀形式看，更接近於現代書籍，況曆書亦有曆本之別稱，所以本文述及曆書數量時，以「本」稱之。

多樣性，同年份、同種類、同版本曆書的數量不在統計範疇。比如，《大清嘉慶十一年歲次丙寅時憲書》在中國國家圖書館、北京市天文館、中國人民大學、國家圖書館臺灣分館、美國國會圖書館都有收藏，且有的收藏地對於同年份、同種類、同版本的曆書，收藏不只一本，則表中該書收藏地中只列出一處收藏地。所以 664 本的數量，並不能代表本表收錄曆書所涉及的圖書館、博物館、研究所及高校的全部清代的曆書收藏數量。即，表中關涉到的各收藏地，其清代曆書的收藏數量要倍數於本表列出的曆書數量。

其次，本表收錄的曆書並未計入現今個人手中的收藏。曆書，已成為現今藏書愛好者的收藏之一。以曆書為專題的文化展亦曾在瀋陽舉辦，書展中展出的是一位曆書收藏愛好者收藏的五百餘本曆書。此外，孔夫子舊書網上的許多家網絡書店，都有清代曆書在售賣，筆者曾經在孔夫子網做過檢索，售出及未售出的清代曆書約在千餘本左右，但因年份、曆書名稱、版本等方面的信息不全，無法詳細統計，只能約其大概。從相關圖片來看，網絡書店售賣的清代曆書，大多品相陳舊，有更多使用過的印記，這與筆者在圖書館看到的曆書形成對比。圖書館收藏的曆書，大多較為整潔，使用印記不多，當然這與圖書館採訪書籍的標準有關，但從曆書研究角度來看，相對於一本整潔如新的曆書，一本陳舊破損帶有手書痕迹的曆書，能更多反映與說明問題。不能一一窮盡這些陳舊的、布滿使用印記的曆書，是筆者在追索翻閱清代曆書過程中深以為憾的事情。這既是論文資料收集過程中不能逾越的障礙，也成為論文研究中不可避免的盲點。遺憾之餘，仍然可以確認的是，通過網絡書店檢索到的曆書數量，並考慮到網絡檢索不到的其它各種形式的收藏，可知在各大圖書館、高校、研究單位以外的清代曆書的存留數量仍是非常可觀的。

最後，結合本表對清代曆書信息的輯錄並考慮以上兩點因素，則現藏於世界各地圖書館、研究所、博物館、高校以及個人手中的清代曆書，保守估計，其數量或在數萬本，種類在數十種。用萬餘本的數量與數十種的類別，這樣量化的數字，來描述現存清代曆書之多，在書籍泛濫的年代，似乎並不具有太多的說服力。那麼我們將其回放至具體的歷史情境中，或許可以再進一步放大它們的數量與種類。曆書是隔年便失去用途的工具性用書，新年伊始，舊年份的曆書就不再具有查閱的價值，除非有特殊的功效或價值，隔年的曆書幾乎很少有人會將其作為普通的以備閱覽的書籍加以保存和收藏，隔

年曆書多半是被廢棄的。得以存留的，且輾轉至今的曆書，相對於那些隔年便被廢棄的曆書來說，在數量上是少之又少的。但就是這些因著這樣或那樣的因素，甚或是偶然的因素而僥倖存留下來的曆書，依舊覆蓋了清代時段的幾乎每個年份，那麼現存這些在年代分佈上密集連續的清代曆書，就在提示著我們，在清代，曆書曾經以多麼巨大的數量、多麼龐雜的種類和多麼豐富的使用層面活躍於人們的生活當中。

　　面對現存清代的萬餘本曆書，面對其曾在清代頒行過的巨大數量，我們該當以何？老曆書作為收藏品，固然有其價值所在，但如果僅僅作為收藏品，不免限定了曆書的價值及利用。早在 20 多年前，著名學者周一良先生首次提出曆書是有準確年款、不得隨意翻刻、事後又無須翻印重雕的古籍，它是鑒定古籍、斷定年代的標示物。如用清乾隆七年曆書的特徵來考證被鑒定古籍的版刻、紙張、印鑒等，是較為科學的方法。學者葛兆光在提及可以作為思想史研究新材料的時候，首先提到的也是曆書。因為曆書上記載的豐富信息，既反映了官方對民眾時間生活的管理，也是正朔法統之所繫。此外，曆書的宜忌內容，也與民眾日常生活觀念及生活節奏息息相關。所以曆書應該成為思想史研究可資利用的新材料。〔註 13〕以上兩位學者從版本鑒定、思想史研究的角度，肯定了曆書的價值，並指出了對現存老曆書加以利用的方法與角度。應該說，兩位學者對曆書的關注，聚焦於現存曆書所呈現給我們的，我們能直接看到的文字記載及版本樣式，這樣的關注為將清代曆書納入到學術研究提供了角度與參照。但將清代曆書引入到歷史研究領域，則我們能做的不僅僅是就曆書論曆書，以曆書為媒介，將其所關涉的歷史整合於一處，或許會為我們帶來一些新的審視角度。曆書呈現給我們的文字也罷，版式也好，都可作為某段歷史曾經發生過的見證。而這樣的歷史，並非指《大清祺祥元年歲次壬戌時憲書》見證了慈禧發動於 1861 年的宮廷政變，在歷史研究中，我們要問的是，統治者為什麼要用頒行曆書的方式來標識其統治的合法與正統？即：我們要將曆書還原至其賴以存在、使用並產生意義的具體歷史語境中，將曆書還原至其不再作為古籍藏書，而是政治象徵物、日用必備品的具體歷史情境中，看一看曆書到底意味著什麼？

〔註13〕見葛兆光：《思想史研究課堂講錄》，生活・讀書・新知三聯書店 2005 年版，
　　　　第 101～104 頁。

四、清代曆書種類劃分的不同標準及其具體劃分

如果說，清代曆書的龐大數量，提示了我們曆書研究的不可迴避及重要，那麼對曆書繁雜種類的梳理與歸納，則是某種形式的按圖索驥。「對文本做稱呼和分類的清晰指標，創造出解讀的期待和瞭解的預期。對於文類的指標而言，情況亦是如此，它把被解讀的文本連結到其他已經被解讀過的文本，而且也以信號告知讀者有關找出文本位置的適當的『預先預備之知識。』」〔註 14〕在書籍與閱讀之間，做出的文本分類，指向閱讀者的期待及與之對應的知識累積，而對清代曆書做出的種類劃分，則指向編製者的目的和使用者的使用。清代曆書的種類繁多，意味著曆書多種用途的存在，釐劃這些不同種類的曆書，便是讓我們得以接近使用現場的手段。此處對清代曆書種類的劃分，均根據附錄一中的清代曆書書目，此書目於清代曆書的數量而言，或不能全面呈現，但就清代曆書的種類而言，則仍是較爲全面的。

清代所有曆書的共同之處在於書中都包含月序、日序表，即對一年時間的以「月」和「日」爲單位的劃分，這也是其被稱之爲曆書的緣由所在。但除去這樣的月、日劃分，曆書包含的其它內容及所呈現的形式，不同之處，所在多多。以下僅從曆書使用的文字、曆書編製者、曆書出版責任者、版本形式和曆書名稱等方面，對表中所列曆書做以大概劃分及簡介。仍需強調的是根據以上不同標準劃分出的曆書種類，並不是單一的，排他性的，而是疊合交錯的，即同一本曆書，可以根據不同的劃分標準，被歸入不同的類別。

從曆書文字劃分來看，有漢文、蒙文、滿文曆書，滿文曆書共 21 本，覆蓋年份從康熙十九年（1680）至宣統三年（1911），其中光緒二年（1876）、光緒七年（1881）、光緒十二年（1886）、光緒十六年（1890）、光緒二十六年（1900）、光緒三十二年（1906）及光緒三十三年（1907），共七本滿文時憲書藏於北京大學，其餘全部藏於法國國家圖書館，均爲官頒曆書；蒙文曆書只收錄一本，爲1856 年官頒曆書，即咸豐六年時憲書，藏於法國國家圖書館；其餘全部爲漢文曆書。曆書的語言文字代表著曆書流佈所能覆蓋的地區，那麼，曆書中的少數民族的語言文字，是僅僅起到一種譯介的作用，還是別有象徵？

從編製責任者劃分來看，主要可分爲官頒曆書與民間曆書。官頒曆書由實施統治的政權下設機構編製，清代官頒時憲書由欽天監編製並負責頒行。

〔註14〕 羅歇·夏爾提埃：《文本、印刷術、解讀》，收入林·亨特主編、江政寬譯《新文化史》，臺北麥田出版 2002 年版，第 234 頁。

將一種以為日用的書籍之編製、頒行統攝於政權之內，就是借助行政手段來干預民眾的日常生活，這可視為曆書的政治用途之一。民間曆書的編製者包括個人及民間書坊館肆。除收錄月份、日序等曆書基本內容外，曆書中的其它內容取決於編製機構的性質及其目的，則編製機構或編製個人在很大程度上決定了曆書所包含的內容。官頒曆書服務於國家機器的運轉、官頒曆書由政府中何種性質的機構負責編製，在某種形式上也體現了國家對曆書在國家政權的運作中所應具有的性質及價值的期待。民間編製的民間曆書則以射利為最終目的，最大限度的迎合市場需要，決定了民間曆書內容的龐雜與豐富。就表中收錄的曆書情況來看，清代的民間曆書存留數量遠遠少於官頒曆書。就民間曆書在表中年份上的分佈情況來看，最早年份為康熙二十九年（1690年）民間曆書，〔註15〕藏於大英博物館。國內收藏民間曆書目前已知的最早年份為 1716 年，即清代張友峰輯《大清康熙五十五年歲次丙申便覽全備通書》。據黃一農的研究，洪氏繼成堂通書，即便是在廢除舊曆的民國年間，也依然持續刊行，〔註16〕「繼成堂通書從乾隆末年發行迄今，已歷經近兩百年的歲月，但絲毫未見遭時代淘汰的迹象，據說全盛時期每年常可發賣數十萬冊，其中尤以福建、臺灣和南洋群島為多。」〔註17〕那麼，清代在曆書具體被使用的階段裏，官頒曆書與民間通書各占的比例，與其在曆書書目中的呈現是否一致？清政府以編製、頒行曆書為行政管理手段，與民間以射利為目的的編製發售曆書，又有著怎樣的分際與糾合？

以上針對現存清代曆書所做的分析，與其說是得出結論，毋寧說是提出問題。結合這些分析清理出來的線索，按圖索驥，並據此探尋意義得以表述的現場，是本文以下章節展開研究的努力方向。以上未做解釋的諸多問題，可視為由此出發的路標。

〔註15〕據黃一農在《通書──中國傳統天文與社會的交融》一文中述及「在倫敦的大英圖書館中，現即藏有曾呈祥所編《康熙二十九年庚午日用集福通書》、余兼略所編《康熙三十年歲次辛未六螭七政便覽通書》和不著撰人的《大清康熙四十一年便民通書》各一，其中曾、余二人均為漳州人士。」可知1690年民間曆書應為曾呈祥所編《康熙二十九年庚午日用集福通書》，見黃一農：《社會天文學史十講》，第 283～284 頁。

〔註16〕民國十六年、十八年和二十二年的洪氏繼成堂通書現藏於日本國立國會圖書館，見黃一農《社會天文學史十講》，第 301 頁注釋①，因未見其它信息，所以未收入表中。

〔註17〕黃一農：《社會天文學史十講》，第 301 頁。

第二章　清代官頒曆書的編製與改定

　　就現代人對時間的表述方式和手段而言，也頗為豐富，有對年月日做出劃分的年曆、月曆、日曆，有對時、分、秒做出測量的時鐘、秒錶，上述與時間相關的表達方式與手段，附著於各種各樣、豐富多彩的物質載體。就種類而言的的豐富性，來自對時間精確定位與測量的需要，就載體而言的豐富性，來自現代社會的技術手段。但這樣的豐富性並不能掩蓋在線性、量化時間觀念裏，現代人時間表述概念的單調與貧乏，就此而言，數字足以代表現代人時間表述概念中的重要元素。比較之下，清代曆書所呈現的豐富性，則來自人們定義鋪陳時間的需要，種類繁多的清代曆書便可證明此點。

一、清代官頒曆書的種類

　　從現存清代曆書書目來看，時憲書是清代官頒曆書中存留數量最多的一種；其次是七政經緯躔度時憲書，年份從順治元年（1644）至宣統三年（1911），共記 126 本，除雍正朝有內府抄本外，其餘時段內的七政經緯躔度時憲書均為刻本，分為欽天監刻本、內府刻本，及尚未標注責任者的刻本；月五星凌犯時憲曆，年份從康熙二十一年（1682）到雍正十一年（1733），共 24 本，除雍正元年（1723）與雍正八年（1730）為內府朱墨抄本外，其餘 22 本均為欽天監朱墨抄本，全部藏於故宮博物院圖書館；七政經緯宿度五星伏見目錄只有兩本，年份為康熙五十四年（1715）和乾隆四年（1739），均為刻本，均藏於國家圖書館；月五星相距時憲書，年份從乾隆六年（1741）開始到宣統三年（1911）為止，共計 36 本，除同治五年（1866）、十三年（1874）及光緒四年（1878）為內府抄本外，其餘均為欽天監朱墨抄本，全部藏於故宮博物

院圖書館；中星更錄，年份從乾隆元年（1736）至宣統三年（1911），共計39本，均爲內府抄本，除咸豐四年（1854）中星更錄在中國國家圖書館及咸豐十一年（1861）中星更錄在中科院圖書館外，其餘37本均在故宮博物院圖書館。總體而言，清代官頒曆書包括通頒時憲書、七政經緯時憲書、月五星淩犯時憲書、中星更錄，通頒時憲書又分爲御用時憲書、民用時憲書。

再看具體內容。清代曆書發行量最大，使用最爲普及的是時憲書。「時憲」一詞，得自清初睿親王的提議，順治二年（1645），清統治者採納湯若望的西洋新法，編製頒行新曆書，睿親王提議：「『宜名『時憲』，以稱朝廷憲天乂民至意。』」〔註1〕後爲避乾隆帝名諱，「時憲曆」改稱「時憲書」。無論如何這一改稱，反倒在某種程度上，將曆書與曆法在名稱上區別開來，一個「書」字，足將曆書作爲書籍的特質凸顯出來。也正因爲書籍從裝潢、版式、尺寸、版本等方面，有著諸多的表達層次，所以清代官頒曆書，也有著從書籍角度而言的多種呈現。此外，因使用者的不同、使用目的的不同，也使得清代官頒曆書趨於多樣化。「其進呈御用者，有上位曆、七政曆、月令曆。又上吉日十二紙，每月黏一紙於宮門。御賜諸王有中曆，各布政司則皆禮部所頒欽天監印造曆，遍及民間。」〔註2〕皇帝御用的時憲書，其寫本名曰《上書》，「首頁節氣，次頁年神方位，三頁六十花甲子，四頁六合，末二頁紀年，與頒行本同。每日於五行下注明陰陽，於除危後添注『寶義專制伐』五字，蓋五行生剋之謂也。上生下爲寶，如甲午木生火；下生上爲義，如辛丑土生金；上下同宮爲專，如戊戌同屬土；上克下爲制，如庚寅金克木；下克上爲伐，如壬辰土克水之類。每日但注吉神，不注惡煞，每日宜忌及款式，俱與頒行本不同。」〔註3〕御用時憲書的具體形態爲：「書高一尺二寸，寬約七寸，每四頁爲一月，分四層，寫陰陽字，用朱書。吉神一層，全用朱書。每日，推其所應有之吉神，注之。五日注候，半月注氣，一月注節。節、氣、候三字朱書，某節某氣亦朱書。墨注某時某刻，其某候則墨書。如其日應注日出日入時刻，則朱書于吉神之後，分作兩行，又墨書晝若干刻，夜若干刻。於日出日入之後，分作兩行，若是日應書躔及某將，亦注于吉神之後，朱書。此日二字下，云某時某刻日躔某某在某宮，爲某月將，某月將三字復朱書。其每日所宜，宜字朱書，其宜用何時，亦雙行注於下，與頒行本同，但朱書耳。

〔註1〕趙爾巽等撰：《清史稿》志二十時憲一，中華書局1977年版，第1658頁。
〔註2〕徐珂編撰：《清稗類鈔》第一冊，中華書局出版社1984年版，第5頁。
〔註3〕徐珂編撰：《清稗類鈔》第一冊，第5頁。

其日不宜者，亦注明不宜某某，不宜字則墨書矣。但其日注宜，則不注不宜；注不宜，則不注宜。宜與不宜，不同日注也。遇上下弦，則書於上格日辰之右，朱書上弦及下弦二字，墨注時刻。遇日干與皇上景命同者，則亦朱書。」〔註4〕根據《清稗類鈔》的記載，此種御用時憲書顯然與每年二月初一日進呈給皇帝過目的、繕寫本的，用以頒行的來年時憲書式樣，並非同一種曆書。針對皇帝身份的特殊性，則與其對應的時間也呈現了不同的表述。

　　廣爲使用的民用時憲書中，又是怎樣一番呈現呢？筆者將在清代曆書的解讀與使用一章中詳細介紹，此處暫略。

　　七政經緯躔度時憲書也是用以頒行的曆書種類之一。七政當指日、月及土、木、火、金、水五大行星。其書「俱依黃道推算，於太陰分注正斜升降；於五星分注經緯躔度、晨夕伏見。又合推日月五星行最高卑及交宮、伏見、遲留、順逆並月孛、羅睺、計都躔度。」〔註5〕書中具體內容爲「首列五星伏見目錄；次每月大小月建干支、合逆弦望時刻、每日干支子正時、七政黃道經緯宿度、月五星黃道緯度、七政交宮時刻，月旁注月之正升、橫升、斜升，五星晨夕伏見，日下注五星衝、伏、留、順、退；後列七政行最高卑並羅計躔度及月孛、羅睺、計度、紫氣，每月三旬行躔宿度。」〔註6〕七政經緯躔度時憲書內，並沒有宜忌事項。這些頗爲專業的術語，描述出的是日月及五大行星於每時每刻的具體運行位置。將天文愛好者排除在外，這樣按時間定位天體運行位置的書籍，應該是用以選時擇日的輔助類工具用書。這樣的判斷來自筆者曾見過的一本《大清光緒十五年七政經緯躔度時憲書》，封皮上殘留一角黃色字條，上書：「……度數推算子正……如用本鋪代推……及選擇者筆資。」〔註7〕雖然字迹不完整，但足以透露這本曆書的使用情況了。

　　月五星相距時憲書，其前曾名爲月五星凌犯曆，雍正九年奉旨改爲月五星相距時憲曆，雍正十三年又奏准改爲月五星相距時憲書。其書「按視差、氣差推算，於月及五星凌、犯、掩，俱注時刻並相離度分、所屬宮次。」〔註8〕書中具體包括：「首列總目，紀一年中月五星距十二宮恒星次數；次按月日時

〔註4〕徐珂編撰：《清稗類鈔》第一冊，第5頁。
〔註5〕《康熙會典》卷一百六十一，清文淵閣四庫全書本。
〔註6〕《光緒會典》卷七七，北京線裝書局2006年版。
〔註7〕北京師範大學圖書館藏《大清光緒十五年七政經緯躔度時憲書》。
〔註8〕《康熙會典》卷一百六十一。

刻紀月星互相掩距，別其上下，繫以宮次；末列監官銜名。」〔註9〕

以上各種曆書，御用時憲書爲朱墨抄本，即不用做頒行。民用時憲書分爲抄本及刻本，抄本爲進呈御覽本，刻本爲頒行本。七政經緯躔度時憲書均刻本，用以頒行。月五星淩犯時憲曆及月五星相距時憲書均抄本。

以上諸多曆書，均爲欽天監編製頒行，一個政府職能部門，專注於天體的觀測與描述，顯然不能用科學研究來解釋，那麼在「天」與中國傳統政治之間，有著怎樣的關聯呢？

二、清初改正朔之「改」與「不改」

毋庸置疑，中國傳統政治合法性的建構，來源於天命信仰。「眾所周知，中國政治生活中的許多宗教影響，都源於「天」這一基本概念和藩屬於天的眾神體系，而這個體系能夠預先決定包括政治事件在內的宇宙萬物的生發過程。它的核心概念就是「天命」，這種合法性的象徵不僅被歷朝政權所承認，也被普通民眾廣泛接受。」〔註10〕那麼，統治者又是通過何種手段來彰顯自己受命於天呢？對傳統改正朔的瞭解，將解答這一問題。

（一）傳統改正朔的性質與作用

中國歷史朝代眾多，幾乎每一個新建立的政權都要通過改正朔來彰顯自己的正統地位。何謂正朔？「改正朔者，正謂年始，朔謂月初，言王者得政，示從我始。」〔註11〕即每年的第一個月稱爲正月，每月的第一天稱爲朔日，那麼改正朔在形式上就是對分配年月日的曆法作出的一種改變，但因傳統曆法的性質與今天有別，曆法作爲一種通天的手段，對於統治者具有重要的意義。所以改正朔是一種以曆法爲基礎的充滿象徵意味的政治活動。對於統治者而言，通過改正朔可以達到以下兩個方面的目的：其一，通過改正朔的形式，來昭示統治者的合法性與正統性。「王者必受命而後王，王者必改正朔，易服色，製禮樂，一統於天下，所以明易姓非繼人通，以已受之於天也。」〔註12〕通過改正朔以昭示王者受命於天而非繼之於人，

〔註9〕《光緒會典》卷七七。

〔註10〕【美】楊慶堃著，范麗珠等譯：《中國社會中的宗教》，上海人民出版社 2007 年版，第 128 頁。

〔註11〕阮元校刻：《十三經注疏》禮記正義卷三十四大傳第十六，中華書局 2009 版，第 3266 頁。

〔註12〕蘇輿：《春秋繁露義證》三代改制質文第二十三，中華書局 1992 年版，第 185 頁。

可見這裡的「天」作為一個終極依據，有著不容置疑的權威性，王者正統地位的確立，端賴天意的獲取。其二，通過頒朔與受朔這樣一個雙向的互動形式，以確認統治合法性與正統性被接納，所以奉正朔成為歸屬與臣服的一個重要標誌。「王者受命，必改朔，何明易姓，示不相襲也，明受之於天，不受之於人，所以變異民心，革其耳目。」〔註 13〕所謂「變異民心，革其耳目」強調的是對舊政權的否定遺棄和對新政權通過改正朔所昭示出的正統性與合法性的接納服從。

改正朔有所改，有所不改。有所改，指的是在夏商周三代，「周子，殷丑，夏寅，是改正也；周夜半，殷雞鳴，夏平旦，是易朔也。」〔註 14〕這裡改的是歲首與月首，即真正地改正、改朔。到漢武帝時期，將夏正建寅之月固定為歲首，即所謂行夏之時，此後中國傳統曆法固定在這樣一套年月日的分配體系當中，被稱之為夏曆。但「改正朔」並不因「正朔」之有一定而失去其正當性及必要性，政權的合理合法依舊要通過「受命於天」來昭示。所以在抽離了「正朔」實質後，漢武帝將「名年建元」充實於「改正朔」之中，以之為「改正朔」的具體內容，而使「改正朔」這一形式繼續發揮其對於政權合理合法性的說明解釋之功效。所謂「明年建元」，就是依據符瑞建立皇帝年號用來紀年，並以之建立之年為元年。此後的改正朔，即是通過建立新的皇帝年號以紀年，通常情況下還會通過一部新曆法的製定來象徵自己獲得了通天的手段。比如「明朝立國，儘管全盤襲用了元代的《授時曆》，但也一定要做些微改動並重新命名為《大統曆》。」〔註 15〕

改正朔有所不改者，其一，是確立正統性與合法性的終極依據——天道，並不會因為「正朔」之改而隨之轉移，所謂「天不變，道亦不變。」「今所謂新王，必改制者，非改其道，非變其理，受命於天，易姓更王，非繼前王而王也，若一因前制，修故業，而無所改，是與繼前王而王者，無所別受命之君，天之所大顯也，事父者，承意事君者，儀志事天亦然。今天大顯已物襲所代，而率與同則不顯不明，非天志，故必徙居處，更號稱，改正朔，易服色者，無他焉，不敢不順天志，而明自顯也，若夫大綱人倫，道理政治，教化習俗文義盡如故，亦何改哉？故王者有改制之名，無易道之實。」〔註 16〕

〔註 13〕陳立撰、吳則虞點校：《白虎通疏證》，中華書局 1994 年版，第 360 頁。
〔註 14〕阮元校刻：《十三經注疏》禮記正義卷三十四大傳第十六，第 3266 頁。
〔註 15〕江曉原，鈕衛星：《中國天學史》，上海人民出版社，2005 年版，第 254 頁。
〔註 16〕蘇輿：《春秋繁露義證》楚莊王第一，第 17〜19 頁。

即倫理道德、政教風俗，仍一如其舊。其二，中國傳統陰陽曆一直是改正朔
的曆法基礎。中國的傳統曆法因兼顧日月之運行，而被稱爲陰陽曆。無論是
在改正朔名目下制定的新曆法，還是對曆法進行的曆算方面的改進，都是在
陰陽曆的體系中進行。陰陽曆中「齊日月以整齊之」的分配年月日的方案，
既反映了人們對於天象宇宙的觀察與認識，也爲傳統定義宇宙秩序的陰陽五
行思想，提供著學理上的支持。可以說，中國傳統的陰陽曆與天道觀念、宇
宙秩序思想，嵌合在一起，共同支撐著改正朔這一充滿象徵意味的政治行爲。

　　綜上，中國傳統的改正朔，除了皇帝年號的改變之外，很少承載實質性
的改變，在延續千年的改正朔傳統中，其一以貫之的是天道的終極信仰，及
其對於政權正統性與合法性的賦予，還有就是爲此提供技術支持的陰陽曆
法。所以，當西方最初以天文學爲觸角伸入到中國的改正朔中時，其對於改
正朔所傳承的不變之道與不變之法，是否會有所移易，中國人於此時對於西
方天文學的認知，又怎樣影響了此後國人對於西學的態度，這需要對清初的
改正朔做以辨析。

（二）清初改正朔——依西洋新法

　　清朝統治者於 1644 年入主中原，甫一入京之際，便將「改正朔」作爲
頭等大事來辦。明代的《大統曆》，在成化迄隆慶期間，因舛誤迭出，已備
受詬病，改曆之聲紛起，儘管在徐光啓支持下的西洋新法，在對中國舊法
長達十年的八次天象觀測較量中，屢戰屢勝，但礙於儒士對天主教的批判
及舊曆家的反對，由德國傳教士湯若望等人以西洋新法編製的《崇禎曆
書》，卻遲遲未見頒行。較之因夷夏之防而猶豫不決的漢人皇帝，東來的滿
族統治者在採納西法新法方面則頗爲果斷，所以湯若望將原本爲明朝制定
的《崇禎曆書》略加改動進呈後，清朝統治者就將入主中原前使用的《大
統曆》棄之不用，而採納湯若望的西洋新法編訂《時憲曆》，於 1645 年即
順治二年頒行。

　　湯若望的西洋新法之所以被清初統治者採納，原因或可做三解：其一，
滿清入主中原，取明朝而代之，則必用明朝未用過之法，以示「受之於天，
而非繼之於人」，所以明代未啓用的《崇禎曆書》成爲最佳選擇；其二，所
以敢於將西洋新法拿來爲我所用，清初統治者作爲少數民族政權初入中
原，似還未有根深蒂固的夷夏觀念而對西人有所排斥，況其自身在當時漢
人眼中，也屬夷狄，從而湯若望的西人身份並未構成其西洋新法被採納的

障礙；其三，也是最關鍵的一點在於，湯若望的西洋新法得以應用於爲改正朔提供技術支持的曆法，在於其精準，「西洋人湯若望言：『臣於明崇禎二年來京，曾用西洋新法，測量日月星晷定時，考驗諸器用以推測，近遭賊毀，臣擬另製進呈，今先將本年八月初一日日食照西洋新法推步，京師所見日食分秒，並起複方位圖象，與各省所見不同之數，開列呈覽。』及期，大學士馮銓同湯若望攜窺遠鏡諸器，赴觀象臺測驗，其初虧食甚復圓時刻分秒及方位，大統、回回法俱有差誤，惟西洋新法吻合。」〔註17〕八月初七日，多爾袞令旨「湯若望所用西洋新，測驗精確，密合天行，盡善盡美，見令定造時憲新曆，頒行天下，宜悉依此法爲準」〔註18〕於是《順治二年歲次乙酉時憲曆》卷端寫明「依西法推算」。至此，清初統治者開始採納湯若望的西洋新法編製頒行《時憲曆》，冠以順治的年號，通過這樣的改正朔之舉，將自己取明朝而代之的身份合法化，並通過頒朔來昭示己身統治的正統性。

西洋新法經驗證，證明爲準確，並被採納用以製新曆後，皇帝旨下「欽天監印信著湯若望掌管，所屬官員嗣後一切占侯選擇，悉聽舉行。」〔註19〕此後，因在欽天監工作成績顯著，湯若望不斷獲得晉級封爵，在成爲欽天監最高長官監正之後，歷任太常寺少卿、太僕寺卿、太常寺卿、通政使司通政使，秩正一品，順治帝賜號「通玄教師」，先後加封其爲通議大夫、光祿大夫等，湯若望成爲中國歷史上第一個直接掌管欽天監工作的西洋人。但湯若望之榮寵加身，除去因自身素養而贏得賞識的因素外，則既不在於其西洋人的身份，也不在於其西洋新法之精良，而在於其西洋新法能增進統治者在闡明自身正統性時的說明力。

尚需要進一步說明的是，湯若望的西洋新法僅僅局限於天文曆算的學理層面，就曆法本身而言，其學理依舊服務於中國傳統的兼顧回歸年與朔望月的陰陽曆。依西洋新法編製頒行的曆書《時憲曆》，從編排形式上看，與此前的中國傳統曆書相比，並無二致，依舊沿用中國傳統的時間表述方式，除曆譜外，仍充斥著大量反映中國人宇宙及時間觀念的曆注。就西洋新法在改正朔中的作用而言，其依舊服務於中國統治者「受命於天」的政治理念，就鋪陳中國人傳統時間觀念的曆書輔注而言，也與西洋新法毫不相關。

〔註17〕《清朝文獻通考》卷二百五十七象緯考，清文淵閣四庫全書本。
〔註18〕《大清會典則例》卷一百五十八欽天監，清文淵閣四庫全書本。
〔註19〕《清朝文獻通考》卷二百五十七象緯考。

　　湯若望的西洋新法就這樣在中國傳統曆法的層層包裹之下，被「中化」為維繫中國傳統政治及社會運作的一個機器部件。就此而言，西方自然科學在與中國傳統政治的第一次密切接觸中，僅作為技術手段，被納入溝通天人的技術操作中，其最終維護與加強的是中國延續上千年的古老傳統。湯若望西洋新法的精準所可能引發的對宇宙自然的好奇求真，亦在工具性的政治利用中不得彰顯。至於天主教在湯若望以曆法進階的過程中得以在中國擴張，則可另當別論。如果沒有後來楊光先對湯若望的狀告而引發震動朝野的曆案，湯若望其人其學的「西洋」特徵或將就此淹沒，也未可知。

　　綜上，清初改正朔，西方的天文學知識借由中國的傳統陰陽曆的形式，成為通天的手段，服務於中國君權天授的政治理念和陰陽五行思想界定出的宇宙秩序觀念。具體到曆書而言，則未有任何實質性的變化。那麼，作為年年頒行的時憲書，又如何作為「正朔」的象徵之物，表徵出在中國傳統政治倫理建構中，人們對於天的信仰並維繫著清朝政治統治的合法正統地位呢？對清代官頒曆書編製的瞭解，將有助於回答這一問題。

三、官頒曆書的編製

　　書籍所負載的信息，不僅來自其內容和版本形式，書籍生產過程中所接觸到的環節，某種程度上也構成了書籍接受者對於書籍的心理預期。明確書籍的生產者，「界定他們所在的機構、他們的權威性和合法性的來源、他們以什麼人為依託？什麼人確立了他們確定文本的材料、文字和意義的權力？什麼是他們工作的目的性？」〔註20〕這一系列問題的提出與回答，將建構出曆書得以編製生產的切近語境，這也是我們從曆書生產的起點上，為瞭解曆書邁出的第一步。

（一）編製曆書的機構——欽天監

1、欽天監的性質與職能

　　清朝成立之初，即按歷代常例，壟斷曆書的編製頒行權。〔註21〕清代編製曆書的機構為欽天監時憲科。欽天監在順治初年隸屬禮部，「行文具題隸禮部」，「順治十五（1658）年定與禮部分析職掌。康熙二年（1663）仍屬禮部。」

〔註20〕【法】克里斯蒂昂・雅各布著、陸象淦譯：《從書籍到文本——文獻學比較史芻議》，《第歐根尼》2003 年第 1 期。

〔註21〕隨著雕版印刷術的應用，唐代政府開始採用雕版印刷術印行曆書，並禁止民間私造曆書。

1671 年再次從禮部分出，1715 年徹底脫離禮部，成爲獨立衙門，並委任特簡大臣或親王兼管欽天監事務。〔註 22〕從最初欽天監隸屬禮部，我們可以部分地察知欽天監的機構性質。作爲國家的禮儀部門，其所要完成和履行的職責必定包含某些儀式化、象徵性的手段，以渲染的方式來強調等級、秩序。清代欽天監在最初隸屬禮部，則其所履行的職能，必須要放在這樣的機構性質中去加以認識，才能清楚這個機構服務於什麼，其職責所在繫於何處。後來，欽天監雖然脫離禮部，但成爲獨立部門後，由特簡大臣和親王兼管其事務，實則是增強了欽天監機構的重要性，也意味著其所從事的活動在禮儀的範疇之外，仍然別有指向。欽天監最初劃分爲四科，在裁革回回科後，有時憲、天文、漏刻三科，「時憲科掌度，驗歲差以均節氣，製時憲書，頒之四方。天文科掌觀天象，書雲霧機祥；率天文生登觀象臺，凡晴雨、風雷、雲霓、暈珥、流星、異星、彙錄冊薄，應奏者送監，密疏上聞。漏刻科掌調壺漏，測中星，審緯度；祭祀、朝會、營建、諏吉日，辨禁忌。」〔註 23〕從欽天監三科職掌的工作職責來看，欽天監遠不是我們今天意義上的天文曆法研究機構，其職能繁縟混雜，既有制曆、觀象、報時等天文曆算方面的工作內容，也有選定曆注、出具占語、諏日擇地等方面的內容。即欽天監不僅要準確觀測、預報天象及在此基礎上制定精準曆法，也要負責解釋天象所對應的人事爲何。對天象的觀測以及曆書的制定，都要上報進呈皇帝。欽天監對天文曆法的掌推，其最終目的是服務於人事的，欽天監正是這樣一種溝通天人的機構，其所從事的一切活動均圍繞於此來進行，觀象、制曆、報時的最終目的也是爲了在天象與人事之間建立起對應關係。欽天監作爲皇家政權的具體職能部門，又決定了其透過天象觀測預推所服務於的人事，是圍繞皇帝展開的，皇帝貴爲「天子」，其「天子」身份的確認，政權統治合法性、正統性的建構，端賴天意的揭示。欽天監正是通過對天象的精準觀測、預推以達揭示天意、服務人事之目的。

2、欽天監的人員構成

欽天監的人員構成較爲複雜，從國別來看，包括中國人與外國人；從民族來看，包括滿、蒙、漢以及清初的回族；從宗教信仰來看，包括西洋人的天主教和回族的伊斯蘭教。從國別來說，順治元年起，即以「西人湯

〔註22〕趙爾巽等撰：《清史稿》志九十職官二，第 3323 頁。
〔註23〕趙爾巽等撰：《清史稿》志九十職官二，第 3324 頁。

若望推算密合，令修時憲，領監務。」其間雖有楊光先引發的曆案，一度廢去西法，康熙八年，「復罷楊光先，以南懷仁充漢監正，更名監修，用西法如初。雍正三年，實受西人戴進賢監正，去監修名。八年，增置西洋監副一人。」〔註24〕乾隆十年，又定監副以滿、漢、西洋分用，乾隆十八年，裁撤滿、漢各一人，增西洋二人，分列左、右監副。在這個鎖定滿、漢、西洋人的官職變化中，我們可以看到西方的技術性知識正通過編修曆法的形式，服務於中國的政治合法性建構。但從道光六年開始，欽天監不再有西人擔任官職，則表明了某種敵對態勢的此消彼長，但這個敵對態勢，是否必然表現爲中西文化的衝突，則有大加討論的空間。〔註25〕如果說欽天監任用西洋人是因爲西法密合天象，有助於增強說明清統治政權的合法性，那麼在監中分別安置滿、蒙、漢人的做法，則是爲達成某種權力的平衡。「康熙三年，增置天文科滿洲官五人，滿員入監自此始。明年，定滿、漢監正各一人，左、右監副各二人，主簿各一人，滿、蒙五官正各一人。」〔註26〕欽天監的多民族人員，因各自民族的文化知識積累不同、民族地位不同，所以其在監中擔任著不同的角色，在具體的工作中也承擔著不同的任務。

其中，西人任職欽天監是個頗多話題、亦頗受矚目的現象。西人任職欽天監始於順治元年終於道光六年，時間長達一百多年，擔任監正、監副的西人達十數人。〔註27〕清初對西人的接納，概因其精準測量可爲「改正朔」提

〔註24〕趙爾巽等撰：《清史稿》志九十職官二，第3324頁。

〔註25〕黃一農、朱維錚等學者圍繞欽天監曆案的研究表明，權力的爭鬥，常以各種形式出現，也以各種原因爲藉口，以文化、政治、經濟等原因加以概括，未免過於化約。詳見黃一農：《清初欽天監中各民族天文家的權力起伏》，《新史學》1991年6月二卷二期。朱維錚：《湯若望與楊光先》，《走出中世紀》，上海人民出版社1987年版。

〔註26〕趙爾巽等撰：《清史稿》志九十職官二，第3324頁。據黃一農考證，《清史稿》判定滿員入監時間爲康熙三年，係誤襲《欽定大清會典事例》，據《聖祖仁皇帝實錄》，此事發生於康熙四年五月丙午日。見黃一農：《清初欽天監中各民族天文家的權力起伏》，《新史學》1991年6月二卷二期。

〔註27〕從順治元年至道光六年，任職欽天監監正的耶穌會士，據法國漢學家榮振華統計有11人，包括：湯若望（1644～1666年）；南懷仁（1669～1888年）；閔明我（1688～1707或1709年）；龐嘉賓（1707年～1709年）；紀理安（1711～1720年）；戴進賢（1717～1746年）；劉松齡（1746～1774年）；傅作霖（1774～1781年）；高慎思（1781～1788年）；安國寧（？～1796年）；索德超（1779年～1805年），見榮振華著，耿昇譯：《在華耶穌會士列傳及書目補編》，中華

供技術支持，但何以在一百多年後的道光六年，盡行將其驅逐，這是一個需要分疏中西雙方的龐雜課題。〔註28〕十九世紀中葉開始的中西間諸多往還，難免讓時人及後人追溯清初西人入職欽天監的源頭，並由此生發出諸多問題：天文測量的精密儀器，何以未能帶來抵禦外辱的堅船利炮？清初欽天監裏的傳教士何以未能將中國傳統的天文學推入科學研究的層面？西方天文學知識何以未能在當時引起國人傳統宇宙觀念的變革？分析西人在欽天監的工作職責、分析西方天文學知識的功用，或將得到對上述問題的些許解釋。鎖定曆書的編製人員分工，將是一個很好的切入點。

3、時憲書編製的人員分工

曆書的具體編製，由欽天監的時憲科負責。從順治元年至宣統三年，每一個年份的時憲書後頁，都載有欽天監相關編製責任人員的名單。現以《大清順治三年歲次丙戌時憲曆》爲例，其書後頁附載的人員名單：

欽天監掌管印務　湯若望立法

書局 1995 年版，第 760 頁。另外黃一農也開列了一個順治、康熙兩朝入華且諳天文曆法的西士名單，包括：南懷仁，順治十六年抵華，傳教陝西，十七年入監，康熙八年任監副，後改「治理曆法」；蘇納，順治十六年由香山墺欽取來京，佐修曆務，十七年養病山東，旋卒；白乃心，順治十六年由香山墺欽取來京，佐修曆務，後回本國；恩理格，順治十七年抵華，傳教山西，康熙十年，自山西欽取入監，十五年奉旨准往山西，二十三年卒於絳州；閔明我，康熙十年，在廣東，欽取來京，佐理曆法，二十七年任「治理曆法」，十一年（？）卒於京；徐日昇，康熙十二年，由香山墺欽取來京佐理曆法，四十七年卒於京；李守謙，康熙十八年，入京襄理曆政，翌年准往各省傳教；安多，康熙二十四年入京修曆，曾任「治理曆法」，四十八年卒；白晉，康熙二十六年自海路抵寧波，二十七年入京，雍正八年卒於京；張誠，康熙二十六年自海路抵寧波，二十七年入京，曾任「治理曆法」，四十六年卒於京；洪若翰，康熙二十六年自海路抵寧波，二十七年入京，四十九年卒；李明，康熙二十六年自海路抵寧波，二十七年入京，雍正六年卒；劉應，康熙二十六年自海路抵寧波，二十七年入京；龐嘉賓，康熙四十六年因精於天文由香山墺欽取來京；楊廣文，康熙四十九年抵香山墺；麥大成，康熙四十九年抵香山墺，雍正元年卒；戴進賢，康熙五十五年自香山墺入京襄理曆政，雍正三年補授監正，乾隆十一年卒；嚴嘉樂，康熙五十五年自香山墺取入京，雍正十三年卒；倪天樂，康熙五十五年自香山墺取入京；徐懋德，康熙五十五年自香山墺取入京，雍正二年授監副職，乾隆八年卒。見黃一農：《清初欽天監中各民族天文家的權力起伏》，《新史學》1991 年 6 月二卷二期。

〔註28〕《大清會典則例》記載停止西洋人任職的原因是因當時西洋人「或歸本國，或病歿，且監中已諳西法，故奉旨停止西洋人入監。」顯然，這是一個並不能人滿意的官方解釋。

加通政使司經歷管曆法事　朱光大推算

加御兵部主事仍管博士事　劉有慶

中官正　賈良琦

欽天監博士　朱光顯、李祖白、宋可成、掌乘、焦應旭

春官正　潘國祥輔注

五官靈臺郎　李之貴

加通政使司經歷管保章正事　周曉

春官正管保章正事　戈永澄

修職佐郎五官挈壺正　趙從禮

五官司曆　李學謨

刻字戶　吳道生

刷印　王進臣等〔註29〕

在這個名單裏，赫然列在首位的湯若望，是在清初改正朔中，以西洋新法進階，很快就榮寵加身的耶穌會士，也是因西洋新法獲罪，而命運多舛的備受爭議的人物。對此學者已有諸多研究，茲不贅述，以下僅就湯若望的賴以進階、又因以獲罪的西洋新法，在編製曆書過程中的作爲，略作探討。

「曆」之爲「書」，重在輔注。人們使用曆書，也是以查看曆注中的宜忌事項爲主。那麼，湯若望的西洋新法，在曆書中會有怎樣的呈現呢？這也是當時使用曆書的人們關注的問題，對此，湯若望的解釋是：「曆成恭逢聖朝御宇特鑒新法與天行密合，分毫不爽，遂用造曆頒行，則是所用之西法，皆關推算之事，而該監輔注尚仍舊例，非西法天文實用之輔也。」〔註30〕所以「湯若望在順治元年初獲制曆之權時，即被迫傳喚曾從耶穌會士習學西法的秋官正劉有慶、賈良琦等到曆局，照舊本依每日干支安排曆注。」〔註31〕雖然清初湯若望的西洋新法主要用於編製曆譜，但對於曆書輔注，湯若望也並非不聞不問。順治元年十月，頒新曆之初，湯若望即上《敬陳本局應行緊要新法事宜一疏》，內稱「考研七政性情，原與人事各有所宜，不明此理，則一切水旱災荒，無從預修救備之術，而兵農醫賈，總屬乖違。臣西庠是以有天文實

〔註29〕國家圖書館藏《大清順治三年歲次丙戌時憲曆》。

〔註30〕【德】湯若望：《新曆曉或》，見張潮輯：《昭代叢書》埤編庚集，吳江沈氏世楷堂版本。

〔註31〕湯若望：《曆法奏疏》，轉引自黃一農《從湯若望所編民曆試析清初中歐文化的衝突與妥協》，《清華學報》1996年新26卷第2期。

用一書，已經纂譯，首卷未暇講求，合無恭請。勅下臣局，陸續纂成嗣後悉依實用新法輔注，庶國計民生，大有裨益矣。」〔註 32〕可見，湯若望從實用的角度，試圖以天文實用新法輔注代替中國曆書中傳統的趨吉避凶的宜忌事項，但這一提議並未得到清統治者積極的回應，此次上疏的結果爲「得旨下部，未覆」。〔註 33〕

　　有清一代，欽天監內的西人，在尊崇榮耀方面，未有可與湯若望比肩者，〔註 34〕但即便如此，在中國傳統曆書的輔注方面，湯若望依然少有作爲。曆譜與曆注在曆書中並非皆然分開，而是互爲說明的。那麼又該如何從曆譜與曆注的相互關係中，確認西人西法的功用呢？《欽定新曆測驗紀略》內云：「康熙八年，奉旨命欽天監選擇起建太和殿日期，內院令南懷仁同選，南懷仁回稱：『凡關係天文曆法，如某日，日月五星在某宮、某宿、某度，某日時刻相合相對，順行逆行等項，諸凡有據者，南懷仁可以預定，並可以測驗。又凡天下與天上相應之效驗，如某日宜療病針刺，宜沐浴，宜伐木，宜栽種與收成等項，南懷仁依天象實理實據，亦可以預定。若云某日吉、某日凶等項，則南懷仁未見有何實據，故不敢妄定等因，回明在案。』本日輔國公班傳旨云：『皇上不叫你選擇，只問曆日下輔注與你曆上所用之支干，相同與否？』南懷仁對曰：『若論支干，新舊二曆如一。若論輔注，原不關係天行，非從曆理所推而定，惟從明季以來沿習舊例而行，今南懷仁所推者，皆天文實用曆法正理而已，此二端實南懷仁所用，選擇之根本也。如定兵農醫賈諸事，宜忌從此而定，務期日後與天有相應之效驗，與所報各節氣天象，歷歷可證。』」〔註 35〕根據這則材料可知，湯若望之後的南懷仁，其工作所在是對「諸凡有據者」進行預定測驗，而對吉凶宜忌之類的曆注事項，則「不敢妄定」，亦盡量避免參與皇家選時擇日的活動。

　　從曆注角度而言，只有在天象準確預推的前提下去規定行事宜忌，方可收取趨吉避凶之效驗。從而，制定曆譜可以無關乎曆注，但曆注內容卻要繫

〔註 32〕　湯若望：《敬陳本局應行緊要新法事宜一疏》，見《民曆輔注解惑》附摘，康熙刻本。

〔註 33〕　湯若望：《敬陳本局應行緊要新法事宜一疏》，見《民曆輔注解惑》附摘。

〔註 34〕　至康熙元年，湯若望在中國的爲官生涯達到巔峰，獲贈的官職稱號包括「通微教師、光祿大夫、通政使司通政使、掌欽天監印務」，「成爲中國歷史上在中國任官階銜最高的歐洲人之一，並爲極少數獲封贈三代以上恩蔭殊遇的遠臣。」見黃一農：《耶穌會士湯若望在華恩榮考》，《中國文化》1992 年第 2 期。

〔註 35〕　《欽定新曆測驗紀略》：見《民曆輔注解惑》附摘。

於曆譜的精準預推，所以皇帝要問「曆日下輔注與你曆上所用之支干，相同與否？」從曆譜與曆注的關係中，可以看到西人西法在編製曆書中，僅限於提供天文曆算方面的理論及數據，在描繪了天象如何之後，天象對應的人事該當如何，傳教士並不能提供此方面的解說，儘管他們的技術與理論服務於此。尤其在經歷了由楊光先告發湯若望引發的曆獄之後，〔註36〕清統治者著意栽培滿族官員在天文曆算方面的學習，並由滿官「掌握欽天監的行政權，監中的漢人與西士自此轉型為技術官僚，從旁以其專業知識協助滿政權處理天文曆算及陰陽選擇等職事。」〔註37〕所以，欽天監裏的西方天文曆算知識，在中國傳統天道、宇宙觀念的框架裏，被簡化為服務性的技術手段，而很難帶給中國任何觀念層面的改變。相反，在編製曆書的過程中，西人西法甚至成為強化中國傳統觀念的工具手段。所以，從順治元年（1644）到道光六年（1826），數十位任職欽天監的西人，難有作為，而終在英國人以堅船利炮叩開中國國門的前夕，黯然結束西人西法在中國欽天監長達百多年的制曆歷史。以曆書反觀西人西法在欽天監的命運，折射出的則是附著於曆書中的傳統觀念的根深蒂固。

〔註36〕 曆案的始作俑者楊光先，字長公，安徽歙縣人，明末為新安所千戶。崇禎十年（1638），將世職交給其弟承襲，以官生身份隻身進京，參劾大學士溫體仁、吏科給事中陳啓新、曹遷杖，謫戍遼西。清朝建立後，由戍所返歸京師，為人占星卜卦，充當幕僚。順治十六年（1659）著《摘謬論》，攻擊西洋新法之謬。次年，正式向禮部上《正國體呈稿》，並將其所著《摘謬論》、《辟邪論》刊刻五千份，在京師廣為散發，攻擊天主教及用於修訂曆法的西洋新法。康熙三年（1664）七月二十六日，再上《請誅邪教疏》，參劾湯若望及其門徒潛謀造反，邪說惑眾，曆法荒謬等罪狀。康熙四年四月作出判決：湯若望及欽天監有關官員李祖白、宋可成、宗發、朱光顯、劉有泰等皆判凌遲處死，其他信教者如御史許之漸、臬臺許纘曾、撫臺佟國器等二十餘名官員或革職，或流徙，由此釀成轟動京師的「曆獄」。後因京城地震，皇宮火災，湯若望因而豁免，但李祖白等五人已被處斬。楊光先接管欽天監，其後又有南懷仁翻案，楊光先被流放，耶穌會士重掌欽天監。此番曲折經歷，涉及清初政局的變換，亦牽涉大至宗教、文化，小至欽天監派系勢力爭奪的諸多方面，對此學者論述頗多，包括黃一農：《擇日之爭與康熙「曆獄」》，《清華學報》，1991年新第21卷第2期；鄧建華：《楊光先與康熙朝「曆案」》，《社會科學輯刊》1993年第4期；謝景芳：《楊光先與清初「曆案」的再評價》，《史學月刊》2002年第6期；朱維錚：《湯若望與楊光先》，《走出中世紀》，上海人民出版社1987年版。

〔註37〕 黃一農：《清初欽天監中各民族天文家的權力起伏》，《新史學》1991年6月二卷二期。

　　制定曆譜是編製曆書的首要工作，西人西法在此方面是建樹頗多的，但編製曆書遠不止於此，此外還要進行輔注、刻字、刷印等工作。釐清了西人西法在編製曆書中的功用，以下結合《大清咸豐元年歲次辛亥時憲書》書後頁所載編製曆書相關人員的名單，將人員詳細分工做以簡要介紹：

管理欽天監事務宗人府宗令和碩禮親王四品銜加五級記錄七次　　恒安

監正加四級記錄九次　陳壽彭

左監副加四級記錄六次　文厚

左監副加三級記錄十四次　徐洪塘

署右監副加四級記錄五次　常海

四品銜右監副加三級記錄六次　司秉鈞

五品銜署五官正加六級記錄六次　國全

五官正加五級記錄六次　吉誠

五官正加三級記錄十次　重祥

五官正加五級記錄九次　崇仙

春官正加七級記錄三次　郭世鉦

夏官正加五級記錄九次　闔文煥

五品銜中官正加六級記錄一次　杜增

五品銜秋官正加七級記錄四次　杜塘

四品銜冬官正加十級記錄四次　李德後

主簿加七級記錄六次　慶貴

六品銜署主簿加三級記錄六次　古光輔

花翎五品銜五官司書加十級記錄五次　陳壽圖 〔註38〕

　　通過對順治三年與咸豐元年的兩本時憲書比照可知，根據欽天監機構調整，編製曆書人員的官職與人數略有變動。另外，刻字與刷印人員的名字，從康熙朝時憲書開始再未載入，所載名單均為有官職品銜的人員，凸顯了曆書的官頒性質。即曆書編織者在閱讀者或說使用者面前確立權威，所賴以依據的不是編製曆書所需要的知識體系，而是他們的官職和品銜。據《大清咸豐元年歲次辛亥時憲書》後頁名單可知，編製曆書的相關責任人員共計18人，其具體分工如下：

〔註38〕見國家圖書館藏《大清咸豐元年歲次辛亥時憲書》。

	人員設置及品銜	人員組成	具體職責
欽天監管理人員	管理欽天監事務王大臣	滿一人	向皇帝進呈時憲書式樣、奏報時憲書頒行、刊刻等事宜〔註39〕
	監正	滿、漢各一人	掌治術數，典曆象日月星辰，宿離不貸
	左右監副	滿、漢各二人	輔助監正
時憲科人員	五官正	滿、蒙各二人	譯布滿文、蒙古文時憲書
	春官正、夏官正、中官正、秋官正、冬官正	滿、漢各一人	推算日月交食、七政相距、衝退留伏、交宮同度等事
	五官司書	滿、漢一人	校刊時憲書
	主簿	滿、漢各一人	司章奏文移，支領物料

此外，欽天監時憲科尚有漢軍秋官正一人，掌「推驗日月五星相距等事」。〔註40〕清初沿襲明制，欽天監曾設回回科，回回科裁撤後，「以其職改隸漢軍秋官正」。〔註41〕順治十四年，清初設置的欽天監回回科尚未裁撤，回回科秋官正吳明烜疏言：「臣祖默沙亦黑等本西域人，自隋代來朝授官，經一千五十九載，專管星宿行度、吉凶推算、太陰五星淩犯、天象占驗、日月交食，即以臣科白本進呈，著為例。順治三年，本監掌印湯若望諭：不必奏進其所推七政書，水星二八月，皆伏不見，今水星於二月二十九日仍見東方，又八月二十四日夕見，皆關象占，不敢不據實上聞，並上順治十四年回回科推算太陰五星淩犯書，日月交食天象占驗圖象。」據此可知，回回科的職能為「專管星宿行度、吉凶推算、太陰五星淩犯、天象占驗、日月交食」，以及編製七政經緯躔度時憲書和月五星淩犯時憲書，回回科裁革後，則上述職責轉入時憲科，由時憲科漢軍秋官正負責。〔註42〕此外，時憲科尚有博士、天文生數人，「掌製時憲書，辨御覽者與頒行者，著以其式。」〔註43〕

〔註39〕查國家第一歷史檔案館欽天監題本可知，從乾隆朝至光緒朝，向皇帝進呈時憲書式樣、奏報頒朔禮儀，由兼管欽天監事務大臣或監正負責。

〔註40〕席裕福、沈師徐輯：《皇朝政典類纂》卷四百十五象緯一時憲，上海圖書集成局1903年版。

〔註41〕《清通典》卷二十八職官，清文淵閣四庫全書本。

〔註42〕席裕福、沈師徐輯：《皇朝政典類纂》卷四百十五象緯一時憲。

〔註43〕席裕福、沈師徐輯：《皇朝政典類纂》卷四百十五象緯一時憲。

　　另，欽天監衙署內還有司書廳及作房、憲書房和貯存書板的板庫。〔註44〕刊刻時憲書所需的「刷印紙、包封紙、裝潢綾絹、顏料，於戶部支領，肇墨、版片、楤麻及頒發直隸、盛京、蒙古部落、朝鮮，應用箱籠等物，於工部支領。」〔註45〕可以想見，曆書的編製，從觀測天象、推算、制定曆譜、輔注、刻字、翻譯、刷印、直至裝訂成冊，都在欽天監內完成，那麼作為欽天監首要職責的「製曆」，這個「曆」，在更大程度上的指向是曆書而非曆法。而曆書涵蓋的事項及指涉，遠非曆法所能及。所以曆書與曆法的分際糾合，仍然是我們在探討曆書相關面向的時候，時刻需要加以注意的問題。關注到曆書與曆法之別，那麼編製曆書的欽天監人員所要具備的就不僅是天文曆算知識，更要包括選擇類的用於輔注的知識。為此，清政府又以「欽定」、「御製」等名義，編製了篇幅浩繁的天文、曆算、選擇等方面的書籍，官頒曆書的編製，也多所遵依。

（二）編製時憲書依託的理論書籍

　　曆書的編製，首先是基於某種曆法指導下的預推，即曆書編製要比其所要劃分的年份至少提前一年完成。編製時憲書，「先推其歲之節候，月之朔望，日之出入，以定年、月、日、時之紀。皆命以干支，輔注審其方位，察其臨直，辯其宜忌。諏吉則取用焉。凡齋戒忌辰，各記於其日。凡祭祀、諏吉日以書於冊。」〔註46〕推步之法，都有所遵依：「遵《御製曆象考成》，以推日月交食，七政經緯躔度，合朔弦望，節氣交宮，月五星相距；遵《欽定儀象考成》，以測星度；遵欽定《萬年書》，以注御覽，及民用時憲書；遵《欽定協紀辨方書》，以選擇年月日時。」〔註47〕以下對清代官頒曆書所依託的各種理論、書籍，做以簡單介紹。

　　清代時憲書封面文字的幾次變動，也透露出編製時憲書曾依託過的理論書籍。順治二年時憲書面載「欽天監依西洋新法印造時憲曆日，頒行天下，偽造者依律處斬，有能告捕者，官給賞銀五十兩，如無本監曆日印信，即同私曆。」「依西洋新法」字樣，向我們傳達了西方天文學知識在曆書編製中的應用。康熙五年去「依西洋新法」五字，改為「欽天監奏准印造時憲曆日，

〔註44〕史玉民：《清欽天監衙署位置及廨宇規模考》，《中國科技史料》2003 年第 24 卷第 1 期。
〔註45〕《大清會典則例》卷一百五十八。
〔註46〕《光緒會典》卷八〇。
〔註47〕《大清會典》卷八十六，清文淵閣四庫全書本。

頒行天下」。雍正三年，時憲書面「欽天監奏准」一段改爲「欽天監欽遵《御製曆象考成》印造時憲曆日頒行天下」。乾隆元年，時憲書面，前改爲「欽天監欽遵《御製數理精蘊》印造時憲書頒行天下」，後面改爲「如無本監時憲書印信即同私造」。〔註48〕時憲書封面，從「依西洋新法」到「欽遵《御製曆象考成》」，再到「欽遵《御製數理精蘊》」，反映出編製時憲書所依據的文獻典籍，但編製時憲書的知識來源，遠不止天文曆算，還包括術數類文獻。天文曆算角度的書籍，用於年、月、日、時的預推，術數類文獻用於輔注，即對預推出的年月日時，做出吉凶宜忌等方面的解釋。

清代在剛剛入主中原之際，通過改正朔所頒行的時憲曆即以西洋新法爲依託。〔註49〕《西洋新法曆書》源自明末的《崇禎曆書》。明代大統曆，在崇禎年間，屢誤迭出，崇禎帝遂命徐光啓編修新曆，徐光啓先後召集了當時在華的耶穌會士龍華民、鄧玉函、湯若望、羅雅谷四人參與編製工作，主要編撰者爲徐光啓與湯若望，成書於1629～1634年間的《崇禎曆書》，被譽爲「歐洲古典天文學百科全書」。順治二年（1645），湯若望將《崇禎曆書》改爲《新法曆書》進呈剛剛入主中原的滿清統治者。《西洋新法曆書》的主要內容包括天文學基本原理、天文用表、天文計算必備的數學知識、天文儀器及其使用方法、中西度量單位換算表以及日躔、恒星、月離、日月交合、五緯星和五星凌犯等天象知識。〔註50〕因其推算密合天象，很快得到認可，順治帝旨下「西洋新法推算精密，現今造曆准悉依此法。」〔註51〕並下發監局，命官生學習。順治二年依西洋新法推算的時憲書面，載有「欽天監依西洋新法印造時憲曆日，頒行天下」的字樣。該書「成爲此後中國王朝官方天學的理論基礎，此後中國學者學習天文的主流教材皆流出於此。」〔註52〕

康熙初年，因楊光先狀告湯若望，引發曆案，曾一度廢棄西洋新法。但因所用候氣法及回回法均與天象不符，而南懷仁用西法測驗，均與天象相符，康熙十五年旨下「令欽天監官員學習新法」，「欽天監專司天文曆法，任是職者，必當學習精熟，向者新法舊法是非爭論，今既知新法爲是，滿漢官員，務令加意精勤，此後習熟之人，方准錄用，未習熟者，不准錄用。」

〔註48〕《大清會典則例》卷一百五十八。
〔註49〕席裕福、沈師徐輯：《皇朝政典類纂》卷四百十五象緯一時憲。
〔註50〕江曉原：《1645年〈西洋新法曆書〉》，《博覽群書》2010年9期。
〔註51〕席裕福、沈師徐輯：《皇朝政典類纂》卷四百十五象緯一時憲。
〔註52〕江曉原：《1645年〈西洋新法曆書〉》，《博覽群書》2010年9期。

〔註53〕康熙帝在位期間，留心律曆算法，命人編定《御製律曆淵源》，康熙六十一年編定，「凡為三部，區其編次，一曰《曆象考成》其編有二，上編曰：揆天察紀，論本體之象，以明理也；下編曰：明時正度，密緻用之術，列立成之表以著法也；一曰《律呂正義》，其編有三：上編曰《正律審音》，所以定尺考度求律本也；下編曰《和聲定樂》，所以因律製器審八音也；續編曰《協均度曲》，所以窮五聲二變相和相應之源也；一曰《數理精蘊》，其編有二：上編曰立綱明體，所以解周髀、探河洛、明比例，下編曰分條致用、以線面體括九章、極於借衰割圓求體變化於比例規、比例數，借根方諸法蓋表數備矣。」〔註54〕其中《曆象考成》一書關涉的天文學原理，源自西人第谷的理論。雍正三年（1725）該書刊刻告竣，雍正帝御製序文，頒行天下，並令欽天監官員欽遵《曆象考成》進行推算，同年時憲書書面刊載「欽天監欽遵《御製曆象考成》印造時憲曆日頒行天下」字樣。

　　雍正八年，欽天監疏言，《考成》一書，用之已久，據以觀測推驗的日月行度，均有誤差，亟待修訂。乾隆元年，時憲書書面改為「欽天監欽遵《御製數理精蘊》印造時憲書頒行天下」。乾隆七年，《御製曆象考成後編》告成，時任欽天監監正的教士戴進賢在書中引入西人噶西尼、法蘭德等人的天文理論，以本天為橢圓，「雖推算較難，而損益舊數，以合天行，頗為新巧」。〔註55〕乾隆十七年，編定《御製儀象考成》，對天空中的星體統計匯總，排定黃道、赤道經緯度表及月五星相距恒星經緯度表。

　　從順治朝的《西洋新法曆書》至康熙、雍正朝的《御製曆象考成》、《御製數理精蘊》、再至乾隆朝的《御製曆象考成後編》、《御製儀象考成》，均引入了西方天文曆學理論，用以觀象、制曆、報時。具體到編製曆法而言，其學理依舊服務於中國傳統的兼顧回歸年與朔望月的陰陽曆。通過天文曆算測定年月日時、二十四節氣、弦朔晦望、日出日入時刻等，在此曆法框架內編製曆書，西學僅提供天文方面的推步理論及數據，即負責曆譜的編製，至於通過何種方式將所劃定的年月日時表達出來，如何將干支、五行、納音、星宿排列進曆譜之內？據何對這些劃分出的時間點做出行事宜忌的判斷？則僅有西法提供的精準時間劃分，對於編製中國傳統曆書而言，是遠遠不夠的。

〔註53〕席裕福、沈師徐輯：《皇朝政典類纂》卷四百十五象緯一時憲。
〔註54〕鄂爾泰、張廷玉編纂、左步青校點：《國朝宮史》，北京古籍出版社1994年版，第568頁。
〔註55〕《清朝文獻通考》卷二百五十七象緯考，清文淵閣四庫全書本。

如前所述，中國的曆書，由曆譜與曆注結合而成，其之所以成「書」，全在於曆注內容的繁衍使之擴充爲書。對曆譜中呈現的年月日時，如何加以中國傳統特色的定義？如果決斷某個具體時間點的宜忌行事？如何規定天象所對應的人事？這些都是編製曆注要解決的問題。編製曆注，不僅需要天學曆算知識，更需星占術數類知識。乾隆二年曾御旨：「今欽天監《曆象考成》一書，於節氣時刻固已推算精明，分釐不爽，而星官之術，占驗之方則缺焉未講，但天文家言或有疏密，非精習不能無差，海內有精曉天文明於星象者，直省督撫確訪試驗，術果精通者，咨送來京。」〔註56〕

除網羅術數類人才外，清統治者多編製選擇類典籍，以使曆注有所遵依。《萬年書》是欽天監對通用時憲書進行輔注時的重要參照書籍。「《萬年書》爲時憲書之綱領。首列年神立成，次詳鋪注條例，以四時分冊，以十二月分卷，前列月事公規，次以六十日甲子分列，日建吉神凶神，並列御書用事、民書用事及不宜用事於每日之下。」〔註57〕康熙至宣統時期，多次編訂、續修《萬年書》。康熙五十七年《欽定七政四餘萬年曆》告成，乾隆六年《萬年書》十二卷告成，乾隆五十二年續修《萬年書》告成，嘉慶四年再續修《萬年書》告成，咸豐元年再續修《萬年書》告成，同治元年再續修《萬年書》告成，光緒二年再續修《萬年書》告成，宣統二年再續修《萬年書》告成。〔註58〕

除《萬年書》外，其它選擇類書籍，也是編製曆注的重要參考書籍。這裡涉及的問題是天象的準確與否，是判斷與之對應的人事是否應驗的前提條件，對天象的精準預推，已在融入西洋新法的天文曆算理論指導下，得以確保。那麼天象對應的人事該當如何，則難免眾說紛紜，所以對《萬年書》及其它編製曆注所參照的選擇類書籍，進行規範和整理便是必要的了。康熙帝曾對欽天監編製曆書遵依的《選擇通書》、《萬年書》、《通書大全》做出裁定：「三書較爲近理，可以取用，但《選擇書》〔註59〕內關山向正五行等二十四事，其正五行於《三臺通書》內取用，其餘於《通書大全》內所載合曆法公規等條取用。此外俗說相沿，合之陰陽五行之理，顯形背謬者，悉令刪去。」

〔註56〕席裕福、沈師徐輯：《皇朝政典類纂》卷四百十五象緯一時憲。
〔註57〕鄂爾泰、張廷玉編纂、左步青校點：《國朝宮史》，第593頁。
〔註58〕劉錦藻：《清朝續文獻通考》卷二百九十四象緯考一，商務印書館1955年版。
〔註59〕此處《皇朝政典類纂》載爲《選擇書》，據《欽定協紀辨方書》前附進愛奏議所言，爲《選擇通書》。

〔註 60〕康熙三十二年又議准：「《選擇曆書》、《萬年曆》並《通書大全》三書內，山向、洪範、五行等二十四件合爲一書，共成十冊，名曰《欽定選擇曆書》，同《萬年曆》永遠遵行。」〔註 61〕康熙五十四年，又纂成《欽定星曆考原》一書，對選擇諸書考究根源。但其它諸如《選擇通書》、《萬年曆》等選擇類書籍仍未畫一，往往舉矛刺盾，與此相關的通用時憲書也有諸多錯誤，亟待改正。此外，民間選擇類書籍浩繁，吉凶禍福多相矛盾，「若各據一書，偏執己見，捏造大言，恣相告訐，將來必致誣訟繁興。」〔註 62〕所以，乾隆帝命人重修《選擇通書》及《萬年曆》。在此基礎上成書的《欽定協紀辨方書》，成爲中國傳統選擇類書籍的集大成之作，也是自乾隆後，官頒及民間曆書進行輔注時所遵依的重要典籍。

　　成書於乾隆六年（1741）的《欽定協紀辨方書》是在重修《選擇通書》、《萬年曆》基礎上編製而成。爲此，欽天監開設增修時憲算書館，和碩莊親王允祿總理，時任欽天監監正的進愛任總裁之一，協理館內所有臣監，其餘參與編修、造辦人員包括經筵講官刑部侍郎張照、鴻臚寺卿記錄一次梅瑴成，以及欽天監時憲科、漏刻科、天文科、內務府諸多人等共計 48 人，負責纂修、提調、收掌、校錄繪圖、推算及監造等事項，越三年成編，乾隆帝賜名《協紀辨方書》，意爲「敬天之紀，敬地之方」。書共三十六卷，包括《本原》二卷，介紹河圖、洛書、八卦、天干、地支、五行、納音等有關選擇的基本原理；《義例》六卷，介紹各種年月日時的神煞方位，運行規律，並解釋何以爲吉，何以爲凶；《立成》一卷，是將各種吉凶神煞彙列成表，各分起例，以類相從，使用者一目了然；《宜忌》一卷，臚列各種神煞所值時間點宜做與忌做之事；《用事》一卷，以行事爲綱，對之以所宜及所忌之神煞；《公規》二卷，介紹歲時、氣候、日躔過宮、太陽出入晝夜時刻、方位等天文曆法方面的知識，以便於選擇者在精確推步天象的基礎上，準確對應人事；《年表》六卷，依六十甲子，逐年逐月排推各種神煞；《月表》十二卷，以月爲單位，排列每日當值的吉神凶煞及其所對應的宜忌之事；《日表》一卷，以日爲單位介紹子時至亥時每個時辰的當值神煞。以上三表，皆以天干地支標記的六十甲子爲序，《利用》二卷，主要介紹堪輿與擇時的結合，即如何選方用時，《附錄》、

〔註 60〕席裕福、沈師徐輯：《皇朝政典類纂》卷四百十五象緯一時憲。
〔註 61〕《大清會典則例》卷一百五十八。
〔註 62〕謝路軍主編、鄭同點校：《欽定協紀辨方書》，華齡出版社 2009 年版，第 3 頁。

《辨訛》各一卷，主要介紹無甚義理，而民間廣爲流傳的一些擇吉之法，並對難以統一的某些術士之說予以辯駁。〔註63〕

進愛等人奏議一再提及的重修《選擇通書》、《萬年書》之目的在於「務歸畫一，可垂永久」，觸及的正是統治者對民眾觀念世界及日常生活的規範管理，而這一管理、規範民眾的方式，借助曆書、選擇類書籍得以實現。《欽定協紀辨方書》，可以說是官方政府對民眾觀念世界裏存在的神煞進行的一次清理和整頓。其中提到的各類年、月、日、時的吉凶神煞達數百位之多，讓人不禁要問的是，允祿等參與編修的人員，據何對這許多的吉凶神煞做出裁定？哪些神煞是合理合法、可以存在的？哪些神煞是非理非法、應予刪除的？對於眾多神煞及選擇方法做出去留裁決，其評判的標準是什麼？總理編纂的莊親王允祿和欽天監監正進愛的奏議，將此番對《選擇通書》、《萬年書》的清理整頓之處，一一列舉。從中，或許可以得出我們想要的答案。

進愛奏議中，提起改正、刪除之處有八處，允祿提出改正、刪除、增加之處有二十八處。其要求改正之處，多屬根據曆法或術數推算有誤之處或與典籍相悖之處。如進愛所奏「大敗乃月建三合五行沐浴。如寅午戌月合火局，火長生在寅，沐浴在卯，故寅午戌月以卯日爲大敗日。《通書》〔註64〕誤以春卯夏午秋酉冬子爲大敗日，宜具改正。」〔註65〕要求刪除的理由包括無義理根據、重複、互相矛盾、無關緊要、不便於民、與曆法不合以及世俗妄說、荒誕不經等。如允祿奏議「時憲書載『五姓修宅』，以五音分五姓，始於漢時讖緯之說，託之孔子。歷代以來，諸儒駁論，不勝枚舉。即使其說果是，則自今日以溯黃帝，民間姓氏屢改，豈能猶合本音，況實無義理，徒滋拘忌，應刪去。」〔註66〕再如時憲書所載長星短星，「查長星短星所忌，不過裁衣、開市、立券、交易、納財事，既無關重輕，世亦未嘗避忌，亦毫無應驗。應俱刪去。」〔註67〕

允祿提出刪改的二十八處，其中有七處關乎時憲書所載的內容，而因時憲書在民間的廣泛使用，是否當改及如何改，則體現了官方對民俗的態度。所以允祿的建議在交大學士九卿定議後的結果爲：允祿請求刪除的原載於時

〔註63〕見謝路軍主編、鄭同點校：《欽定協紀辨方書》。
〔註64〕即《選擇通書》。
〔註65〕謝路軍主編、鄭同點校：《欽定協紀辨方書》，第 2 頁。
〔註66〕謝路軍主編、鄭同點校：《欽定協紀辨方書》，第 4 頁。
〔註67〕謝路軍主編、鄭同點校：《欽定協紀辨方書》，第 4 頁。

憲書中的「五姓修宅」、「嫁娶周堂圖」、「太白遊方」、「長星短星」、「洗頭日」五項，「原無甚義理，而載在時憲書，民俗便安，遵行已久，應將莊親王等奏請刪去之處無庸議。」〔註68〕即維持時憲書舊有內容，不予刪除。至於將在順治初年經湯若望以西洋新法調整的二十八宿中參先觜後的順序，復歸中國傳統的觜前參後的順序，仍是「無庸議」。其它「不載入時憲書而為《選擇通書》、欽天監所據以選擇者二十一條，應如所奏刪去。」〔註69〕允祿請求刪改的二十八處，凡事關時憲書的均未獲准，其餘均獲准。這樣的決定裏，透露著官方對民俗觀念世界的某種態度，即維持曆書中的內容模式，而對這一模式中承載的繁雜內容則需要做出規範。如在《御定星曆考原》成書後，進愛曾奉旨，將時憲書中的紀年、九宮加以改正，而非刪除。另，允祿提出「臨日陽月取三合前辰，陰月取三合後辰，其義就吉。而《通書》、《萬年書》誤以為凶日，忌臨官、視事、上表、陳訟，於理乖謬，應改為吉日，宜臨政、親民、上冊、進表章、陳詞訟。」〔註70〕這樣的修改勢必通過遵依《萬年書》對曆書進行輔注時得以體現。清政府對曆書中承載的神煞世界的整頓，無論採取怎樣的標誌，其對之整頓的前提是承認這個神煞世界的存在，則無論官民之間對於神煞世界存在怎樣的分歧，都是基於一個共同的觀念世界。

綜上所述，編製清代官頒時憲書所依據的理論書籍包括《西洋新法曆書》、《御製曆象考成》、《御製數理精蘊》、《御製曆象考成後編》、《御製儀象考成》、《萬年書》、《欽定協紀辨方書》等。「欽遵」、「御製」字樣載於書面，則表明其帶有某種國家法典的性質，其權威性來源於統治者的獨尊地位，而非書籍的內容，那麼據此編訂的時憲書，亦帶著濃厚的皇權烙印。對於統治者而言，編製曆書的權力，足以彰顯其「受命於天」的正統地位。這些書籍中既包含天文曆算方面的知識，也包括其它諸如方位辨別、神煞臨直、如何趨避等選擇類知識。後者在現代人眼中看來，或許是不值一提的迷信，但在清代編製官頒曆書的過程中，這些後人眼中的「迷信」是如此神奇的和天文算學等「科學」知識，溶為一爐，共同服務於清代官頒曆書的編製，也共同彰顯著皇權統治的正統性與合法性。

〔註68〕謝路軍主編、鄭同點校：《欽定協紀辨方書》，第8頁。
〔註69〕謝路軍主編、鄭同點校：《欽定協紀辨方書》，第9頁。
〔註70〕謝路軍主編、鄭同點校：《欽定協紀辨方書》，第7頁。

四、官頒曆書的改定

曆書，尤其是曆譜的編製首先要基於曆法。世界上的曆法大致可分爲三種：陰曆、陽曆和陰陽曆。陰曆是根據月亮圓缺周期來制定；陽曆以太陽視運動周期，即地球繞太陽運行周期爲基礎來制定；陰陽曆則是兼顧月亮繞地球和地球繞太陽運動周期而制定的曆法。清代官頒曆書的編製就是基於陰陽曆法。清初使用湯若望的西洋新法，其所改變的是將明代的大統曆法改爲時憲曆法，因使用了湯若望的西洋新法，獲得更爲準確的預推與測量，是以更能昭彰天意的獲得，以說明己身統治的正統與合法。其所不改者，無論大統曆還是時憲曆，都屬中國傳統的兼顧日月運行規律的陰陽曆法，由此而呈現的曆書，均屬中國傳統的時間表述方式，將兩者做以比較，既可獲知。

（一）湯若望根據天文實測對曆書做出的改動及其引發的爭論

現存明代曆書的影印本已彙集出版，從明正統十一年（1446）到崇禎十四年（1641）近二百年的時間裏，明代官頒曆書的格式、事項幾無變化。清代改正朔之後的時憲曆書，又如何呢？清末葉德輝曾見過《大明萬曆二十年歲次壬辰大統曆》，並將兩者做了比較：「此明萬曆壬辰《大統曆》，其格式悉與今大清時憲書同。稍異者，每月交中氣後數日而日躔某星之次，多或十一日，少或六日。其每月上旬，只稱『一日』、『二日』，無『初』字；建除十二辰，在二十八宿之上；書上下弦、望，而不合朔，亦不注時刻，節氣則有時刻而無分。又月內有『盈』、『虛』字標於書眉欄線內。錢竹汀日記所見《萬曆八年大統曆》殘本與此同，蓋沿用元郭守敬《授時曆》也。由元曆上推至宋曆，大致未有變更。《宋史・律曆志》云：『南渡以後，繼作曆者凡八，曰《統元》、《乾道》、《淳熙》、《會元》、《統天》、《開禧》、《會天》、《成天》。』今此八者，惟《會天曆》尚傳。余見影宋本《大宋寶祐四年丙辰歲會天曆萬年具注曆》，其格式亦與大明曆及今時憲書無異同。惟七十二候用漢焦延壽《易》分卦值日之法，分載各候下，則爲明以來曆書所無。」〔註71〕通過葉德輝的記述可知，中國傳統曆書至少從葉德輝所見的宋代曆書開始，就無大的變動。這樣長達數百年的延續和傳承，在葉德輝的解釋是「竊謂一代帝王之興，其改正易服，本大經大法之常，然從俗從宜，必準諸聖人『民可使由』

〔註71〕 葉德輝：《大明萬曆二十年歲次壬辰大統曆一卷》，《郋園讀書志》，上海古籍出版社 2010 年版，第 283 頁。

之義。故此六七百年來，風俗習尚未嘗欲有所改移，違民志也。」〔註 72〕此外葉德輝還注意到了一個時憲書與大統曆的迥異之處：「至本曆（大明曆）節氣有時刻無分，又無省分遲速之別，則以推算古疏今密，舊法不能測準，故不敢詳晰注明。若十二月、正月置閏，亦與今曆不同。蓋冬至後一日長至，至二月春分，此九十日中歲氣，平均積三年所餘，其盈出之零分，不足此二月之數。」葉德輝的記載，讓我們瞭解到清代曆書較之於明代，除個別內容的變動外，格式基本沒有變化。其所提到的清代官頒曆書稱「初一日」、「初二日」較之明代，多出了「初」字，還有節氣時刻精確至分以及不同地域間的時間差異，這些變化都始自清初湯若望編製的曆書。

雖然湯若望以西洋新法進階又因以獲罪，但就西洋新法所引起回應的層面來看，並未涉及中國傳統的宇宙觀、認識論，即西洋新法並非是異質的。無論是湯若望還是湯若望的反對者，都將其納入到中國傳統觀念的層面，所以湯若望的西洋新法，具體到編製曆書而言，並不會表現出太多與以往曆書不同的差異。運用西洋新法得出的時間劃分，被以中國傳統的時間表述方式呈現出來，如果沒有時憲書封面的「依西洋新法」五字，很難發現「新」在何處。如前所述，湯若望曾試圖改變中國曆書中的吉凶宜忌的輔注內容，代之以天文曆法方面的知識，未獲批准。即便如此，湯若望仍在其職權範圍之內，對中國的傳統曆書，做了力所能及的改變。

《新曆曉或》便是湯若望以西人兼掌管欽天監印務的雙重身份，對自己用西洋新法所編曆書的解釋與說明。文中湯若望站在曆書使用者的角度，對自己所編曆書與明代曆書的不同之處，提出了六個問題，依次為：

1. 或問二十八宿舊有定序，今新法先參後觜，近於立異，未解也。
2. 或問新法節氣與舊法有差至二日者，太遠若此，未解也。
3. 或問舊法節氣時刻惟一，新法諸方不同，篇首贅附數頁，未解也。
4. 或問每晝夜百刻所從舊（來）矣，今稱九十六刻，無端少卻四刻，未解也。
5. 或問舊載四餘今則遺卻紫氣，未解也。
6. 或問天行與人事相應，以此，曆有推算、輔注二事，今云依西法造曆，則是輔注亦西法矣？〔註 73〕

〔註 72〕 葉德輝：《大明萬曆二十年歲次壬辰大統曆一卷》，《郋園讀書志》，第 283～284 頁。
〔註 73〕 湯若望：《新曆曉或》。

　　以上六個問題中，可分三類：2、3、4 為曆法推算類；1、5 為曆法推算與術數推算相關類；6 為輔注類。輔注類的第 6 問，是中國人最關心的問題，儘管湯若望有心改之，但未果，所以「輔注尚仍舊例，非西法天文實用之輔也。」〔註74〕對於 2、3、4 題的曆法推算類，湯若望從天文曆算的角度，一一給予解答，從天文曆算的專業角度做出評判，這對於筆者而言，既不可能，也無必要。湯若望回答的語氣和態度裏倒有著可供讀取的信息。

　　對此關乎天文曆算的三個問題的解答中，湯若望的解釋皆以舍我其誰、不容置疑的反問句做結。湯若望的理直氣壯，來自三個方面：其一，測量的精準；其二「於天行合」是最具說服力的理由；其三，這三個方面的改變，基本不涉及中國陰陽術數類的表達。事實也證明，湯若望在此三個方面做出的改動，一直沿用到時憲書作為清代官頒曆書的使命終結。

　　對關乎術數類的兩處改變，湯若望的解答是：「或問二十八宿舊有定序，今新法先參後觜，近於立異，未解也。曉之日：嘗測諸天實然，何敢立異也，且此亦非自今日始也。古測從來不同矣。間覽前史觜宿距星，漢測二度，唐測一度，宋測一度迄半度，元測五分。夫由漢而唐而宋而元，或越數百年或越百十年，而差以度計，以數十分計。既以如是，曆元而明，以至今日，又越三百餘年矣。乃自相距五分，積漸而侵入參宿二十四分，此理勢之必然，又何足訝乎？不測諸天，不考諸古，而拘泥習說，以滋疑議，豈其可哉？（二宿先後之所以然詳見《曆指》）即如舊法列黃黑道於直宿之上，頗亦未安，蓋黃黑道與直宿義不相屬，而各宿各挨直本日，與支干同用黃黑道，則屬以下輔注之事矣，今故更置之以便觀覽，恐或者不察，並曉之。」從中可見，湯若望努力從實際天象的層面，希圖對中國術數中的排列規則做出調整，其根據來自實際的天象觀測。

　　在對「遺卻紫氣」做出的解釋中，湯若望依然從實測的天象出發，希望可以說明判斷的正確，「或問舊載四餘今則遺卻紫氣，未解也，曉之日：曆法家凡有理可據，則有論述；有數可定，則有推算；有象可明，則有測候，而凡理與數又必緣象而生。苟無其象，雖有巧曆不能違天拚一理造一數也。」湯若望對中國傳統用以表述時間概念的循環符號系統，做出了細微的排列順序的調整，但其所引發的中國人對於恢復原來之順序的努力長達百年。

　　「參、觜」隸屬中國傳統天文學二十八宿中的白虎七宿，為相距最近的

〔註74〕湯若望：《新曆曉或》。

兩宿。因歲差影響，自十三世紀末以後，傳統「觜前參後」的順序發生顛倒，
湯若望在順治初年，以西法制曆的過程中，將中國傳統的「觜前參後」調爲
符合實際天象的「參前觜後」，但因二十八宿與中國術數聯繫密切，觜參順序
的調整，勢必擾亂術數中與之對應的諸多神煞宜忌的相互關係，且清政府官
頒曆書中，每日均配以二十八宿值日，當日值宿是判斷行事宜忌的重要依據。
所以在對更改觜、參順序以及刪除紫氣的解釋裏，湯若望不僅要做天文曆算
方面的學理闡明，還要兼顧某種立場的表達，即「非與星家故相左也」。但被
湯若望更改的觜參順序、以及被湯若望刪除的紫氣，存在於中國人的觀念世
界中。通過觀測察知的天象，對於中國人的日常生活而言是遙不可及的，但
據天象投射出的觀念世界，卻在與日常行事的勾連中，獲得了某種觸手可及
的眞實性。所以觜、參順序的顛倒以及紫氣的刪去，引起了推倒多米諾骨牌
般的連鎖反應，相關的行事宜忌規律被打亂，日常生活中的選擇事項，陷入
何去何從的失序狀態。湯若望顛倒觜參順序，以及刪去紫氣，眞實地反映了
天象，卻也眞實地擾亂了中國人據以安排生活的觀念世界裏的秩序。所以在
觜、參兩宿被調爲符合天象的順序之後，就不斷有要求改回原來順序的呼籲。
允祿在乾隆五年（1740），編製《協紀辨方書》時，曾提出將二十八宿中以西
法排序的「參前觜後」調爲傳統的「觜前參後」，未獲批准。乾隆十七年（1752）
借編製《儀象考成》之機，允祿再次提出，將「參前觜後」調「觜前參後」。
大學士傅恒也曾上疏：「周天躔度以二十八宿爲經星，經星之數多寡不一，所
佔之度亦廣狹不一，而前後相次，總以各宿之第一星爲距星，此天象之自然，
古今所不易也。其間惟觜、參二宿相距最近，觜止三星，形如品字，其所佔
之度狹；參有七星，三星平列於中，四星角出於外，其所佔之度廣。古法以
參宿中三星之東一星作距星，則觜前參後。康熙年間用西法算書以參中三星
之西一星作距星，遂改爲參前觜後，故時憲書內星宿值日亦依此序鋪注，以
星度考之，古以觜在前，則距參一度，而分野之度狹，以參在後，則距井十
度三十六分，而分野之度廣。若如西法，以參在前，以觜在後，則參反距觜
一度，而參宿距井之十度三十六分，移而歸觜，似不如古法爲優。」〔註75〕
在此持續不斷的呼籲下，乾隆十七年（1752）旨下：「今莊親王等既稱奉命重
脩儀象志恒星經緯度表順序，改正參宿在後觜宿在前，乾隆十九年之七政書
即用此表推算，應如所請，以乾隆十九年爲始。時憲書之值宿亦依古改正，

〔註75〕《清朝文獻通考》卷二百五十七象緯考。

以觜前參後鋪注，則與恒星經緯度表相合，而四方七宿分配木、金、土、日、月、火、水七政之序亦合矣，從之。」〔註76〕湯若望所調整的「參前觜後」順序，在沿用近一百年之後，終於被調回了中國傳統的「觜前參後」的順序。黃一農曾撰文《清前期對觜、參兩宿先後次序的爭執——社會天文學史之一個案研究》，對這椿長達百年時間的曆法公案，進行詳細考證分析，得出結論為：「在中國古代社會中，天文因與星占術數緊密結合而帶有特別濃厚的非科學色彩以及人文精神。乾隆時觜、參距星的重新選定，並不因其受到新的實驗結果或不同的歲差理論的挑戰，乃為官方為配合社會上將天文知識應用至術數學的特殊要求，而在不違反實際天象的原則下，對『非科學』所做的一次重大妥協。」〔註77〕黃一農分析了代表「科學」的天文學和代表「社會」的術數學之間的交復往還，而這一過程在中國傳統以二十八宿注日的曆書中得以體現，則「科學」與「非科學」的較量，仍沒有脫離中國傳統的觀念範疇，就此而言，曆書中的西洋新法，僅代表技術而不附載觀念與價值。所以，用了西洋新法的時憲書仍然是「老皇曆」。此外，被刪除的紫氣，也在乾隆五年（1740）對七政經緯躔度時憲書的改動中重新出現在曆書中。「乾隆五年議准，正交為羅睺，中交為計都，古法以出黃道南為正交，西法以入黃道北為正交，依古改正，並增紫氣以備星家四餘。」〔註78〕可見，紫氣的恢復，也是服務於行事宜忌的安排。湯若望以西洋新法編製的曆書，仍是根基於中國傳統陰陽曆法的、用中國傳統時間表述方式來呈現的曆書。在無法對曆書輔注做出更張的前提下，湯若望對曆書的有限改動，也要在不觸及中國以天干地支、陰陽五行等符號排列的秩序世界的情況下，方得以保留。

除湯若望在改正朔之初，對曆書做過有限調整外，清政府也曾對官頒曆書做出過極其細微的改動，但這些在今天看來屬於細枝末節、甚而不值一提的改動，在當時卻並非是毫無意義的。

（二）清統治者對曆書做出的修訂

清代統治者的不斷開疆拓土，不僅體現在版圖上，也體現在曆書中。清代曆書中不斷有新地區的節氣時刻和日出入時間的刊入。順治初年，湯若望

〔註76〕《清朝文獻通考》卷二百五十七象緯考。
〔註77〕楊翠華、黃一農編：《近代中國科技史論集》，臺北中央研究院近代史研究所1991年版，第93頁。
〔註78〕《大清會典則例》卷一百五十八。

以西洋新法制曆，奉命編訂曆書，曆書式樣多仍明代大統曆書之舊，但湯若望進言：「授民時全以節氣交宮與太陽出入晝夜時刻爲重……今以臣局新法，所有諸方節氣及太陽出入晝夜時刻，俱照道里遠近推算，請刊列時憲書。」〔註79〕所以從順治二年（1645）開始，時憲書首頁內容爲「都城順天府依新法推算節氣時刻」，接下來的年神方位圖之後是「各省直依新法推算丙戌歲太陽出入晝夜時刻」、「各省直依新法推算丙戌歲節氣時刻」。太陽出入晝夜時刻與節氣時刻的載入，首先得自湯若望的新法精良，作爲曆書內容加以頒行，則代表著統治者的「敬授民時」。此後不斷有新地域的節氣時刻及日出日入時刻載入。康熙三十一年（1692），科爾沁等蒙古部落二十四處太陽出入、節氣時刻載入時憲書；康熙五十二年（1713），額魯特喀爾喀等蒙古部落並哈密地方十五處太陽出入、節氣時刻增入時憲書；乾隆二十年（1755），準格爾諸部太陽出入、節氣時刻載入時憲書；乾隆二十三年（1758），增黑龍江、吉林、伯都訥三姓尼布楚城、伊犁等蒙古部落並巴里坤、吐魯番二十處太陽出入、節氣時刻載入時憲書；乾隆二十五年（1760），回部等二十六處太陽出入、節氣時刻增入時憲書；乾隆三十七年（1772），土爾扈特等二十四處太陽出入、節氣時刻增入時憲書；乾隆四十年（1775），安徽、湖南、甘肅三省太陽出入、節氣時刻增入時憲書；乾隆四十二年（1777），兩金川及各土司十三處太陽出入、節氣時刻增入時憲書；乾隆五十四年（1789），安南照朝鮮之例載入時憲書內；嘉慶十四年（1809），琉球國太陽出入、節氣時刻載入時憲書。〔註80〕準格爾部落歸附後，乾隆帝立即派出包括欽天監人員在內的官員趕往該地，測量太陽出入晝夜時刻所需的數據：「西師報捷，噶爾藏多爾濟抒誠內附西陲諸部相率來歸，願入版圖，其日出入晝夜節氣時刻宜載入時憲書，頒賜正朔以昭遠裔向化之盛。侍郎何國宗素諳測量，著加尙書銜，帶同五官正明安圖，司務那海前往各該處測其北極高度、東西偏度，繪圖呈覽。所有坤輿全圖及應需儀器，著何國宗酌量帶往。」〔註81〕顯然，這些新增地域刊入時憲書內一例頒發，其重點並不在於這些地域的太陽出入、節氣時刻，而在於通過流佈四方的時憲書昭示頒賜正朔、中外一統的盛況。就此而言，清代官頒通用時憲書也是某種帶有宣明、昭告意味的、擁有政治屬性的傳播媒介。

〔註79〕趙爾巽等撰：《清史稿》志二十時憲志一，第 1658 頁。

〔註80〕席裕福、沈師徐輯：《皇朝政典類纂》卷四百十五象緯一時憲。

〔註81〕傅恒：《平定準噶爾方略》正編卷九，清文淵閣四庫全書本。

對時憲書的修改還包括，雍正五年（1727），雍正帝曾御旨以後逢列祖忌辰，應將曆書中在該日與之對應的結婚姻、宴會喜慶等事項悉數刪去，御曆中忌辰更不當載入巡幸、宴會等字樣。欽天監議定之後，將宴會喜慶類項目刪去，並做出規定：御曆中「凡恭遇忌辰，注安撫邊境、安床、解除、求醫療病、裁製、繕城郭、築堤防、經絡、立券、交易納財、置產室、開渠穿井、安碓磑、補垣、掃舍宇、修飾牆垣、平治道途、伐木、捕捉、栽種、牧養、納畜，餘事不注，民曆內逢忌辰仍注豎柱、上梁、開市。」〔註82〕雍正帝的這一規定，事出有因，據清葉名澧《橋西雜記》所載：「忌辰向不禁嫁娶，雍正五年古北口游擊劉繼鼎，於聖祖仁皇帝忌辰婚娶，為提督郭成功所劾，革職治罪，今通行時憲書於列祖列宗並歷代列后忌辰不載宜嫁娶字，世宗憲皇帝命欽天監詳議後，永為定式定例，凡忌辰，皇上在宮中素服齋居一日，而臣庶酬酢慶賀，不敬莫大乎是矣。」〔註83〕似乎怕人們忘記忌辰的注意事項，雍正十三年（1735）又做出規定，「時憲書內，遇齋戒日期，於日期旁加圈做記，列聖列后忌辰加圈亦如之。」據吳振棫記載：「自乾隆辛卯始，齋戒日及忌辰於日旁加單圈，雙圈自雍正十三年始。」〔註84〕以上針對曆注做出的改變，其所賴以引發的事件告訴我們，曆書中關涉一個承載價值、承載觀念的世界，任何與之相關的舉動，都有可能產生據曆書以為反映的變動。這些在時憲書中，用圓圈標示出的特殊時間點，也將皇權的彰顯帶入到普通民眾的日常生活中，無論遵奉與否，存在的事物作為生活中的組成部分，便足可構成人們腦海中的觀念據以產生的環境。

乾隆三十五年（1770）正月，乾隆帝上諭：「國家熙洽化成，薄海共躋，壽宇昇平，人瑞實應昌期，是以每歲題報直省老民、老婦年至百歲及百歲以上者不可勝紀，因思向來所頒時憲書後頁紀年只載花甲一周為斷，殊不知周甲壽所常有，而三元之序數，本循環成例，拘墟未為允協。著交欽天監自乾隆三十六年辛卯歲為始，於一歲下添書六十一歲，仍依干支以次，載至一百二十歲，則開裳犁然期頤並登正朔用符紀歲授時之義。」〔註85〕時憲書後頁紀年增列為兩甲子，並非始自清代，據趙翼考證：「向來時憲書後止追列一甲子六十年，今日吾鄉劉文定公奏請再列一甲子，以便檢閱，遂著為例。按此

〔註82〕席裕福、沈師徐輯：《皇朝政典類纂》卷四百十五象緯一時憲。
〔註83〕葉名澧：《橋西雜記》，中華書局1985年版，第10頁。
〔註84〕吳振棫：《養吉齋叢錄》，北京古籍出版社1983年版，第62頁。
〔註85〕《清朝文獻通考》卷二百五十七象緯考。

本宋初故事也。《春明退朝錄》：至道二年，司天楊文鎰建言：『曆日六十甲子外，請更留二十年。』太宗謂：『支干相承雖止六十，然本命之外，卻從一歲起首，年老者並不見當生年數，宜存兩甲子，使期頤之人猶見本生年號。』飭司天監議行之。是宋時原列兩甲子。王棠云：近代只列一甲子，不知何時更定。」〔註86〕根據趙翼的記載，時憲書後列兩甲子是劉文定的建議，但方濬師的推斷是：「劉文定綸卒於乾隆三十八年，史館列傳並無奏請再列一甲子事。諭旨中亦未提文定所奏，或文定在樞垣久，曾經面陳，斷自聖裁歟？」〔註87〕皇帝對曆書的微調，藉由曆書的傳播，成為載之文獻的事件，依然證明著曆書作為一個意義賴以表達，觀念據以呈現的物質載體，在其傳播過程中所能起到的溝通作用。

　　時憲書每月題欄中，記有當月的物候，全年計七十二候。乾隆帝曾對十一月的物候記載，做過更改：「月令有『冬至麋角解』之文，欽天監時憲書久經沿襲登載，前以鹿與麋皆解角於夏，即疑《禮經》傳習不無承認，嘗著鹿角記，為之辯論而未究其所由。昨因時值長至，偶憶南苑內向有馴育之麈，俗稱長尾鹿者，此時會否解角？令御前侍衛前往驗視，則蛻角或雙或隻，正與節候相叶，並持新蛻之角呈覽，自來疑義為之頓釋。《說文》有馴麈麋屬之語。《名苑》又稱鹿大者為麈。然三者實迥然不同，北人知之而南人則弗能辨，是以輾轉滋舛。夫窮理格物乃稽古所必資，已詳為著說以識，並著將此交欽天監，自後時憲書內即行改麋為麈，示信四海，毋仍昔誤。」〔註88〕不管乾隆帝出於怎樣的想法，做出對時憲書的一字之改，重要的是這「一字之改」，經由時憲書的傳承，被人們屢屢提及。梁章鉅在《歸田瑣記》中提到：「諸孫中有讀《月令》者，執簡而問曰：『《月令》一年七十二候之名，何以與時憲書所載亦有異同？』余曰：『豈但此兩書異同已哉？七十二候之名，權輿於《夏小正》，此後則《汲冢周書》、《管子》、《淮南子》、《呂氏春秋》，所載字句，各有錯出，然亦不過小異而大同。惟王冰注《素問》所引《呂氏春秋》七十二候，則與今行《呂氏春秋》本迥不相同，如『雷乃發聲』下有『芍藥榮』，『田鼠化為鴽』下有『牡丹華』，『王瓜生』作『赤箭生』，『苦荼秀』作『吳葵華』，『麥秋至』作『小暑至』，『半夏生』下有『木槿榮』，『蟄蟲壞戶』下有『景天華』，此皆無關宏旨，惟今時憲書十一月『麋角解』，自乾隆間改為

〔註86〕趙翼：《陔餘叢考》，河北人民出版社1990年版，第600頁。
〔註87〕方濬師：《蕉軒隨錄》，中華書局1997年版，第474頁。
〔註88〕席裕福、沈師徐輯：《皇朝政典類纂》卷四百十五象緯一時憲。

『麈角解』，已奉功令通行，不可不知耳。」〔註89〕陸以湉在《冷廬雜識》中也有記載：「時憲書十一月改『麋角解』為『麈角解』，始於乾隆戊子年，高宗純皇帝以為木蘭之鹿，吉林之麋，角皆解於夏，惟麈角解於冬，曾於南苑驗之，特正其訛。」〔註90〕

　　相隔百年之後，我們面對如同天書一般的老皇曆茫然不解，而清代文人們則將這有關曆書的哪怕是一字之改，作為典故紛紛記錄下來，或考證、或解釋，這中間橫亙的不只是時間的距離，更有無數觀念的差異。人們如此津津樂道於官頒曆書的改變，是因為曆書是日常生活所用之物？還是因為這日常之物所發生的改變斷自聖裁，而別具意味？在天子與臣民之間，在神聖與日常之間，借由曆書的改變所帶來的討論，我們似乎可以感覺到某種氣韻的流動，它是交流得以實現的基礎，也是觀念由以生成的空間。筆者實在無法將之述諸具體的思想，闡明何以如是的因果緣由。或許那只是他們的一種生活方式，一項生活內容的構成元素。這諸多的問題，產生自我們與過去之間觀念差異所造成的阻隔，置諸彼時的當下語境，也許並不是問題，對於熱衷於回應、討論曆書掌故的清代人而言，無由問起，也就不需要解答，那只是他們存在著、生活著的一種方式。

　　以上從順治朝至嘉慶朝，對官頒曆書所做出的增入刊載內容、修改曆注等改定，多與曆法無關，則將曆書從曆法範疇內釐出，是非常必要的。但圍繞官頒曆書所做的增刊、修改，其所涉及內容，又完全無法將之納入到一個單一層面的系統中，做出彼此呼應的解釋。但這些形形色色的內容據以出現在曆書中的方式，又是一個頗具共性的值得探討的話題。以「曆」為呈現的觀念世界，或將為我們提供答案與解釋，以下章節的討論仍將繼續這一話題。

　　清代曆書的編製與改定中，湯若望的西洋新法始終作為反觀中國觀念世界的一個參照而存在。在釐清西洋新法之為手段運用而不為價值參與時，其依舊在中國引發爭論，哪怕是湯若望僅小心翼翼地改動了中國用以表述時間的兩個循環符號的前後順序，依然會引發為復原這一順序而進行的持續不斷的努力，正如一顆石子投入湖中引起的漣漪蕩漾。得以接觸的都可視為交流，哪怕是碰撞和反對，一顆投至岸邊的石子是不會對水面產生任何影響的。湯若望用來和中國人交流的概念工具並非來自西方，而是來自中國傳統，那才

〔註89〕梁章鉅：《歸田瑣記》，中華書局 1981 年版，第 114 頁。
〔註90〕陸以湉：《冷廬雜識》，中華書局 1984 年版，第 270 頁。

是引發爭論的根源。以此，圍繞曆書的編製和改定所呈現的依舊是一個傳統的觀念世界，也是在此範疇內所有的爭論、交流、溝通、表述賴以達成的前提和基礎。

第三章　清代曆書的頒行與流佈

　　書籍作為一種商品，在進入到印刷、裝幀、出版、發行的環節中時，便會附載某些超出作者創作意圖之外的附加含義，以便吸引更多的閱讀者。無論如何，書籍作為商品脫離了作者後，便會獲得不依賴於作者而從屬於商品的某些特性，這是一般書籍在介於其作者與閱讀者之間時，通常會發生的情況。清代官頒曆書作為一種特殊的書籍，在被編製出來之後，會經過怎樣的程序和環節進入流通渠道？又如何到達使用者的手中？在由編織者到使用者的傳遞過程中，又有著哪些與普通書籍不同的策略和環節？

一、官頒曆書的頒行

（一）曆書由編製者到使用者手中要經過的流程安排

　　曆書的使用具有時效性，相應的其經由編製進入流通環節的程序也按一定的時間表來進行。欽天監要趕在每年的二月初一日之前，編製好來年的時憲書，並在每年的二月初一日由掌管欽天監事務大臣向皇帝進呈來年的時憲書式樣。如乾隆九年二月初一日掌管欽天監事務大臣進愛的題本：「乙丑年（乾隆十年）時憲書式樣例應乾隆九年二月內恭進，俟勅下之月隨刊刻，四月內頒行各省。臣等謹將時憲書式樣繕寫裝潢，進呈御覽，伏乞勅下，照例刊刻，頒行各省。其滿洲、蒙古時憲書亦照式樣譯寫，一併遵奉施行，為此謹題請旨。計開時憲書式樣一本。」[註1] 隨題本一同進呈的時憲書式樣，據方濬師《蕉軒隨錄》所載：「每年欽天監題本恭進次年時憲書，用粉白紙細書，亦係

〔註1〕進愛：《欽天監監正進愛等謹題為恭進〈時憲書〉式樣事》，乾隆九年二月初一日，國家第一歷史檔案館藏欽天監題本。

一月一葉，字迹端整，無一挖補，無一俗體字，可謂精妙之極，濬師直內閣，屢見之，進呈後仍發內閣，歸滿票簽收，二百餘年未知能不缺失否。」〔註2〕方濬師所見的進呈本當為今天故宮博物院圖書館所藏最多的時憲書朱墨抄本的來源之一。

　　每年二月初一日進呈時憲書式樣獲准後，由欽天監滿、蒙五官正翻譯成滿文和蒙古文，再交由役匠鐫版、刷印漢文、滿文、蒙文各類曆書。京師外地區的時憲書式樣則在每年四月初一日送交兵部，「由驛遞各省布政使司書式各二本，一本用印存司署，一本不用印，照式刊刻，鈐欽天監時憲書印，至期，頒發本省。」〔註3〕每年八月，欽天監要提前上報皇帝關於十月初一日的頒朔典禮，十月初一日，進呈皇室的時憲書由欽天監官員照例恭送至太和門，內務府官接捧恭進。頒賜百官的時憲書則須文武百官在午門外行禮，等候頒賜。十月初一日，中央、地方頒朔禮同時舉行。時憲書首先送達上至皇帝，下及地方文武官員手中，其後民間始允許時憲書發賣。至此，時憲書經過這樣的官方程序，才開始漸次、逐級抵達使用者的手中。

　　時憲書編製完畢，由進呈時憲書式樣到刊刻、進呈、頒發，整個流程都按既定的時間表進行，每一個環節的開展都要預先上報皇帝，獲准後方可進入下一個環節。當然，有關時憲書的每一次進呈預報，皇帝一般不會提出異議，偶有修改，本文前已述及，茲不贅述。每一年這樣例行公事的進呈，由順治朝直至宣統朝，從未間斷。所奏為何，所請何事，已不重要，這個按部就班的流程，所昭示出的象徵意義要遠遠大於這個流程所承載的實際內容。天意的揭示可以通過天文、曆算等技術性手段達成，而天意的授予、傳達及獲得，則要依賴象徵性手段來渲染。頒行時憲書流程所昭彰的象徵性，對於端賴天道授予以建構統治正統性與合法性的政權來說，得到了充分的展示。在這個流程中，每一個環節都以儀式的形式來開展，「受之於天」、「敬授人時」，中國傳統政治倫理中的重要內容，都孕育在了儀式化的誇飾與鋪陳中，官頒曆書就此成為政治展演中重要的道具。

　　通過十月初一日的頒朔典禮，將曆書由編製者送到使用者手中，是一種非常儀式化的政治行為，其有別於一般書籍的出版發行，沒有經濟利益的計較，沒有出版發行者擴大銷量的策略，只有服務於政治象徵性的誇飾與鋪陳。

〔註 2〕方濬師：《蕉軒隨錄》，第 473～474 頁。
〔註 3〕《大清會典則例》卷一百五十八。

清代的頒朔禮成爲定制，始於順治二年（1645）：「順治二年，時憲書成，欽天監進呈御覽，世祖章皇帝御武英殿文武各官，咸朝服齊集午門外，頒朔行禮，是年定每年十月初一日黎明，欽天監官恭進皇帝、皇太后、皇后時憲書及頒給王公以下各官時憲書。」〔註4〕此後，清代的頒朔典禮，均在每年十月初一日黎明時分舉行，由欽天監將時憲書進呈給皇帝、皇太后、皇后、妃嬪，是爲獻朔；王公以下各官於午門外跪領時憲書，是爲受朔。

（二）頒朔與受朔儀式

每年十月初一日黎明，從欽天監衙署到皇宮午門外、再到太和門外，時憲書的起運地點和送達地點，都要經過一番布置。欽天監衙署位於當時的「戶部街以東，御河以西，皇城以南，東交民巷以北的城區（大體相當於今正義路以西，天安門廣場東線以東，東長安街以南，東交民巷以北的區域）。」「兵部街則由南至北，將該區分爲東西兩部分，欽天監衙署位於兵部街以東，禮部之後，鴻臚寺之南，太醫院之北。衙署大門西向。」〔註5〕頒朔禮的現場布置，均圍繞時憲書來安排：設黃案二於太和門正中，設黃案二於午門外正中、設紅案八於午門兩旁，欽天監衙署內，設龍亭一於大堂正中、設黃亭八於大堂兩旁、設紅案八十於兩廊下。「監官恭奉進皇帝、皇后、皇貴妃、貴妃、妃、嬪時憲書置龍亭內；王公大臣時憲書置黃亭內；八旗各衙門官員時憲書置兩廊紅案上。」〔註6〕監官於龍亭前行一跪三叩禮，御仗前導，先龍亭、次黃亭，樂部和聲署做樂，導迎樂作奏禧平之章，辭曰：「欽若誠宣，皇正朔頒，分秒無忒，玉衡齊貫，敬授時宜，暑寒稽事，明民庶歡。」〔註7〕三科官導引，堂官後隨，自長安門進至午門前。監官由亭內恭奉進呈皇帝、皇后的時憲書，陳於午門正中左側的黃案上；將進呈皇太后的時憲書，陳於午門正中右側的黃案上；頒賜王公大臣時憲書，陳於午門兩旁的紅案上，校尉撤龍亭、黃亭置兩旁。監官奉進呈時憲書由午門中門入至太和門，將書置於早已安設於太和門正中的黃案上，監正、監副從至太和門，于丹墀左，行三跪九叩禮，內務府掌儀司官奉時憲書至乾清門，慈寧門。宮內各處首領太監等，具蟒袍補掛，齊集乾清門，俟時憲書至，宮殿監領侍一人，捧御覽時憲書，宮殿監副

〔註4〕《清通典》卷五十五禮，清文淵閣四庫全書本。
〔註5〕史玉民：《清欽天監衙署位置及廨宇規模考》，《中國科技史料》2003年第24卷第1期。
〔註6〕席裕福、沈師徐輯：《皇朝政典類纂》卷四百十七象緯三時憲。
〔註7〕《大清通禮》卷二十九嘉禮，清文淵閣四庫全書本。

侍二人前引，由乾清門中門進至御前，皇帝御覽畢，交懋勤殿首領太監收貯。其它進呈皇太后、皇后及各妃嬪時憲書，俱由齊集乾清門的各宮太監奉回。欽天監官員撤案而出。以上是爲獻朔禮。

受朔禮同樣定於每年十月初一黎明時分舉行，地點爲午門外。由欽天監捧來的頒給王公大臣的時憲書陳於午門外兩旁紅案上。參與午門頒朔禮的京城王公文武百官皆朝服，列於午門外東西闕下，「鴻臚寺鳴贊二人進立於甬道左右，糾儀御史二人，禮部司官二人，進立於鳴贊之北，皆東西面，宣制鴻臚寺官一人，立糾儀官之北，西面鳴贊，贊齊班鴻臚寺引親王、郡王、貝勒、貝子、公，按翼序立於甬道內，引文武百官序立於甬道左右，皆北面，東班西上，西班東上，贊進皆進，贊跪皆跪，贊宣制，宣制官宣制曰：『某年時憲書頒給眾官，曉諭天下。』宣畢贊叩興，眾行三跪九叩禮，興退，欽天監乃頒朔於王公、百官、親王、郡王、貝勒、貝子、公以下八旗，暨部、院、府、寺、監長、貳各官，」〔註8〕「親王、郡王各令所屬，依次跪領，貝子、公親跪領，文武官各以其長一人跪領，回署頒給所屬官，各退。」〔註9〕以上是爲受朔禮。

午門頒朔禮相當於全體京城官員的政治集會，爲了保證人人出席，雍正十二年復准：「每逢頒朔之日，御史二人監禮部委滿漢司官二人，收職名，如有公事不克親赴，豫行知會，其無故不到及不朝服行禮者，指名參處務恪遵定制，整齊敬謹，以光大典。」〔註10〕而考慮到人數眾多，頒朔場面難免混亂，又做出進一步規定：「至頒給百官時憲書，三品以上官，應仍於午門外祗領，其餘滿漢文武有頂帶官員萬三千餘人，一時難以遍給，往來擁擠，恐無以肅觀瞻而昭典禮，應照向例，於午門外行禮後，各赴欽天監祗領。」〔註11〕乾隆十六年爲了確保十月初一日的頒朔禮上，大小官員的務必出席，再做出規定：「孟冬頒朔，請由欽天監豫日行文。至期，貝子公以下至文武正貳各官，咸朝服齊集，依次跪領，恭竢宣制，行三跪九叩禮，如有無故不到者，糾儀御史於次日參奏，照無故不朝參律議處。」〔註12〕乾隆十九年，針對受朔禮中，親王、郡王、貝勒等令人代跪代領的現象，乾隆帝規定：「孟冬頒朔於午

〔註 8〕《大清通禮》卷二十九嘉禮。
〔註 9〕《大清會典則例》卷六十二禮部。
〔註10〕《大清會典則例》卷六十二禮部。
〔註11〕《大清會典則例》卷六十二禮部。
〔註12〕《大清會典則例》卷六十二禮部。

門，親王郡王貝勒亦令親領行禮。」〔註13〕

（三）儀式中的曆書種類及樣式

以上頒朔禮中，所頒者，「正朔也」，「正謂年始，朔謂月初」，則正朔的象徵之物，便是記載年月日時的曆書。頒朔禮中，官頒曆書作爲儀式中的重要道具，充滿象徵意味。而所頒曆書，也因等級之別，而呈現出種類、文字、裝潢等方面的差異。清代曆書的種類繁多，前已述及，而頒朔禮中種類繁多的曆書又以種種不同的外觀形式呈現，則繁多的種類、各異的外觀，這足以說明，用以查看時間、選時擇日的曆書仍有超出其日用性質的政治作用。在獻朔禮中，欽天監進呈的時憲書包括：進呈皇帝的繕錄清（滿文）、漢字御覽時憲書各一本，刷印清、漢、蒙古字時憲書各一本，清、漢字七政時憲書各一本。向皇帝進呈曆書，並非僅在十月初一日，每年的十二月份，欽天監還要向皇帝進呈月五星相距時憲書。康熙十一年（1672）又做出規定：「每年進小本民用時憲書，清字五本，漢字五本，俱藍綾面無套，又清、漢字兼寫一本，黃綾面套，與月五星相距時憲書同進。」〔註14〕進呈皇后刷印清、漢、蒙古時憲書各一本，清、漢字七政時憲書各一本，均用黃綾面套，黃羅銷金包袱包封；進呈皇貴妃、貴妃、妃刷印清、漢、蒙古字時憲書各一本，清、漢字七政時憲書各一本，均用黃金綾面套黃金羅銷金包袱包封；嬪刷印清、漢、蒙古字時憲書各一本，清、漢字七政時憲書各一本，用紅綾面無套紅金羅銷金包袱包封，以上時憲書均不鈐時憲書印。〔註15〕以上越過皇宮午門，太和門，進呈至宮內的曆書，獻給皇帝的曆書最多，十月初一日連同十二月進呈皇帝的曆書達20本之多，其種類最齊全：從語言而論包括清、漢、蒙古字；從種類而言，包括御用時憲書、民用時憲書、七政時憲書、月五星相距時憲書；從版本裝潢來看，有朱墨抄本、刻本，用黃綾面套和藍綾面無套。

受朔禮中頒賜王宮大臣、文武百官的時憲書也各有不同。王公均清、漢、蒙古字時憲書各一本，清、漢字七政時憲書各一本，王用紅綾面紅羅銷金包袱包封，貝勒用紅綾面、貝子用黃裱紙面。公主給清、漢、蒙古字時憲書各一本，用紅綾面，均紅棉紙包封。八旗各部院衙門大臣堂官，滿洲給清字、蒙古給蒙古字、漢軍漢人給漢字時憲書各一本，均黃裱紙面，每旗、每衙門

〔註13〕《大清會典則例》卷六十二禮部。
〔註14〕席裕福、沈師徐輯：《皇朝政典類纂》卷四百十七象緯三時憲。
〔註15〕見席裕福、沈師徐輯：《皇朝政典類纂》卷四百十七象緯三時憲。

共一紅棉紙包封。八旗滿洲官員給清字、蒙古官員給蒙古字、漢軍官員給漢字時憲書各一本，均由監交各旗分發。各衙門漢官每人給漢字時憲書一本，由監交各衙門分發。各衙門於初三日行文赴監支取。〔註16〕

（四）京城以外官員獲得曆書的方式

以上爲北京城內從皇帝到各級官員獲得時憲書的方式和流程及所獲時憲書的種類、式樣、數量。京城以外官員獲取時憲書的方式爲兩種，一爲頒發欽天監刊刻的時憲書，二爲頒發當地布政使司刊印的時憲書。屬於第一類有：守陵官員及山海關副都統、盛京、吉林、黑龍江將軍、盛京五部侍郎、內務府總管佐領馬蘭鎮、泰寧鎮等處文武官各給一本，應領清字、蒙古字、漢字時憲書，行文赴監支取。直隸九府、奉天、錦州二府，每府給漢字七政時憲書二本，時憲書千本；大興、宛平二縣，每縣給七政時憲書二本，時憲書九十本；熱河理事同知（承德府）給漢字時憲書三百本，廣昌縣給漢字時憲二百本，具文申監支取。〔註17〕其它地方的各級官員獲取的時憲書，則是當地布政使司所刊。雍正七年規定：「每歲四月，由欽天監頒發考定時憲書式，令各布政使司敬謹刊刷，鈐蓋庫貯欽天監時憲書印信，凡見任文武大小官及在籍有職官、舉人、貢生等，各給一本，以彰敬授人時之意，其刊刻紙墨工價，各動用正項錢糧。」〔註18〕

地方頒朔也有儀式與流程。「至直省時憲書頒到之日，督撫亦應有接受之儀，舊典未備，請酌定儀注，纂入《會典》、《通禮》，恭呈御覽，頒發遵行，以仰承皇帝欽若時憲之至意。」〔註19〕每年四月初一後，各地布政使司接到由兵部驛遞來的欽天監時憲書兩本，一本用印存司署，一本不用印，照式刊刻，鈐欽天監時憲書印，至十月初一日，彙送督撫署，「各省會總督，若巡撫率在城文官，將軍率在城武官受朔。是日首縣於督撫署內，向闕列屏設案，布政使以所刊時憲書設於龍亭，鼓吹前導，舁詣公署，恭陳於案質明，文武官朝服畢會通贊，贊齊班引禮，二人引各官文東武西重行異等，以品爲序，咸就拜位，北面立如朝賀之儀，贊跪叩興，眾行三跪九叩禮興，以次祗受時憲書畢，各退。」〔註20〕咸豐年間時任雲南巡撫的吳振棫曾就時憲書未及時

〔註16〕見席裕福、沈師徐輯：《皇朝政典類纂》卷四百十七象緯三時憲。
〔註17〕《大清會典則例》卷一百五十八欽天監。
〔註18〕《大清會典則例》卷六十二禮部。
〔註19〕《大清會典則例》卷六十二禮部。
〔註20〕《大清通禮》卷二十九嘉禮。

給發的事情上奏朝廷：「欽天監頒行次年時憲書樣本二本，向來亦交提塘轉遞遠省，於五六月奉到即行遵照刊刻，今年則至今尚未到滇，臣以頒朔授時，事關令典，未便坐待貽誤，已於六月內咨商四川督，臣轉飭該省蕃司於奉發樣本二本內咨送一本來滇，以便刊印頒發，理合附片陳明謹奏。」〔註21〕其中「頒朔授時、事關令典」八個字，從地方受朔的角度，充分地詮釋了時憲書的功用。

　　以上為省城官員以受朔方式，獲取時憲書。省城以外地方，「布政使分發專城之道，轉行所屬州、縣、衛分駐之提鎮，協轉行所屬標營到日行禮，祇領與省會同。」〔註22〕從中央到地方，從省城到州縣，清代政治體制內的幾乎所有人員都會領取到一本時憲書，包括洋務運動時期官派出洋的幼童，即便遠在海外，也會得到朝廷頒發的時憲書。李鴻章於同治十一年正月十九日在《幼童出洋肄業事宜摺》將挑選幼童及駐洋應辦事宜分條開列恭呈御覽的條目中，就已經將頒發給出洋幼童時憲書的事項開列在內：「每年八月頒發時憲書，由江海關道轉交稅務司，遞至洋局，恭逢三大節以及朔望等日，由駐洋之員率同在事各員以及諸幼童，望闕行禮，俾嫻儀節而昭誠敬。」〔註23〕

（五）頒朔於少數民族政權及藩屬國

　　歸附中央政權的少數民族政權和藩屬國，也在頒朔的範圍之內。順治十八年定，朝鮮國每歲十月都派遣使臣赴禮部，受來歲之朔，「禮部豫取欽天監時憲書，函封鈐印，迄頒朔翼日，設案於儀制司堂上正中，會同四譯館大使，引朝鮮國陪臣服本國公服，入儀制司，郎中公服，就案坐，吏奉時憲置於案，贊禮者一人立於案右，贊進大使引陪臣詣案前贊跪，陪臣跪贊受朔，吏奉時憲書授陪臣，陪臣恭受興退，乃歸報朝鮮國王，王朝服祇受如禮，遂頒佈於其國人。」〔註24〕頒給朝鮮國王紅綾面漢字時憲書一本，其官屬頒給黃紙面漢字時憲書百本，其上俱鈐有時憲書印。〔註25〕乾隆五

〔註21〕 吳振棫：《奏為滇省本年至今尚未奉到時憲書樣本現已咨商四川省咨送一本來滇以便刊發事》，咸豐四年七月二十八日，卷號 04-01-38-0026 檔號 04-01-38-0026-049，國家第一歷史檔案館藏朱批奏摺。
〔註22〕 《大清通禮》卷二十九嘉禮。
〔註23〕 李鴻章：《李文忠公奏稿》卷十九，光緒三十年金陵刻本。
〔註24〕 《大清通禮》卷二十九嘉禮。
〔註25〕 《大清會典則例》卷六十二禮部。

十四年又奏准安南照朝鮮之例載入時憲書，一例頒發。〔註26〕康熙三十二年頒時憲書於內紮薩克科爾沁等二十五部落，康熙五十三年頒時憲書於外紮薩克喀爾喀等四部落，均以各來使請安之便給發。雍正三年定頒給青海紮薩克王臺吉等時憲書，於每年頒俸祭時一同給發。乾隆二年復准，散給青海紮薩克王臺吉等時憲書，於每年五六月間同俸祭給發似覺稍遲，應先期於每年十月將次年時憲書由兵部交驛站發往青海散給。乾隆十六年頒時憲書於杜爾伯特部落，二十八年頒時憲書於哈密、闢展、喀什噶爾、英吉沙爾、葉爾羌、和闐、烏什、阿克蘇、喀喇沙爾、吐魯番、伊犁、庫車沙雅爾凡十二處，俱由理藩院給發。〔註27〕

衛藏地區，自雍正初年起，由中央設官置守，屬於清政府的管轄範圍，但因其向來沿用回回曆法，而未在該地頒行時憲書，光緒十三年文碩奏：「自古帝王御世，莫不正朔授時，我盛朝奄有夏方式廓版圖，內自京師行省，外至藩部屬國，每歲十月朔，欽頒時憲書，所以授人事昭大統也。」「所有駐藏大臣以及所屬文武各衙門，擬自本年孟冬欽頒光緒十四年正朔為始，請旨飭下欽天監頒給清文時憲書五本，漢文時憲書四十五本，《修造古方立成》五十本，移送兵部由驛發來，俾封印之前得以奉到，轉發各屬一體利用遵循。」〔註28〕西藏地區自光緒十四年開始，也能接到欽天監編製的時憲書。

（六）頒朔與受朔的政治象徵

頒朔與受朔，是一個施予和接受的過程，所頒所受者，「朔」也。「正朔」之為「正統」，是中國王朝統治合法性建構的重要資源，此中蘊含的「受之於天，而非繼之於人」的標榜，將皇帝之為「天子」的理由建立在某種天意的授予之上。頒朔典禮中的威儀場面，對於以「天子」自居的皇帝來說，是其實施「敬授民時」的具體操作，也是其一統天下得以完成的確認及保證。清代皇帝留下的頒朔詩，成為我們解讀頒朔典禮中政治象徵的最佳文本：

《御製十月朔日頒時憲書詩》庚申

九瀛咸奉朔，四海正同文。禮特遵先制，時惟授大君。令頒懸度地，澤被鷺鵷群。欽若心恒凜，釐工政益勤。

〔註26〕劉錦藻：《清朝續文獻通考》卷二百九十四象緯考一。

〔註27〕《清通典》卷五十五禮，清文淵閣四庫全書本。

〔註28〕朱壽朋：《東華續錄（光緒朝）》光緒八十五，上海集成圖書局1909年版。

《御製頒朔詩》甲子

閟宮烝祀罷，象魏授時頒。舊歲行將盡，新年去復還。時和詎可恃，日久倍知艱。所願周寰宇，官清民自閒。試問司天史，羲娥移不移。璿璣誰可度，珠斗若爲推。六合車書會，千秋道法垂。去年重入想，崇政泚朝時。

《御製頒朔詩》丁卯

冬初頒歲朔，天道體貞元。爲識農功要，非誇天子尊。三正同六服，玉律自金門。即看陽和近，披來朱鳥暾。

《御製頒朔詩》戊辰

午門晴旭麗瞳曨，頒朔威儀集百工。東鯷西鶼萬邦奉，宵衣旰食一篇中。春秋無那成今昔，箕畢還因協雨風。消息貞元頻靜驗，統天一氣運無窮。

《御製十月朔日頒朔詩》丁丑

敬授斯稱重，明時敢不虔。龍杓弦望辨，鳳闕典章懸。堯帝羲和命，大清億萬年。銅儀惟是在，稼政莫茲先。布朔禎祥始，班和象魏前。伊犁哈薩克，從此入華編。」〔註29〕

時憲書的頒行，從授予人員來看，包括清代政治體制內的幾乎所有人員，從地域來看，覆蓋清代行政管轄範圍內的所有行政區域及藩屬國。而其不避麻煩、不遠千里，務必送達的又是如此的日常之物，清雍正時期曾來中國的耶穌會士巴多明神父，在寫給巴黎科學院院長道都・德・梅朗的信中提到了這個讓他頗感詫異的現象：「爲了搞一本日曆發到各地，每年要花費多少人力、物力，改朝換代也不妨礙這道程序，這是治理朝政主要的一環。」〔註30〕巴多明神父將頒發曆書歸結爲治理朝政，一個外國人的眼中依然看得到中國曆書與政治的關聯，但頒發曆書作爲政治活動，卻並不必然的指向具體的政務處理，在頒發曆書的過程和儀式中，其所蘊含的全部象徵意義，便是頒發曆書所要達成的全部目的。清政府通過欽天監、禮部、理藩院、兵部等部門，將時憲書逐級次第頒佈於政治體制內的各類人員。一年一度的頒朔典禮，時

〔註29〕鄂爾泰、張廷玉編纂、左步青校點：《國朝宮史》，第188～189頁。

〔註30〕耶穌會士巴多明神父給巴黎科學院院長道爾都・德・梅朗先生的第二封信（1730年8月11日於北京），載朱靜編譯：《洋教士看中國朝廷》，上海人民出版社1995年版，第175頁。

憲書在各級體制內的流佈，對於頒朔者而言，是統治者權力合法性的彰顯及強化，對於受朔者而言，則意味著對最高統治者的臣服，頒朔與受朔調節、強化的正是最容易出現矛盾的統治與被統治的關係。而頒朔流程的次第性、頒朔儀式的等級性、時憲書種類式樣的差異性，則是將在不同的等級體制內的各類人等固著於其所在的位置，從而使其各安其份、各盡其責。而這一切得以開展、落實、確認，就是通過儀式化的象徵、誇飾、鋪陳。獻朔與受朔的儀式過程本身，就已經達成了秩序、等級的確認和強化，曆書在此儀式中的價值和作用全都體現在借曆書種類、樣式的差異所體認的等級劃分之中。就此而言，曆書成爲政治展演中的重要道具，頒朔典禮的實施，不在於送達曆書，而在於既有秩序、等級的彰顯、確認、并強化。以此，頒朔典禮之實施，就是政治目的之達成。

在頒朔典禮中領取的曆書，也因此不再是用來選時擇日的普通日用物品。嘉慶十四年（1809）奏准琉球國太陽出入節氣時刻載入時憲書，並照例頒發。據潘相《琉球入學見聞錄》所載：琉球國「正朔遵奉時憲書，貢使未齎回之先，特設通事官，豫依《萬年書》推算，應用書面有五十九字云：琉球國司憲書官，謹奉教令，印造選日通書，權行國中，以俟天朝頒賜憲書，頒到日通國皆用憲書，共得凜遵一王之正朔，是千億萬年尊王向化之義也。」〔註 31〕在盡忠報國的角度而言，時憲書也不同於簡單的擇日選時的工具書，清初被反叛清統治者的耿精忠羈押的大臣范承謨，「在械所三載，冠御賜冠，衣辭母時衣，每朔望，奉時憲書一帙，北面再拜」。〔註 32〕在這裡，奉正朔被具體化爲對時憲書的頂禮膜拜。邊遠如黑龍江等地滿族官員，拿到欽天監於十月刊刻頒發的清字時憲書，多已是到了第二年的春天，〔註 33〕所以，欽天監以頒朔之名，頒給中央到地方各級官員以及邊疆藩屬國的時憲書，並不是作爲日常應用之物，即：並非以使用爲目的。時憲書藉由頒朔所傳達出的等級秩序的政治倫理，敬授民時的象徵意義，才是其主要價值所在。對於接受時憲書者而言，時憲書的使用，更多不是爲了選時擇日，而是代表遵奉、臣服與歸順。

〔註31〕潘相：《琉球入學見聞錄》，清乾隆刻本。

〔註32〕李元度：《國朝先正事略》卷一，清同治刻本。

〔註33〕「官員歲領清文時憲書，由欽天監十月頒發，明年春始至省轉送諸城。」見西清：《黑龍江外記》卷五，清光緒廣雅書局刻本。

　　頒朔與受朔所附載的政治象徵意義，使得頒行曆書成為可資利用的政治資源，如果說接收及使用現有政權頒行的曆書，代表著臣服，那麼另行編製頒行曆書，一方面意味著對現有政權的反抗，另一方面則仍以編製頒行曆書的方式，宣告「天意授予」已發生轉移，正統合法的代表已另有他人。這樣的例子來自清代中後期，持續十三年，波及大半個中國的太平天國政權。1852年，剛剛建立的太平天國政權頒行天曆，天曆與清政府頒行的時憲書相比，有著革命性的變化，天曆中刪除了趨吉避凶的選擇事項，原因是「從前曆書一切邪說歪例，皆是妖魔詭計迷陷世人，臣等盡行刪除，蓋年月日時皆是天父排定，年年是吉是良，月月是吉是良，日日時時亦總是吉是良，何有好歹，何用揀擇，凡大眾皆是真心虔敬天父上主皇上帝，有天看顧，隨時行事，皆大吉大昌也。」〔註 34〕對選擇類事項的刪除，意味著以天父替代原有年月日時中的神煞系統，但其賦予時間以超自然意向的形式與時憲書並無二致。此外編製天曆，即安排年、月、日、時的權力，也還在於天意的授予，只不過，相對於儒學正統中的人格化的「天」，天曆中以「天父」、「皇上帝」的具體指稱來替代，正如天曆中所言：「伏奏我主、我兄，天王萬歲、萬歲、萬萬歲，為治曆定時事，當今天父上主皇上帝開大恩，差我主降凡為太平真主，是太平天日平勻圓滿無一些虧缺也，故臣等造曆，以三百六十六日為一年，單月三十一日，雙月三十日，立春、清明、芒種、立秋、寒露、大雪俱十六日，餘俱十五日，我天朝天國永遠江山萬萬年，無有窮盡，乃是天父上主皇上帝差遣我主降凡旨意也。」〔註 35〕這裡確認統治正統合法的依據仍然是天意的獲得，即頒行曆書仍然作為一種彰顯天意獲得的手段，從而宣告己身統治的正統與合法。對於同一種政治資源的利用，意味著非此即彼的競爭與選擇，太平天國頒行的天曆，無疑打破了清政府對天人溝通權力及天意解釋權力的壟斷，也意味著對其統治正統性與合法性的否定，所以太平天國頒佈天曆，成為最無法讓清政府容忍的罪狀。清咸豐二年（1852）二月二十八日清廷得到欽差大臣賽尚阿上奏：「昨於（正月）二十八日弁兵檢回逆書一本，居然妄改正朔，實屬罪大惡極。」張德堅《賊情彙纂》亦云：「蠢爾狂寇，竟至更張時憲，此尤黃巾、赤眉所不為，黃巢、闖、獻所不敢也。」〔註 36〕無論是清政府還是與其對抗的天平天國政權，此時中國的政治統治，仍然根基於對「天」

〔註 34〕張德堅：《賊情彙纂》卷六偽禮制，清鈔本。
〔註 35〕張德堅：《賊情彙纂》卷六偽禮制，清鈔本。
〔註 36〕張德堅：《賊情彙纂》卷六偽禮制，清鈔本。

的超自然信仰，帶有宗教色彩。

欽天監在 1900 年庚子事變後，遷至北京東四牌樓西，靠近隆福寺的某街，而且 1900 年後欽天監的進呈題本幾乎全部闕佚，「說明欽天監衙署的日常工作那時已很不正常了。」〔註37〕儘管如此，我們仍可在宮中朱批奏摺中發現，1900 年禮部尚書世續、文廉代祺貴妃等人遞上的受賞時憲書謝恩奏片。這也說明在欽天監日常工作不正常的情況下，編製、進呈時憲書的工作仍在繼續。這一項頒發曆書的制度，甚至與清朝統治中國的命運相始終。

在考察清代官頒曆書如何經由編製者傳遞到閱讀者或者說使用者的手中時，其所具有的特殊性遠超一般書籍作為商品流通時所具有的共性。這是因為，其一，曆書的使用具有時效性，即只有在與其表述時間相應的時間段裏，曆書才能獲得使用價值，那麼曆書從編製者傳遞到使用者的手中，這一過程的推進也受時效的限制。其二，時憲書作為官頒曆書，在進入到流通領域之後所體現出來的政治屬性遠遠大於商品屬性，即使在流通環節裏，編製者依然具備牢牢掌控曆書的權力。其三，據天象以安排人事的使用功能，在被附合進政治屬性後，官頒曆書在流通環節裏又獲得了象徵性。以上是清代官頒曆書作為特殊書籍，在由其編製機構欽天監向不同的使用者流通的過程中，所具有的與眾不同的特性。而這些特性也是我們定義清代曆書必不可少的內容。

二、清代曆書在民間社會的流佈

（一）頒朔於民及其具體措施

如果說清政府在政治體制內通頒曆書，遵循著等級性與差異性的原則，以彰顯其高高在上的、獨一無二的統治地位，維繫政治機制的運轉，那麼將曆書頒行於民間社會，同樣是通過「敬授民時」的方式，來達成民間社會遵奉正朔之目的。「如果說，天命和王權的至高無上性是由上天決定的話，那麼，老百姓如何開始相信『天命』的觀念呢？又如何開始接受普天之下王權的至高無上呢？就與政治權力相關的宗教信仰而言，『天命』的觀念有賴於民眾接受上天作為至高無上的權力，並相信這種權力預定了宇宙中的萬事萬物，從國家的重大事件到個人生活中的瑣碎小事。」〔註38〕清代民用時憲書在民間

〔註37〕 史玉民：《清欽天監衙署位置及廨宇規模考》，《中國科技史料》2003 年第 24 卷第 1 期。

〔註38〕 【美】楊慶堃著，范麗珠等譯：《中國社會中的宗教》，上海人民出版社 2007 年版，第 135 頁。

社會的頒行，正是彰顯清統治者「受命於天」，將「天命」觀念以及王權的至高無上性落實於民間社會的具體操作手段。那麼如何將欽天監編製的民用時憲書廣布四方，以達成「四海統一，咸奉正朔」的目的呢？與通頒曆書在政治體制內的頒行有所不同的是，民用時憲書的流佈是通過商品流通的方式達成，而時憲書作為國家時間法典的性質，以及它所具備的政治象徵，又在某種程度上與其作為商品的屬性，發生著衝突，為此清統治者不得不一再對民用時憲書的頒行政策作出調整。

　　清政府於順治元年（1644）採納耶穌會士湯若望的西洋新法，編製曆書，並於順治二年（1645）頒行天下，名《時憲曆》。曆書封面載有類似版權聲明的字樣：「欽天監依西洋新法印造時憲曆日，頒行天下，偽造者依律處斬，有能告捕者，官給賞銀五十兩，如無本監曆日印信，即同私曆。」這段文字明白無誤地宣告了清政府對編製印行曆書的壟斷，但此種禁止私印曆書的禁令，主要是從奉正朔的角度，即政治角度做出的規定。而民間曆書的流通，尤其是民間私編、私印曆書，對於編製、刻印曆書者而言，更多是作為一種用以牟利的商品而存在。但曆書作為一種具有政治象徵意味的國家法典性質的書籍，其在政治層面要求達到的統一、秩序、規劃等標準，與民間曆書為迎合不同需求而呈現的多樣性，造成矛盾與衝突。雍正元年（1723）科臣黑碩色條奏：「江南浙、閩等省民間所用曆日多係無印私曆及通書等，今薄海內外，莫不遵奉正朔，豈宜令私曆公行，請將各省私曆遍行嚴禁，令各布政使司將用印官曆交與貿易人發賣，則民間俱有官曆觀看，通書私曆自廢。」這裡我們看到，統治者將官頒曆書的推廣，納入到政治層面予以考慮，但在將官頒曆書推廣到民間社會的具體環節中時，其作為商品的有利可圖，使得官頒曆書在民間的具體頒行中，出現了問題，為此雍正帝不得不親自過問，並於雍正七年（1729）下旨：「地方官吏不善奉行，自布政司胥役高其價值，由府以至州縣，輾轉增貴，民間賣官曆一本，價至五六分不等，遂致無知鄉愚，有三分繳官之說。夫各省每年刊刻刷印官曆開銷錢糧不過七千餘金，朕數年以來加恩蠲貸至數百餘萬，豈於此七千餘金之費而有所吝惜乎？著將各省頒行官曆於庚戌年為始，仍作正項開銷，但各省官曆若不令民間價賣，每省人戶不下數千萬家，豈能遍行給發，勢必至通書私曆仍復公行，又非古帝王敬授人時，考月定日之義，其作何區處，使官曆通行，便於民用之處，著大學士會同禮部議

奏。」〔註39〕此次議奏的結果爲：「各省民戶繁多，勢難遍給，應將所刻書版，發貯公所，聽匠役或書坊備紙刷印，赴布政使司鈐蓋欽天監時憲書印發賣，每本定價一分二釐，俾深山僻壤，咸知時序月令。仍飭該地方官嚴禁僞造，務使官書廣布，以便民用。如有僞刻私書及捏稱繳官，於定價外需索等弊，將該有司從重治罪，督撫如不察究，並嚴加議處。」〔註40〕從中可知，雍正元年由官府刻印時憲書，然後鈐以欽天監時憲書印信，交給貿易人發賣，但在此環節中，因曆書作爲需求量很大的商品，而有利可圖，所以出現層層擡高價錢，而致民怨四起的現象。雍正七年的規定則允許民間利用貯公所的時憲書版，進行翻刻後赴布政使司鈐蓋欽天監時憲書印信後方准售賣，並規定時憲書售價爲每本一分二釐。雍正元年至雍正七年，對時憲書向民間發售的方式做出調整，正是在逐步適應民間社會對曆書的日益擴大的需求。

乾隆十六年（1751）又對雍正七年的規定，做出進一步調整，規定：「憲書例得翻刻，不須本監原印。」〔註41〕此項規定，實則是放寬了官頒曆書，即時憲書向民間發賣的途徑，但曆書作爲有時效性的商品，在時間上提前售賣，則可搶佔商機，所以趕在每年十月初一日之前售賣曆書，成爲書商書販獲利的方式。嘉慶二十一年（1816）一起驚動朝廷的販賣曆書案，正緣於此。山東堂邑縣人黃三，本係刷書傭，於嘉慶二十一年四月，與同縣人王得海，向欽天監刻字匠買得二十二年份時憲書底稿，於當年五月間自京回家，帶回底稿，邀請刻字匠數人來家刻成大小板十數副，至七月十五日將板片包裹，雇王仲青挑赴德州，由德州水路運赴直隸泊頭鎮書鋪印刷售賣，後被官府拿獲。〔註42〕黃三等人於七月十五日就開始販賣來年時憲書顯然是沒有遵守清政府關於頒行時憲書的流程安排，在十月初一日頒朔典禮之前售賣時憲書，雖然只爲牟利，也談不上竊取正朔，但仍然觸及了清統治者賴以維繫其正統合法地位的象徵性資源，而被視爲非法。

〔註39〕 席裕福、沈師徐輯：《皇朝政典類纂》卷四百十五象緯一時憲，上海圖書集成局 1903 年版。

〔註40〕 《大清會典則例》卷六十二禮部，清文淵閣四庫全書本。

〔註41〕 吳壇著、馬建石、楊育棠校注：《大清律曆通考校注》，中國政法大學出版社1992 年版，第 931 頁。

〔註42〕 山東巡撫陳預：《奏爲遵旨查拿私刻發賣時憲書案內山東堂邑縣民王得海長山縣人張繼子二犯事》嘉慶二十一年十月十一日，檔號 04-01-38-0026-001，中國第一歷史檔案館藏朱批奏摺。

　　為此，嘉慶帝對時憲書的頒行，做出進一步的規定和調整：「若不遵欽天監推算，自行私造干支，錯誤自應從重治罪，如照依監本翻刻，刑部並無治罪之條，其時憲書冊尾所載『僞造者依律處斬，如無本監時憲書印信，即同私曆』等語，實屬虛設……俱可刪除，至各省所頒時憲書向於每年四月初一日，由欽天監豫將樣本發交各布政使司衙門刊刷，至十月初一日頒朔後頒行近京一帶，若由監頒行，勢難遍及，或交順天府募匠刊刷，照各省布政司之例辦理，惟總須定於十月初一日頒朔以後方准出售，若於頒朔之前私行售賣，即照違制律治罪。」〔註43〕將人們的日常生活納入到國家的政治倫理當中，也是將國家的政治倫理融入到人們的日常生活當中。實現這樣相互交融的重要手段之一，便是通過民用時憲書在民間社會的流佈。而這一流佈過程中，針對民用時憲書的翻印，清政府一再做出的政策規定及調整，也是基於在家國同構的社會中，政治倫理與日常生活共享以天人合一為基礎的宇宙認知模式。

　　綜上所述，民用時憲書主要是利用各省布政使司的時憲書板，由書商書販進行翻刻售賣，由鈐蓋官府的時憲書印信，到不須印信，而開始售賣時間則定於每年的十月初一日頒朔典禮之後。從官府針對時憲書在民間售賣所制定的政策來看，首先確定無疑的是官頒時憲書在民間社會有著廣大的市場，即使用者眾多；其次，官府對曆書發賣政策不斷放寬，從例得翻刻到不須欽天監印信，實則也為民間自編曆書即通書的流通，預留了寬鬆的政策環境。成書於乾隆六年的《欽定協紀辨方書》實則也是對長期以來一直存在於民間社會選擇術中眾多的神煞宜忌進行的清理、整頓和指導，此舉的前提也是承認民間社會中選擇術數類的合法存在。雖然雍正元年科臣黑碩色建議通過允許民間翻刻官頒時憲書來替代民間私曆、通書，以達到整齊劃一、一統正朔的目的，但這一建議作為國家政策在具體落實的過程當中，並未消除民間私曆、通書的存在，在放寬民間翻刻官曆政策的同時，也意味著民間私曆、通書的編製售賣在國家政策上獲得了某種程度上的默許。

（二）民間通書的行銷

　　通書之名，得於何處，尚無從考證，黃一農認為「或取『通天人之際』之義」。關於清代通書起源，吳振棫的《養吉齋叢錄》中曾有記載：「通書起自康熙五十年間，徽州治堪輿者，編次一年宜忌以時憲書為君，而雜以選擇

〔註43〕席裕福、沈師徐輯：《皇朝政典類纂》卷四百十五象緯一時憲。

條款，民間尚之。」〔註44〕但現存較早的清代民間通書爲曾呈祥編著的《康熙二十九年庚午日用集福通書》，還有《康熙三十年歲次辛未六螭集七政便覽通書》，〔註45〕均早於吳振棫所說的時間。雍正元年，科臣黑碩色奏請禁止民間私曆通書的流通，便已在某種程度上證明了最遲在康熙末年，民間通書便已大量存在於江南地區，根據擇吉術在中國民間的源遠流長，〔註46〕清代民間通書，或許在順治初年就已出現。清代民間通書的編製與流通，尚無法做出具體精確的判斷，一則因爲與通書相關的文獻包括官府檔案、文人記載等並不多見；其二，民間通書種類繁雜，具有很強的地域特點，很難做出全面概括；其三，因民間通書傳世不多，加之民國年間對民間通書的大量銷毀，所以很難從現存的少數民間通書，做出系統化的解釋。但現存爲數不多的民間通書，仍有一些共性的特點，從其書前的扉頁、序言等，也可略見當時民間通書編製、發行、售賣的一些情況。

通書，在廣東等地亦稱通盛，其出版發行地區多係南方。從現存清代通書來看，發行量較大、傳世較多的民間通書主要有福建泉州的洪潮和通書、湖南隆回的望星樓通書以及廣東興寧的羅傳烈通書。其中洪潮和繼成堂通書和羅傳烈通書成爲臺灣和香港通書的主要源頭。通書的主要用途，仍然是趨吉避凶。大陸地區現存最早的通書爲《大清康熙五十五年歲次丙申便覽全備通書》，書前自敘稱：「夫通書者，定吉凶、明趨避之書也。臧否繫乎陰陽，奚可妄作恪遵，時憲稽諸古寶，闡幽顯微，條分縷析，蠲擇良辰，吉凶神煞，無不詳釋，宜趨宜避，了若指掌，至若經緯躔度，觀象步推，毫末不爽，星學家無申甲之疑，詢日者有必需之典。」〔註47〕自敘中道出的正是所有通書的主要用途，即「定吉凶、明趨避」。

通書的發行與官頒時憲書在民間的發行，似乎並不存在商業上的相互競爭問題，通書要想取得合法發行銷售的地位，就要首先避免竊取正朔的非法之嫌，所以擺正與官頒曆書之間的關係，是許多通書用以標榜自己爲合法存在的必要前提。《大清雍正二年歲次甲辰便覽溪口通書》的序言裏首先聲明的就是：「是書之刻發明皇曆之隱微」，「皇曆，經也，通書，傳也。傳以疏經，非任意妄作，徒新耳目也。」本書「遵依時憲，情求古典，集以成書，趨吉

〔註44〕吳振棫：《養吉齋叢錄》，北京古籍出版社1983年版，第62頁。
〔註45〕這兩本民間曆書現藏於大英博物館。
〔註46〕劉道超、周榮益：《神秘的擇吉》，廣西人民出版社2009年版。
〔註47〕國家圖書館藏《大清康熙五十五年歲次丙申便覽全備通書》。

避凶，燦若觀火」，〔註48〕《協紀辨方書》出版後，很多通書也以遵依《協紀辨方書》爲標榜。如嘉慶十二年（1807），福建泉州洪氏繼成堂所編的《趨避通書》中，即明言：「逐日事宜，首遵國朝憲書，較正吉凶神例，附遵《協紀》，兼究諸家五行。」〔註49〕「憲書」即官頒時憲書，「《協紀》」即《協紀辨方書》。此外，爲了增加官方的正統色彩，許多通書前均有當地文武官員所做的序言，〔註50〕這一傳統甚至一直延續到民國時期。〔註51〕可見，無論通書增衍出多少內容，其最基本的曆法推算、時間表達程序等，均力爭與官頒曆書保持一致。這既是通書爲取得合法發行銷售地位，所必須做出的奉行正朔的姿態，也意味著民間通書與官頒曆書，共享著相同的宇宙認知模式。民間通書在聲稱遵依官頒曆書的同時，爲滿足民間趨吉避凶的各類要求，並在激烈的競爭中牟利，發展出大量的官頒曆書以外的神煞宜忌事項，也會給官頒曆書帶來某種改變，據吳振棫記載：「迨乾隆初，於時憲書上下增注宜忌、星辰，亦通書之意，特不別刊爲書而已。」〔註52〕據學者黃一農的研究：「清中葉以後，欽天監在編纂曆日時，已開始吸納民間通書的部分內容和格式，清楚地反映出天文與社會間的互動。」〔註53〕欽天監編纂曆日，無論是其編纂目的還是編纂所用知識，已遠非現代意義上的天文學所能涵蓋，天文與社會間的互動，更直接地體現爲民間通書與官頒曆書的互動，奠定這一互動的基礎便是由官方曆書與民間通書所呈現出的是同一個宇宙認知模式，大到國家正統的解釋性資源，小到個人日常生活的行事安排，均賴以由出。官曆所代表的國家正統觀念，與民間通書負載的鬼神世界，在基於相同的宇宙認知模式的基礎上，起到了溝通國家政治倫理建設與民眾日常生活行事的作用。在這種溝通與維繫作用之下，有清一代的官曆與民間通書，共同提供著當時社會的公共時間安排與個體的行事指南。

〔註48〕國家圖書館藏《大清雍正二年歲次甲辰便覽溪口通書》。
〔註49〕轉引自黃一農：《通書——中國傳統天文與社會的交融》，《社會天文學史十講》，第 289 頁。
〔註50〕比如 Richard J.Smith 在 "A Note on Qing Dynasty Calendars" 文後所附的統計表中，帶有官員序言的民間曆書有 1797 年、1820 年、1890 年、1908 年的民間曆書。
〔註51〕民國二十三年《望星樓正宗通書》，書前有時任南京行政院參事馮天柱和清任陝甘兩江、雲貴閩浙總督部堂魏光燾所做的序言。
〔註52〕吳振棫：《養吉齋叢錄》，第 62 頁。
〔註53〕黃一農：《通書——中國傳統天文與社會的交融》，《社會天文學史十講》，第 307 頁。

民間發行的通書種類繁多，如果說民間通書與官頒曆書之間存在著某種互為解釋的關係，那麼不同種類的通書，在作為商品流通的時候，彼此間則是相互競爭的關係。眾多通書的扉頁上均有類似「辨別真偽，謹防假冒」的字樣，甚至是這樣的版權聲明的文字也頗為雷同。據沈津所見道光二十五年（1845）廣州蘇氏《丹桂堂通書》，扉頁有「蘇丹桂堂啓事」云：「蘇家為記……本堂曆傳六代，行世多年，不佞留心研究，頗得西洋之法，正為造福有準，是以遠近馳名，叨蒙四方諸公垂鑒。近來各鎮城市有射利之徒，假冒本堂招牌發售甚多，有暗本堂名色，是以預為剖明，凡海宇諸君光顧者，務祈留心，細察真假，庶不致誤耳。如假包換。省城九曜坊蘇丹桂堂謹白。如有假冒招牌者，男災女禍。」〔註54〕光緒二十六年發行於粵省的《拾芥園通盛》，在首頁的聲明中也宣稱：「本園所造士俗日腳通書，乃是遵依憲書協紀□諸家斗首推算七政四餘一十二宮立命流年，高明博鑒，本園招牌行世多年，留心研究，頗得西洋之法，正為造福有準，是以遠近傳名，叨蒙四方諸公垂鑒，近來各鎮城市有射利之徒，假冒本園招牌，發售尤多，有礙本園名色，故特預為剖明，凡諸尊光顧者，務祈留心細查真偽，不致魚目混珠。」同為發行於粵省的光緒二十年第八甫麟玉樓藏版的刻本《諏吉通書》開篇也有幾乎完全一樣的聲明：「本樓所造士俗日腳通書乃是遵依憲書協紀□諸家斗首，推算七政四餘一十二宮立命流年，月將每日吉凶神煞俱□細查參訂注明，以便高明博覽。本樓招牌行世，每年留心研究，頗得西洋之法，正為造福有準，是以遠近傳名，叨蒙四方諸公垂鑒，近來各鎮城市有射利之徒，假冒本樓招牌……」不同種類的通書均冠以不同字號，並力爭以此字號創設良好聲譽，以求最大銷量，所以××堂、××樓、××園等，類似原創品牌，一般不會改變名稱，比如繼成堂、望星樓等通書名稱，均沿用了幾百年時間。則上述名為《丹桂堂通書》、《拾芥園通盛》以及《諏吉通書》的三種通書，應為不同編製者所編，但其內容上的雷同是顯而易見的。清同治三年（1864）福建繼成堂刻本的《通書》中，甚至記載了一則官府受理訴狀，對翻刻者予以懲戒的事情，以此來告誡假冒者。〔註55〕

從以上不同時間、不同種類的通書中所刊載的相似的「認明真本、謹防假冒」的聲明來看，通書市場上存在著激烈競爭，也證明著通書在民間有著為數眾多的購買者和使用者。

〔註54〕轉引自沈津：《說「翻刻必究」》，http://blog.sina.com.cn/s/blog_4e4a788a0100ogj2.html
〔註55〕見沈津：《說「翻刻必究」》。

（三）曆書的發行數量及書價估算

通過頒朔儀式，頒給政治體制內各級官吏以及邊疆少數民族政權和藩屬國的時憲書，主要由欽天監和各省的布政使司造辦，造辦費用由國家統一撥給。欽天監每年造辦時憲書所用銀兩，據《清朝文獻通考》所載：「欽天監時憲書銀四百九十八兩九分，遇閏加銀十八兩一錢二分。」〔註56〕另據管理欽天監事務端華在咸豐七年（1857）三月初十日所上的《奏請補造辦時憲書工價銀兩事》奏摺：「臣監年例造辦滿漢蒙古時憲七政等書，需用刊刻刷印折配裝訂工價等銀六百餘兩，向由戶部支領實銀，歷經辦理在案，惟自咸豐四年戶部新定章程，此項工價銀兩改為每銀一兩折給官號錢票三吊，數年以來，臣監辦理已形拮据，今本年物價倍貴於前，此項銀兩均繫匠役工食之用，尤屬不敷，辦理現據該承辦官稟稱，所屬匠役屢次呈請核辦，鉅典攸關非尋常事件可比，量為加增，以昭慎重等因前來，臣等查現在諸物昂貴，自係實在情形，唯有仰懇皇上天恩所有，臣監嗣後無閏月，照例應領銀六百七十兩八錢九分二釐零七絲五忽，有閏月年，照例應領銀六百三十五兩七錢六分四釐九毫八絲五忽，均照每兩合給官號錢票四吊，承領以資辦公。」〔註57〕兩相對照可知，欽天監造辦各類官頒曆書所需費用，約在五百兩至七百兩白銀之間。雍正七年規定每本時憲書售價為一分二釐，當為成本價，除去物價浮動等因素，以此粗略估算，則欽天監每年造辦曆書數量約在四萬冊至六萬冊之間。欽天監造辦的四萬至六萬冊曆書，主要用於進呈、頒發上至皇帝下至京城、京郊各級文武官吏，守陵官員及山海關副都統、盛京、吉林、黑龍江將軍、盛京五部侍郎、內務府總管佐領馬蘭鎮、泰寧鎮等處文武官和邊疆少數民族政權以及藩屬國。

地方各省官員在頒朔禮中領受的官頒曆書，主要由各省的布政使司刊刻刷印。僅以乾隆時期的山西省為例，「每年各州縣地丁項下額設有時憲書紙價銀一千一百四十七兩二錢五分九釐七毫，續於乾隆二十八九等年，裁汰清源、平順二縣，減去銀十八兩八錢，裁歸起運項下。又於乾隆三十一年遵旨議定銀數以釐為斷，照例核算成總現共額設銀一千一百二十八兩四錢六分二釐，每年辦造時憲書四萬九千四百六十二本，用司庫頒存欽天監印信鈐蓋，其一

〔註56〕《清朝文獻通考》卷四十國用考。

〔註57〕管理欽天監事務端華：《奏請補造辦時憲書工價銀兩事》，咸豐七年三月初十日，檔號 04-01-35-0966-058 國家第一歷史檔案館藏朱批奏摺。

切紙張工料遇閏之年，准動用銀八百九十五兩四錢三分六釐，無閏之年動用銀八百四十八兩三錢六分一釐。又乾隆三十八年，加增蒙古回部，需用銀三十三兩一錢七分六釐，四十二年加增金川，需用銀八十二兩九錢四分一釐，無閏之年共動用銀八百四十八兩三錢六分一釐，遇閏之年共動用銀八百九十五兩四錢三分六釐，餘存銀兩報部估撥充餉，此每年刊刷通頒憲書之價銀也。」〔註58〕根據這則材料可知，各省布政使司每年刊刻通頒時憲書都設有定額專款，因時憲書不斷增刊邊疆地區的日出日入時刻、氣節時刻以及閏年帶來的頁數增加，使得刊刻時憲書的銀兩略有增加。乾隆時山西省每年刊刻時憲書共計四萬九千四百六十二本，使用銀兩在八百四十八兩三錢六分一釐至八百九十五兩四錢三分六釐之間，據此推算，則山西省時憲書成本價應在一分七釐至一分八釐之間。又據雍正七年的御旨可知，清政府各省每年刊刻刷印官曆開銷錢糧約七千餘金，〔註59〕即七百兩白銀，如以每本一分二釐的成本價計算，則粗略估計全國各省布政使司刊刻的頒發體制內官員的時憲書總數量或為八十至一百萬冊。

　　時憲書在民間售賣的價格，據雍正七年的御旨定價為一分二釐；據山西布政使司刊刻時憲書的總數量及金額計算，時憲書成本價應為一分八釐，「清光緒年間，南京李光明莊刻印的各種蒙學讀本如《歐體格言》、《聖賢孝經》、《三字經圖考》等每冊售價多在三五十文錢（合銀不足3分）。」〔註60〕清代官頒曆書就其頁數、使用層面而言，與蒙學類書籍，也略有相當之處，兩者比照，清代官頒時憲書通過民間翻印後，其銷售平均價格或在二分銀左右。清代的書籍價格，在順治、康熙、雍正、乾隆時期，每冊約5.7錢銀，清後期書價普遍較低，平均每冊約為1.5錢銀。〔註61〕清代時憲書的頁數多在30～40頁之間，與普通書籍相比，頁數較少，且清政府也對各省布政使司出售的時憲書板價格及曆書價格均有所限制，〔註62〕故清代時憲書價格應該是遠遠低於當時書籍的平均價格。低廉的價格以及在日常生活中的實用性，可以使

〔註58〕海寧：《晉政輯要》卷六，清乾隆山西布政使司刊本。

〔註59〕《大清會典則例》卷六十二禮部。

〔註60〕袁逸：《清代書籍價格考——中國歷代書價考之三（上）》，《編輯之友》1993年第4期。

〔註61〕見袁逸：《清代書籍價格考——中國歷代書價考之三（上）》，編輯之友》1993年第4期。

〔註62〕前引雍正七年御旨：「如有偽刻私書及捏稱繳官，於定價外需索等弊，將該有司從重治罪，督撫如不察究，並嚴加議處。」《大清會典則例》卷六十二禮部。

曆書作爲許多中國家庭中的唯一書籍這一現象得到解釋。

　　時憲書在民間的翻印數量，尚無法通過具體數字統計得出，但通過相關文獻中的記載，可知時憲書是清代人日常生活中的常用物品之一。《紅樓夢》第六十二回描述眾人喝酒行令，史湘雲的要求就是「酒面要一句古文、一句舊詩、一句骨牌名、一句曲牌名，還要一句時憲書上有的話。」〔註63〕以官少民多的比例推測，則民用時憲書的翻印數量應在通頒時憲書之上。

　　清代的民間通書，就國內現存的數量來看並不多，但其在歷史上的發賣數量並不爲少。以福建泉州的洪氏繼成堂通書爲例，「據說全盛時期每年常可發賣數十萬冊，其中尤以福建、臺灣和南洋群島爲多。」〔註64〕湖南隆回的望星樓通書，年銷售量約在15～20萬冊，主要銷往廣西、貴州及長沙、衡陽、新化、邵陽等地。民民通書的發賣總數量，無從察知，在相同年份裏，官頒時憲書與民間通書各占的比例份額，亦從無獲知，但可以明確的是通書的發賣具有明顯的地域性，比如繼成堂通書主要行銷中國東南沿海一帶，而望星樓通書則主要銷往中國西南地區，其編製內容與各地不同的民俗文化相呼應，應是其具備地域色彩的主要原因。作爲官頒的時憲書則覆蓋全國，尤其是北方地區，其使用或超過南方。

　　有清一代，從順治元年（1644）開始編製發行時憲書，到1912年宣統帝退位，時憲書發行時間長達268年，與清王朝的命運相始終。而時憲書的年發行數量，從官頒曆書的近百萬冊來推測，包括翻刻民用時憲書數量之內的時憲書總數量，或達幾百萬冊之多，加之民間私曆通書的發行，在清代，曆書的年發行數量或可超過千萬冊，加之近三百年的累計，有清一代發行官頒曆書與民間通書的總和可達數十億冊。清代曆書，包括官頒曆書與民間通書，毫無疑問的可作爲清代歷史上發行量最大的書籍，而在印刷技術、銷售渠道等方面，參與著中國出版印刷史的發展與創造，但限於學力及專業限制，本文無法一一呈現相關內容。但曆書在如此漫長的時間內、以如此巨大的發行數量、如此廣泛深入的程度，盤亙在中國人的宇宙認知模式中，參與著國家政治倫理的建構，提供著日常生活的行動指南。則透過其物質性的存在，讓我們接觸到的是一個觀念的世界。正如美國人類學家格爾茲所言：「觀念並不

〔註63〕曹雪芹：《紅樓夢》，中華書局2010年版，237頁。

〔註64〕黃一農：《通書——中國傳統天文與社會的交融》，《社會天文學史十講》，第301頁。

是而且很久以來已經不再是不可觀察的精神之物。它們是被承載物承載的意義，承載物就是符號，一個符號即是進行指示、描寫、體現、例證、標識、暗示、喚起、刻畫、表現之物——具有或明或暗的指示意義之物。」〔註65〕正是有這樣的觀念世界，才使得清代曆書在國家的政治倫理建構和人們的日常生活中，發揮著無可替代的作用。作為觀念承載物的曆書，仍需我們以解讀文本的方式，查看這個觀念的世界是如何搭建的。

〔註65〕 【美】克利福德‧格爾茲著，趙丙祥譯，王銘銘校：《尼加拉：十九世紀巴釐劇場國家》，上海人民出版社 1999 年版，第 164 頁。

第四章　清代曆書的解讀與使用

　　閱讀有其歷史，正如書籍有其歷史。將閱讀納入到對書籍的研究視野當中，則意味著可以在一個更廣泛、更豐富的空間內凸顯文本的固有意涵，抑或彰顯文本與解讀語境之間產生的微妙的、個體性的化合。這是書籍史向閱讀史轉向帶來的必然結果，這一轉向所呈現的開放性與吸納性，意味著更爲廣闊的意義建構空間。這對本文研究而言，具有極爲重要的理論指導意義。本文研究的清代曆書，作爲日用類書籍，則其建構意義的指向不僅來自閱讀，更來自使用。由是將對清代曆書的解讀與使用納入到對清代曆書的研究之中，便是不可或缺的重要環節，亦是以此呈現觀念世界的必要手段。

一、曆書的解讀

　　進入解讀之前，需要陳明三點：首先，「解讀被視爲深植於文本裏頭，亦即因作品或其文類特有的書寫策略而自發產生的一種效果。儘管如此，經驗也顯示，解讀不完全是依從於文本的一種設計。」〔註1〕即解讀既是對文本內容的呈現，也會因解讀者的個體差異而產生出因人而異的不同效果。所以對解讀者的分析是瞭解對清代曆書之解讀的必要前提。其次，對清代曆書的解讀，並非一般意義上的書籍閱讀。在本章中對清代曆書做出解讀的有三個人，一爲清代曆書的研究者即筆者本人；二爲清代曆書的編製者，即時憲書的最早編製者湯若望；三爲時憲書的使用者，即清代江南地區士人繆之晉。最後，清代曆書，種類繁多，前已述及，此處不一一列舉，其中欽天監編製的民用

〔註1〕羅歇‧夏爾提埃：《文本、印刷術、解讀》，林‧亨頓編、江政寬譯：《新文化史》，第 221 頁。

時憲書，當爲發行數量巨大，使用最爲普及的日用類曆書。本章對曆書的解讀，均是對民用時憲書的解讀。

（一）筆者對時憲書的文本解讀

正如布迪厄所言，研究者將自身與其研究對象的關係客體化，是研究中所應有的題中之義。〔註2〕相對於時憲書的編製者湯若望與使用者繆之晉，筆者之於時憲書的解讀，是處在一個置身事外的立場上，而這樣的置身事外，來自兩個方面：一、就身份而言，不是使用者，更不是編製者，時空的錯異所拉開的距離，允許筆者以研究者的身份，既攜帶某種塵埃落定的已知立場，更攜帶因觀念阻隔而帶來的眾多疑問，對百多年前的曆書展開研究與解讀。就本文研究的整體範圍而言，將曆書置於編製、頒行、流佈、解讀、使用的不同層面，意味著筆者藉由此種時空距離感可以獲得全方位的、多視角的解讀立場。此前對曆書之編製、頒行、流佈的介紹，均可視爲在「泛文本」概念下對曆書的解讀。二、針對曆書中的天文、曆法、術數類知識而言，筆者是知之不多的外行。但正是因爲專業的阻礙，使得筆者在忽略曆書中的天文術數類知識時，與曆書的文字內容保持了一個適當的查看距離，焦點模糊了，整體的背景和輪廓反倒清晰分明起來。在這樣的解讀策略裏，既有作爲外行人的不得已而爲之，更有著呈現系統形式應保持一定距離感的必要性。藉此，筆者得以將曆書作爲文本，對之做以從內容到形式的解讀。

無論是文學理論中羅蘭・巴特所提出的「從作品到文本」〔註3〕，還是新文化史研究中從「書籍」到「文本」的轉向，〔註4〕亦或是「泛文本」與「超文本」概念的出現，都顯示了文本作爲一個覆蓋性極強的詞彙，日益成爲跨學科研究中極爲重要的工具性概念。〔註5〕就本文對曆書的解讀而言，「文」

〔註2〕見【法】皮埃爾・布迪厄著、蔣梓驊譯：《實踐感》，譯林出版社 2003 年版，第 1 頁。

〔註3〕【法】羅蘭・巴特著、楊揚譯、蔣瑞華校：《從作品到文本》，《文藝理論研究》，1988 年第 5 期。

〔註4〕【法】克里斯蒂昂・雅各布著、陸象淦譯：《從書籍到文本——文獻學比較史芻議》，《第歐根尼》2003 年第 1 期。

〔註5〕需要說明的是，儘管文本成爲跨學科研究中的重要概念，但其內涵及指涉並未得到統一明確的界定，在不同研究領域，對文本概念的解析也有所差別，但都承認文本概念所具有的物質性。在哲學領域對文本概念做出認識論及邏輯判斷的是美國哲學家喬治・J.E.格雷西亞所著《文本性理論：邏輯與認識論》一書，汪信硯、李志譯，人民出版社 2009 年版。

可釋爲內容，「本」可釋爲內容據以出現的形式，則作爲文本的時憲書，可供解讀的不僅包括其內容，也包括其形式，即內容據以呈現的物質形態。

　　曆之爲書，首先是從其物質載體而言。就筆者所見的清代時憲書而言，均爲紙質，線裝，文字豎排，版式大小不一，較爲寬闊者，可長至 27 釐米、寬至 17 釐米；也有較爲窄小者，長 17 釐米、寬 10 釐米。其大小不一，從使用角度而言，袖珍版或爲攜帶方便所設，那麼此一推測或可爲時憲書的日用性、必備性提供佐證。時憲書版式較大者，多爲黃色封面，首頁常鈐有欽天監印信，版式較小者，有棕色牛皮紙封面，其上常貼有紅色紙條，上有墨筆手書「××年時憲書，新正月吉立，夜觀無忌」等字樣。時憲書中的內容及格式較爲程序化，從順治朝到宣統朝，就書中所涵蓋的事項而言，並無明顯變化，所以時憲書的頁數通常爲 34 頁到 40 頁之間。

　　時憲書內容中所涵蓋的事項依次爲：都城順天府節氣時刻、年神方位圖、各省太陽出入晝夜時刻、各蒙古回部太陽出入晝夜時刻、兩金川各土司太陽出入晝夜時刻、各省節氣時刻、各蒙古回部節氣時刻。順天府節氣時刻及年神方位圖爲時憲書必有事項，其餘各地太陽出入晝夜時刻及節氣時刻，則未必完全列入時憲書內，不同版本時憲書在頁數的差異，主要也在於此。也有的時憲書中還列有國家忌辰和芒神春牛圖。國家忌辰主要是清代已故皇帝、皇后的忌辰，忌辰日在全國範圍內，禁止作樂、宴會、嫁娶、演戲等活動。接下來是從正月到十二月的排序表，每月的日序爲豎排橫推，翻看順序爲自右而左。其中每月的初一日至十三日排入同一頁面內，十四日至月底排入此頁背頁，即同一月的日序不能在同一頁面內同時呈現，這也就是說在曆書中，每個月的日序排入兩個向背的頁面內，一年中的十二個月份排在二十四個頁面內，如此安排月序與日序，其目的顯然不是爲了便於縱向的時間之流的查看或計量。這與我們今天將一個月的日序甚或一年的日序排入同一頁面之內，是有所不同的，這也從最直觀的層面向我們展示出曆書中所承載的時間觀念與今天人們時間觀念的差異所在，即：曆書重在對時間點的鋪陳、渲染和定義，體現出的是一種「質」的時間，而現代以數字爲主要表達方式的集中排列的月表、年表，規定的是一種「量」的時間，前者展示的是時間的橫截面，後者呈現的是時間的縱向流逝。

　　那麼曆書又是如何在橫截面上對時間點做出鋪陳、定義和表述呢？定義時間點的單位在曆書中分爲年、月、日、時。對年的文字表述包括皇帝年號

和干支，比如大清光緒十年歲次甲申。對年的描述還有年神方位圖（見圖一、圖二），圖中央是九方格，爲年九宮，格內寫有代表顏色的文字，共七種顏色，有白、黃、紫、碧、綠、赤、黑。方格外圈圍二十四格，列有干支、八卦，最外圍是年神類的三十二位神煞，按方位排列。對月的描述包括月大月小、月建干支、節氣、七十二候、月類神煞的方位、月九宮。以《大清咸豐五年歲次乙卯時憲書》爲例（見圖三），其中對正月的文字描述爲：「正月小建戊寅，年前十二月十八日壬子申刻初二刻立春，正月節，天道南行，宜向南行，宜修造南方，天德在丁，月厭在戌，月煞在丑，月德在丙，月合在辛，月空在壬，丙、辛、壬上，宜修造取土。是月也，東風解凍，蟄蟲始振，魚陟負冰，獺祭魚，候雁北，草木萌動。三日丁卯午初三刻後日躔娵訾之次，宜用甲丙庚壬時。」〔註6〕此段文字的最下方是以代表顏色的文字填充的九方格，即月九宮。對日的描述，以宣統二年正月初一日爲例：初一日，丙午水角定。其中「丙午」屬於十天干十二地支系統，「水」屬於納音五行系統，「角」爲二十八宿之一，「定」爲建除十二直之一，即一個具體的以日爲單位的時間點，是由五個系統共同定義的。每個系統中包含的元素個數及運行周期規律均不相同，例如干支系統包括十天干中的甲、乙、丙、丁、戊、己、庚、辛、壬、癸和十二地支中的子、丑、寅、卯、辰、巳、午、未、申、酉、戌、亥，十天干與十二地支搭配在一起，其循環周期爲六十日一循環；納音五行系統爲三十日一循環；二十八宿爲二十八日一循環。每日當值的吉凶神煞，就是根據這五個循環系統在當日出現的元素來判斷，一些套印刻本時憲書中，套印的紅色字體分列在每日欄目的上下，上爲當日吉神，下爲當日凶神。然後根據吉凶神煞安排當日的行事宜忌。民用時憲書中具體涉及的行事，按《欽定協紀辨方書》的規定，共有三十七事包括：「祭祀、上表章、上官、入學、冠帶、結婚姻、會親友、嫁娶、進人口、出行、移徙、安床、沐浴、剃頭、療病、裁衣、修造動土、豎柱上梁、經絡、開市、立券、交易、納財、修置產室、開渠穿井、安碓磑、掃舍宇、平治道途、破屋壞垣、伐木、捕捉、畋獵、栽種、牧養、破土、安葬、啓攢。」〔註7〕所以，每日宜忌事項不出此三十七事。而人們以時憲書爲行動指南，可以有兩種方式，一爲根據每日的行事宜忌，選擇做什麼或不做什麼，二爲將必做的事情，放置在恰當的時間點去做。

〔註6〕國家圖書館藏《大清咸豐五年歲次乙卯時憲書》。
〔註7〕謝路軍主編、鄭同點校：《欽定協紀辨方書》，第253頁。

雖然在現實生活中，人們不可能完全按照曆書中的行事宜忌，照搬照做，但確定某種性質，不需要界定全部內容，一個元素足以定性。從曆書所反映出的人們的行事原則，可見曆書安排下的個人生活節奏或社會生活的節奏，較多的取決於人們內在的觀念世界，而非外在的緊迫事項。

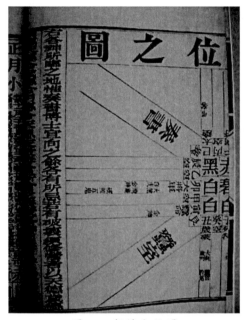

圖一　年神方位圖

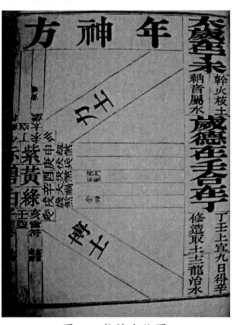

圖二　年神方位圖

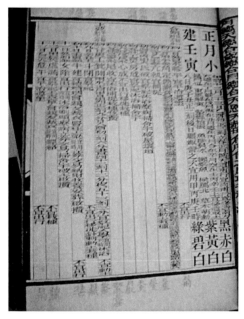

圖三　時憲書日序表

「時間」的概念可包含兩種指涉，一種指涉的是某一具體的時間點，如「什麼時間？」另一種指涉的是一段時間，如「多長時間？」前者重在「時」，後者重在「間」，即「時間」可析爲兩個概念：「時」與「間」。以上對時憲書內容及格式的介紹中可知，中國曆書著重定義的是「時」而非「間」。 時憲書對年、月、日的表述，無論就其表述內容還是排序方式而言，都傾向於定義描畫一種充滿意涵的、充滿關聯性的有關「時」的橫截面。中國兼顧日月的陰陽曆法，使得太陽與月亮的運行周期及規律成爲刻畫時間的重要依據。但中國曆書重在對時間橫截面的鋪陳與定義，所以又從日月的運行及規律中生發出眾多附會於天體運行的媒介物，包括方位、顏色、物候、聲音、神煞甚或是某種代表性質、變化及發展程度的元素。所有這些媒介物都因其附會於天體運行之上，而有著可以預期的運行規律。例如十天干和十二地支所組成六十甲子值日，「每日各有一干支甲子值日，如初一是庚午值日，初二即是辛未值日，初三壬申、初四癸酉，六十甲子順捱值日，周而復始，萬古不參錯一日。其始初第一日是五星連珠，日月合璧，從天正甲子年、甲子月、甲子日、甲子時而起，遞排主值每日至今。」〔註 8〕定義時間點的媒介物排序，因其有據可循，從而使得對根據這些媒介物定義的時間點，做出吉凶類的性質判斷成爲可能，而這也正是人們據以安排日常生活事項的重要憑依。

在對時間點的鋪陳定義中，普遍的存在三個特點，即關聯性、規律性和秩序性。所謂關聯性，即是來源於不同的循環系統，由不同符號元素表達的，包含聲音、顏色、方位、神煞等在內的媒介物，因其在同一時間點上的交集，而綰合在一起，彼此發生相生相剋、此進彼退、此消彼長的關聯，從而共同定義著這一時間點的性質。所謂規律性，則是對相互關聯的要素之間發生的變化，做出可以預期的判斷，且因其根植於天體運行，而帶有周而復始的規律及周期。關聯性規範出的是一個囊括天、地、人在內的宇宙世界，規律性則賦予這一世界以先驗存在的、可以預期的、無需追問因果的秩序。人們將自己的日常生活納入其中，並借助此種關聯性、規律性和秩序性，感知存在，建構意義。

時憲書中所展示出這種觀念模式，與其說是時間觀念的模式，毋寧說是一種宇宙的認知模式和感知存在的模式。因此，旨在刻畫年、月、日、時的

〔註 8〕繆之晉：《大清時憲書箋釋》，《續修四庫全書·子部》天文算法類，上海古籍出版社 2002 年版，第 696 頁。

曆書，常常因其呈現的觀念模式的覆蓋性，而獲得衍生的指陳意向，這是就曆書呈現的內容而言。就曆書作為書籍所具備的傳播性而言，也同樣傾向於使其成為某種附加內容的傳播載體。綜合曆書中的內容及其內容據以出現的載體形式，在曆書首尾附會進大量與年、月、日、時相關或不相關的內容，從而作為曆書中常規或非常規的輔助事項而存在，也就可以獲得解釋了。所以，時憲書在對一年中十二個月的每一天都詳細定義之後，仍然有其它內容緊隨其後。這些內容包括：紀年、天恩上吉日、天赦上吉日、母倉上吉日、天德合、太歲已下神煞出遊日、日遊神所在之方不宜安產室、掃舍宇、設床帳、逐日人神所在不宜針灸、太白逐日遊方不宜迎婚嫁娶往來抵向、長短星日不宜市貿交易裁制納財、百忌日、洗頭日、遊禍日、天火日、上朔日、嫁娶周堂圖、五姓修宅。以上輔注內容，均是通過預測一年中用以定義時間的各系統元素的運行規律，而選定出時間點和空間方位，人們據此安排日常生活中的某些事項，便可以達到趨吉避凶之目的。

最後一頁是編製曆書的欽天監人員名單表，仿似將人從鬼神世界拉回到了現實世界。每位參與編製曆書的欽天監人員的名字都附在一長串的官銜之後，如「管理欽天監事務宗人府宗令和碩禮親王世鐸、花翎五品銜左監副加四級隨帶加一級記錄二十一次井衛垣、夏官正加三級隨帶加一級記錄十七次陳希呂」等，〔註9〕這樣的人員名單，無疑想傳達出的是如下信息：作為編製者，在面向曆書使用者時，所要展示的權威性和可信賴性，來源於其官職。封面曆書名稱中出現的皇帝年號，與曆書末頁的欽天監人員名單，就這樣首尾呼應，將曆書所呈現的觀念世界疊合進政治層面，從而使得曆書中所呈現的觀念世界的關聯性、規律性與秩序性，在曆書還沒有遭到質疑，經歷改造之前，在現實社會中發揮著潛移默化的形塑及整合作用。

以上對清代時憲書的內容及其據以呈現的形式之解讀，是筆者嘗試對一種異質的觀念世界所做出的理解。所採取的解讀策略，並非是對曆書中的天文、曆法、術數類的知識介紹，更非是對曆書進行某種數字、推算類的破解。質言之，筆者對曆書的解讀，是對其內容據以出現之形式的解讀，而常常地，形式可以比內容更接近事物的本質。但不可否認的是，相同的文本可以在不同讀者的腦海中，投射出不同的影像，並間接地創造出有關自身的知識。所以，將時憲書置於其產生意義的具體歷史語境中，並進一步挖掘出屬於其自

〔註 9〕國家圖書館藏《大清光緒十七年歲次辛卯時憲書》。

身的歷史內容，同樣是定義清代時憲書的重要環節，這樣的解讀來自清代作
爲曆書編製者和使用者的湯若望與繆之晉。

（二）時憲書編製者與使用者的解讀——以《民曆輔注解惑》與 《大清時憲書箋釋》爲例

有清一代，針對時憲書做出較爲系統全面解讀的有兩個人，分別爲湯若
望和繆之晉。其中湯若望是以編製者的身份做出解釋與說明，而繆之晉是以
使用者的身份做出闡發與解讀。

首先看湯若望的解讀。作爲編製者，湯若望的特殊之處，不僅在於其使
用西洋新法編製曆書，還在於其耶穌會士的身份。所以湯若望既要面對中國
的曆書使用者，針對其使用西洋新法編製曆書做出解釋，還要應對教內人士
對其所編曆書中的輔注爲迷信的指責做出辯解。爲此湯若望先後撰寫了《新
曆曉或》和《民曆輔注解惑》，分別針對上述情況，做出解釋和說明。《新曆
曉或》就採用西洋新法而對二十八宿、節氣、時刻、四餘的調整做出解釋，
並在最後言明：「所用之西法，皆關推算之事，而該監輔注尙仍舊例，非西法
天文實用之輔也。」〔註 10〕儘管湯若望著意撇清其西法與中國傳統輔注之間
的關係，但將西洋新法推算出的曆譜與中國傳統輔注統合於曆書之內，這樣
的組合形式仍可傳達出如下信息：第一，西洋新法服務於中國傳統的曆法及
其表達模式，即：西洋新法的推算應用於陰陽曆法，保留原有的輔注內容，
來定義具體的時間點，以爲人們的行事宜忌提供指南；第二，採用西洋新法
後，藉此推算的輔注更爲精準，更加符合天象。當然，湯若望對中國曆書中
大量的輔注內容，並非沒有異議，在其剛剛奉旨編製曆書之初，便曾提出以
天文實用新法輔注，取代中國原有曆注內容，但未獲批覆。〔註 11〕其後，湯
若望以西洋新法編製的曆書，因其保留了大量的中國傳統曆注內容，又被部
分教士指責爲不合教義的迷信內容，〔註 12〕所以，湯若望又於康熙元年在南
懷仁等協助下，撰寫了《民曆輔注解惑》一文，專門針對其所編製曆書的輔
注內容做出辯解。如果說《新曆曉或》是側重曆法、術數方面的解釋，那麼

〔註10〕 湯若望：《新曆曉或》。
〔註11〕 「臣西庠是以有天文實用一書，已經纂譯，首卷未暇講求，合無恭請。勑下
臣局，陸續纂成嗣後悉依實用新法輔注，庶國計民生，大有裨益矣。得旨下
部未覆。」湯若望《敬陳本局應行緊要新法事宜一疏》，見《民曆輔注解惑》
附摘。
〔註12〕 見魏特：《湯若望傳》，商務印書館 1933 年版。

《民曆輔注解惑》則更傾向於闡發湯若望對中國人觀念世界的理解，而在這樣的理解當中，既有著湯若望站在欽天監監正角度，面向羅馬教廷，對其所編製曆書做出的辯護，也有湯若望站在西方自然科學的立場上，對中國曆書輔注內容所呈現的宇宙認識論方面的否定，更有著湯若望介於中西文化之間、介於世俗與宗教之間、介於科學與迷信之間的諸多兩難，這些兩難呈現出的也正是清代曆書關涉的諸多面向。

　　《民曆輔注解惑》共計萬餘字，是湯若望在南懷仁輔助下於康熙元年（1662）撰成。文中湯若望首先解釋了輔注刊附曆書頒行的原因，接下來又徵引了中國傳統經文來證明其觀點，然後加之自己的解釋，最後分別對曆書中刊附的諸多輔注內容一一予以解說，包括：年神方位圖說、月建說、天道天德等說、月建下九宮說、天恩天赦等說、太歲出游說、日遊神說、人神說、太白遊方說、長短星說、百忌說、祀竈說、男女宮及周堂圖說、五姓修宅說等。

　　開篇的小引中，湯若望首先以「有客問余」的一問一答方式，將曆書中的輔注內容，與其西洋新法分隔開來：「『附曆之輔注，此亦西法否乎？曆家何為而有此宜與忌之紛紛乎？』余應之曰：「輔注之非西法，進陳有疏，曉世有說，刊附曆書，非一日矣。」〔註13〕接下來湯若望指出中國人崇尚古代，厚古薄今的傳統：「凡人生今之世，其所資以生、以養、以安者，盡是古人遺留下的規矩制度，就如農桑醫藥、冠婚葬祭、棟宇、衣服、器具等類，何一是今時所製，何一非昔時所遺。為此，今人無日不在古人開創恩德之中，免不得常常要懷景仰之心，動思齊之想，不但諸事遵守其遺法，還無論大事小事，各有時向宜忌，為是古人所重。」〔註14〕因為對古人懷有愛慕之心，所以世人「趨其所必趨，避其所必避，便是日用諸事各有宜忌，初時奉為身律，久之垂為家規，又久之傳為鄉俗，朝廷因而採之，載之民曆，這便是又升為國政了。」〔註15〕在這樣的解釋裏，湯若望極力淡化曆書輔注中鬼神類的超自然色彩，從而將輔注的刊附頒行，理性化為充滿倫理意義的愛慕前人、承襲古風。隨後，湯若望又從國家統治的層面，對於輔注的刊附頒行，做出解釋：「從來治國者，修其教，不易其俗，齊其政，不易其宜，這豈可違拗他。只因衍數繁多，人持一說，紛爭不了，未免又誤民事，不如劃一個定規，從

〔註13〕湯若望：《民曆輔注解惑》。
〔註14〕湯若望：《民曆輔注解惑》。
〔註15〕湯若望：《民曆輔注解惑》。

中去取，勒成一書，也算做授時一類。付於歷官輔注在民曆上頒行，令到處都依著輔注上行，方是個一道同風的氣象。」〔註16〕從愛慕前人的承襲古風到以民俗齊政的統治策略，輔注存在的理由建構在倫理與政治的意義之上，而成爲理性化的存在。湯若望也正是在此意義之上向羅馬教廷展示輔注存在的合理價值：「輔注有兩個緣故：一是人心遵信古昔，愛戴前代的原意；一是一好惡、同風俗，相期永遠太平。爲此二故，所以曆家輔注數代，相沿至今不改也。」〔註17〕以上湯若望從輔注存在的理由上，給予了一個合乎人情與世故的理性化解釋，並肯定了輔注存在的價值。但這只是湯若望應對教會指責輔注爲迷信的一種解釋策略。將以科學標準定義出的迷信內容，解釋爲人文理性，淡化的正是曆書所體現出的中西宇宙認識模式的根本差異。

接著湯若望援引《大學》、《中庸》、《堯典》、《曆例》等中國經傳典籍，用以佐證自己的上述結論。由此可見的是，西方科學還沒有在中國成爲評判一切正當與否的標準，曆書仍然可以藉由中國傳統的人文價值標準獲得合理存在的依據。在「以理證上論」中，湯若望又從曆書關涉的天、地、人層面，繼續對輔注的存在給予理性化的解釋：「輔注之本，亦不過如《曆事明原》所稱教民順天地之道而已。夫天地各循其道，故天施而地承，以成化育之功。然所謂道者二：一曰所，一曰時。論天，日不南而北行爲春夏，日不北而南行爲秋冬，其所一定，於是氣候寒暑各應其時矣。論地，氣不切附土而切附水，水不切附火而切附氣，其所一定，於是風雨露雷，各應其時矣。天地之有定所、定時如此，人在天地之間，自當順天地之道，日用事物，亦必各有定時、有定所。所與時定而後事物成，而日用裕，此之謂太平也。曆家得此意而施之於輔注。」〔註18〕在這樣的解釋裏，依稀可見中國傳統的「天人合一」、「天人感應」的宇宙存在論觀點。但在據何感應、據何爲一的憑藉中，湯若望與中國輔注中的宇宙認知模式，終於現出了差異。湯若望認爲：「所謂天行性情，與下域有關係者，比如月爲濕宗，當其朔而生明，下物之濕亦生；當其望而光滿，下物之濕亦滿。濕多蟲多，植物受損，故是時不宜栽植。又月滿不宜伐木，亦以濕多易腐也。再廣言之，在天月生明，在人身生髓，禽獸亦然。月光虧，髓則減，魚腦其一證也。此與海潮隨月同是一理，然不但月、七政恒星，皆與下域形物相應，人身諸病，尤關天行，所以西曆悉照天

〔註16〕湯若望：《民曆輔注解惑》。
〔註17〕湯若望：《民曆輔注解惑》。
〔註18〕湯若望：《民曆輔注解惑》。

行輔注,是謂真實有據之宜忌。而今之《時憲曆》,只用西法推算,未及用西法輔注也。」〔註 19〕與西曆「悉照天行輔助」相對照的是,中國曆書中的輔注並非「本於日月星宿,行天之性情也。」〔註 20〕中國的「輔注之法,實由古人自以意見。就支干、五行、八卦、黃黑二道各等,貫串附合,撰出許多宜忌以決人疑,並與天行無涉。其中即有論節氣者,亦但就節氣先後幾何日,或某節氣逢某支耳,何嘗論此節氣在天爲何宮度,是何性情,應與下域有何關係,生何效驗也。」〔註 21〕由此觀之,湯若望認爲西方的天文實用輔注,是根據真實有據的天象而來,中國輔注中用以抉擇人事的干支、五行、八卦、黃黑道等,並不反應真實的天象,而是完全根據人意杜撰出來的,中國的輔注內容之所以如是安排,悉出人意,與天體運行毫無關涉。所以,與天行無關的干支、五行、八卦等,並不能對人們的行事產生或宜或忌的效力。就此可歸納湯若望對於中國曆書輔注的觀點:第一,中國曆書中用以輔注的內容,並不本於天行;第二,中國曆書中的輔注所安排的行事宜忌,並不會真的應驗。那麼中國統治者「必欲兼輔注成曆者,亦非謂其有必然之效,正緣民心信向日久,故因其習俗而劃一以同之,未必非治平之一助云爾。」〔註 22〕至此,湯若望將中國曆書中的輔注內容,從超驗的鬼神世界中剝離出來,而將之解釋爲一種追慕先人的民俗記載和一種用於整齊劃一的統治策略。那麼中國曆書中輔注的存在價值,也就不在於其據天象以安排人事的神奇效驗,而在於所具備的倫理與政治意義。

作爲曆書的編製者,湯若望的解釋與說明,並非針對中國的曆書使用者,而是針對羅馬教廷。所以他的解釋更其是一種介於中西文化之間的猶疑,在肯定中國曆書輔注的合理存在的同時,又否定曆書輔注的靈驗效力。湯若望所認同的天人感應是直接的、客觀的、物質的、生理的,而中國人在輔注中所呈現的天人感應裏充斥著眾多的附會在天象上的媒介物,湯若望認爲其悉出人意杜撰,並將中國輔注當中,用以鋪陳、描述、界定時間點的各類系統,全部從天象中摘除,進而否認其具備超自然的神秘效驗。湯若望的此番解說,如果是針對中國曆書的使用者而言,無疑是摧毀了中國人信賴曆書輔注之靈驗功效的基礎。即,中國人正是堅信曆書輔注代表了契合天意的秩序和規律,

〔註 19〕湯若望:《民曆輔注解惑》。
〔註 20〕湯若望:《民曆輔注解惑》。
〔註 21〕湯若望:《民曆輔注解惑》。
〔註 22〕湯若望:《民曆輔注解惑》。

所以才發揮靈驗的效力。雖然湯若望沒有直接將時憲書輔注定義爲迷信，但他努力地將中國曆書中的內容納入到其西方的知識結構與理解層面的努力，是否扭轉了羅馬教廷成立的審查中國曆書問題委員會對中國曆書之爲迷信的判斷，〔註 23〕尙未有足夠的證據加以判斷，但至少在當時的中國人看來，湯若望的這種解釋，恐怕是無法讓中國人接受的。例如，湯若望將祀竈擇用六癸屬水日，解釋爲謹防火災之意，曆書的中國使用者繆之晉對此的解釋爲水火相濟之意。湯若望的解釋，無疑是將該日所蘊育的各種代表超驗效力的神明性降低爲世俗的應用，那麼曆書所具有的神明效驗，在脫離了某種神秘先驗的規律之後，勢必喪失民眾對它的信從。而繆之晉的解釋裏，則體現出了對基於天行的某種規律的把握和運用，而這正是讓人信從的根本緣由。中國人之所以相信輔注內容，並據以安排自己的日常生活，正是因爲相信輔注中用以定義時間點的各個系統，作爲天人相感應的媒介物，代表天意，符合天行規律，所以才具備讓人服從的威力及效應。作爲曆書使用者的繆之晉想要陳明的正是此意。

　　繆之晉在對曆書做出的解讀中，有著與湯若望迥然不同的立場。繆之晉，自號半巢主人，客居杭州，在康熙六十一年撰成《大清時憲書箋釋》，對清代時憲書做出闡發與釋讀。爲何對時憲書進行箋釋，原因在於「曆之爲書也，統乾元不息之運，發造化消長之理，亙古今，通上下，自天子以至於庶人，莫或違之，故歷代永以爲寶。而斯民亦不能一日離也。以一日不可離之書，顧乃不求其理，不解其說，徒具每年一新之陳迹，良可慨也。此余箋釋一書所由編也。」〔註 24〕針對當時曆書使用中存在的不盡如人意的狀況，繆之晉對時憲書的箋釋，相當於一個理論上的時憲書使用說明書，當時的人可以在其中讀取如何使用的信息，而我們卻要在其中找到繆之晉的觀念世界。顯然，

〔註23〕「中國傳教會派赴羅馬教廷的代表衛匡國曾攜帶了大批關於中國曆書的文件到達羅馬，爲此羅馬耶穌總會會長高文斯・尼克爾委託羅馬學院五位教授所組織的委員會審查這些文件，1655 年 8 月 3 日，審查中國曆書問題委員會呈繳了他們的評議書，對於中國曆書上果含有迷信之成分，竟能使具從教會方面應視爲禁書否？評議書之答覆爲：審查委員會對於這個問題之解決，有加以肯定之傾向，因爲最低限度在中國曆書爲祭祀所規定之順利時日上，是免不了有迷信之痕迹的。」見魏特：《湯若望傳》第二冊，第 422 頁。對中國歷史之爲迷信的判斷是在 1655 年，湯若望的《民曆輔注解惑》撰成於 1662 年，所以應視作是對審查中國曆書問題委員會所做之判斷的回應與申辯。

〔註24〕繆之晉：《大清時憲書箋釋》，《續修四庫全書・子部》天文算法類，上第 660 頁。

在這樣的解釋裏，曆書是一種記載著秩序和規律的書籍，有諸多道理蘊含其中，而繆之晉對時憲書進行箋釋的目的就是要闡發這些對上自天子、下至庶民來說極為重要的道理：「曆中首詳各省節氣時刻及晝夜長短諸例，天之道也；次列八卦方位二十四山九宮紫白諸局，地之道也；中列十二月七十二候等類，時之道也；內復備人事之趨避，吉凶之向背，人之道也。」〔註25〕天之道、地之道、時之道、人之道，均內涵於曆書之中，則曆書所呈現的遠非時間的流逝，而是囊括天、地、人在內的秩序世界。這樣的認識，與湯若望的解讀，相差甚遠，湯若望是將曆書的合理性放置在人世間，而繆之晉是將曆書的合理性放置宇宙間。

　　但曆書頒自皇朝，繆之晉以一介布衣身份，對之闡釋，為避免竊取正朔之嫌，仍需對自己的箋釋目的做進一步的說明：「聖王授時於民，正欲使家喻戶曉，順四時之宜，知吉凶之理，躋斯民於仁壽，唯恐人之不能知，未嘗禁人以不必知。奈何世人講求者少，忽略者多，不知年神方位作何用，紫白九宮為何物，乾坤艮巽是何時，男女九宮數究何取，茫然莫辨，竟視為紙上之繁文矣。余因仿王肯堂先生箋律之意，循書之次序，逐行逐事，全卷為之疏解，務使旨意昭著，人人能讀其書，而並能用其書，實得尊王之意，而便民用，所以佐曆非以淆曆，豈妄論陰陽五行之謂哉？」〔註26〕在表明自己「佐曆非以淆曆」的立場同時，繆之晉又指出了民間使用曆書的盲從與盲目，並以之增加自己箋釋曆書的必要性。但民間流通著大量通書，多以「皇曆，經也；通書，傳也」而自居，繆之晉的解釋與通書又有何異呢？對此，繆之晉自有解說：「惟近世浙閩蕭、薛、汪、鄭諸家，集為通書，每年行世，闡發曆中之義，幾幾乎詳且盡矣。今晉復有是書，無乃多其辭說以滋惑耶？」「夫即蕭、薛諸家，不過踵事增華，惟便於剋擇家日者用，誠每年簡易通書耳。故其亦只曰通書而已。與此箋釋之書，判若兩途，未可同日而語。」〔註27〕而繆之晉的箋釋則是基於：「聖朝頒曆，但云其然，而不言其所以然，其不言所以然者，以為斯民既知寶之，自必能尋繹其旨，而體會其義，如必欲言其所以然，則簡帙繁多，適足淆其觀覽，惟待知者探索之，愚者問學之，而無如人之不加察焉。即或有心於斯道者，

〔註25〕繆之晉：《大清時憲書箋釋》，《續修四庫全書・子部》天文算法類，第660頁。
〔註26〕繆之晉：《大清時憲書箋釋》，《續修四庫全書・子部》天文算法類，第660頁。
〔註27〕繆之晉：《大清時憲書箋釋》，《續修四庫全書・子部》天文算法類，第660頁。

又無人以啓發之，徒有寶曆之心，而無用曆之實，可慨也！」〔註28〕可見通書相對於時憲書是以「用」爲目的的發揮，而箋釋相對於時憲書則是對「知其所以然」的原理闡釋。在與時憲書的官頒立場保持一致的前提下，繆之晉又與民間通書劃清了界限。作爲使用者，繆之晉在對時憲書做出的解讀中，始終避免著竊取正朔的僭越之嫌，這也證明著時憲書對於使用者而言，有著不容忽視的政治意味和鮮明的正統意味。

繆之晉首先闡明的是對曆書中眾多神煞的認識：「吉凶神煞之名，奇異迭出，若或眞有其神焉？要知此亦古人原其陰陽五行生剋衰旺所自來之義，以取象立名，使人易於依循稱謂耳。即如諸天星之名，或因其彷彿形似，或因其光色，或因其情性，或名以官、以國、以人、以物、以事，種種借義稱名，咸以便司天氏之仰觀耳。」〔註29〕可見，在繆之晉的解釋裏，曆書中的各種神煞並不是眞實存在的，而只是對某種宇宙天體或其運行規律的擬人化稱謂。至於各種神煞之間的隸屬關係，「則未敢確謂其然也。」〔註30〕而各類神煞的「情性之不同，氣化之純駁，所以專施或異是，殆理之所固然，又未可以爲妄誕也。」〔註31〕繆之晉對神煞的態度，雖然否認其眞實存在，但將神煞命名的各類天體及運行規律置於一個神秘的不可解的抑或理所當然的範疇中，並對其所能起到的效驗持肯定態度，即「未可以爲妄誕也。」

以下繆之晉對時憲書中所有條目做了逐條箋釋。在其對時憲書所做的「知其所以然」的原理闡釋中，包含了大量的天文、物候、地理方面的客觀知識，並無一例外的將這些知識納入到系統、秩序、規律的人文體系當中，予以闡發。例如在對時憲書中年神方位圖的介紹，涉及吉凶神煞共計三十二位，對於這些神煞的等級、分工，繆之晉做了如下描述：「圖中神煞，儼然邦國規模，方位陰陽，具備人情物理。蓋太歲君而太陰，後將軍、力士、博士、奏書，非佐理文武之臣乎？蠶官、畜官、飛廉、大殺，非分曹任職之吏乎？若乃宮室器用，則黃幡、豹尾、蠶室、將軍以著其象，而物類、昆蟲則蠶命、白虎以兆其端，況夫金神也，則剛堅肅殺之機，病符、死符也，凋落摧傷之候，五鬼、破敗、伏兵，垂下戾之氣爲殃，弔客、喪門、官符等煞，人事之不祥已寓大耗、小耗冷退之征，歲破、歲刑，亂臣之比，至若歲劫三煞，則又國

〔註28〕 繆之晉：《大清時憲書箋釋》，《續修四庫全書·子部》天文算法類，第660頁。
〔註29〕 繆之晉：《大清時憲書箋釋》，《續修四庫全書·子部》天文算法類，第661頁。
〔註30〕 繆之晉：《大清時憲書箋釋》，《續修四庫全書·子部》天文算法類，第661頁。
〔註31〕 繆之晉：《大清時憲書箋釋》，《續修四庫全書·子部》天文算法類，第661頁。

之奸而爲惡最烈者也。」〔註32〕年神方位圖中的三十二位神煞，分工明確、各司其職，但是否眞有其神，繆之晉又自有解說：「神雖三十有二，理通人事無殊，非通書不經之神，乃五行自然之道。」可見，繆之晉仍然認爲神煞是某種自然界的運行規律，並將人世間的秩序投射於其中。相比之下，湯若望對年神方位圖的解說，則另有描述：「此圖乃蓋造修營的，一個大規模，蓋凡城郭宮殿，與夫四面錯處民居，共總是本國內顯設之形象，務須齊整美觀，方見得中華與卑陋小邦不同。然所謂齊整美觀者，大要有二：一是比例相稱，一是色樣不同。譬人一身，頭腹手足，耳目口鼻，毛髮牙齒，其部位安置、大小長短，俱有比例。又彼此式樣各成其一，而或紅或白或黑，各色又自分明，備是二者，方見得人形，特爲俊美。而國家顯設之形象，其須備是二者亦然。」〔註33〕繆之晉與湯若望對同一年神方位圖的解說，相同之處在於，二人都將此圖做了比擬，所不同的是，繆之晉的比擬強調了秩序與功能，而湯若望的比擬重在視覺上的觀感。所以，繆之晉對於年神方位圖的結論爲：「造修埋葬趨避，宜知動作遷更，審詳毋忽。」〔註34〕而湯若望的結論爲：「此圖所用名色，多屬比擬，觀者勿泥」。〔註35〕

　　繆之晉對於曆書中所呈現的時間的解釋爲：「時者，天地陰陽、運行、屈伸、消長之迹也。計其統，則有元會運世之數也；計其元，則有上、中、下三元甲子之屬也；計其歲，則有支干之隸也；計其序，則有春、夏、秋、冬四氣之流行也；計其月，則有二十四節氣之遞嬗也；計其節，則有七十二候之氣化也；計其日，則有晨昏、子午、晝夜之分也；計其時，則有初、正刻數之辨也。是時之義與造化共其升沉，與天地同其終始。」〔註36〕在繆之晉的解釋裏，時間描畫的是天地陰陽、運行、屈伸、消長的痕迹，不同的時間計量單位，分屬於不同的符號系統，其差異所在並非時間的長短，而在於其所昭示的天地造化之不同。而人們將自己的日常生活納入到這樣的時間系統之中，當順天道而行，「天道乃天體運旋之氣」，「人趨向其方及修造此方，所謂順天之道，乘時之氣，自獲吉應。」〔註37〕由此可見，中國人對曆書的遵

〔註32〕繆之晉：《大清時憲書箋釋》，《續修四庫全書·子部》天文算法類，第668頁。
〔註33〕湯若望：《民曆輔注解惑》。
〔註34〕繆之晉：《大清時憲書箋釋》，《續修四庫全書·子部》天文算法類，第668頁。
〔註35〕湯若望：《民曆輔注解惑》。
〔註36〕繆之晉：《大清時憲書箋釋》，《續修四庫全書·子部》天文算法類，第696頁。
〔註37〕繆之晉：《大清時憲書箋釋》，《續修四庫全書·子部》天文算法類，第696頁。

依，繆之晉認為是源於對天道的順應，而湯若望則將之解釋為對古人的追慕，繆之晉認為曆書中定義時間的各類系統，根基於天道的運行，而湯若望則將之從天體運行中完全剝離，繆之晉認為曆書中據天象以安排人事，統合了天地人的秩序，而湯若望則將天人之間的感應建立在物質可見的關聯中。

繆之晉與湯若望對同一時憲書的不同解讀，與其說是體現了曆書編製者與使用者之間的差異，毋寧說是揭示了西方與東方在認知層面的錯位。當然，這裡也要考慮到，解讀者因對其所處語境而採取的不同解讀策略。湯若望不僅是曆書的編製者，也是西方的耶穌會士；繆之晉不僅是曆書的使用者，也是中國傳統的知識分子。所以，湯若望的解讀裏，帶有辯解的成分，繆之晉的闡發裏，帶有教化的意味。無論如何，由對曆書的解讀而帶出各種差異、矛盾和策略，也在某種程度上，劃定著曆書所覆蓋的範疇。

從筆者的解讀，到湯若望、繆之晉的解讀，代表了三種完全不同的解讀立場，其中包含了身份差異、時代差異和文化差異，這諸多差異實則提供了遠近不同、角度不同的焦距，可以讓我們藉此更為全面地察知曆書中的觀念世界。

二、曆書的使用

曆書在進入使用層面之後，因其有著不同的使用功能，也就此繁衍出從編製、頒行、流佈以至解讀都未曾浮現過的意義。而曆書並不會以自身的文字將之言明，這樣的意義，只有在具體的使用語境中，才能浮現出來，構成可供解讀的文本。那麼，對曆書使用所做的分析，也可視作對曆書做出的某種深化解讀。

（一）用以查詢和背誦的曆書

曆書用以查詢，是其作為日用類書籍，最基本的性質和功能。但具體查詢什麼，又需要做出進一步的釐清和界定。這需要首先從曆書中內容說起。曆書由曆譜和曆注構成，曆譜主要反映一年當中的月序、日序與時序，曆注主要由曆書前後的輔注和日期欄目中的宜忌事項構成。普遍性的查詢曆書，根據對曆譜和曆注的使用，可分為兩類：一為公共日期的查詢，一為選日擇時性質的查詢。

時憲書在以「日」為單位的時間點上，規定出了一些社會層面的公共類日期，即會引起多人遵循、注意的日期，如在一些時憲書中規定，國家忌辰

禁止宴會、作樂、嫁娶、上任，並會在時憲書中相應的日期旁畫圈以注明，這是時憲書中僅見的政治類日期規定，帶有法律的約束力。其它民俗範疇的公共類日期，如各種神旦日，在時憲書中並沒有言明，反倒是民間通書對此關注較多。以光緒二十年粵東省城《諏吉通書》爲例，在正月這個僅有 29 天的月份裏，排列出的神旦日連同國家忌辰日在內達 19 個之多，包括：彌勒佛旦、車元帥旦、高宗純皇帝忌辰、孫眞人旦、財神旦、定光佛旦、世祖章皇帝忌辰、皇后萬壽、孝全成皇后忌辰、溫許公旦、宣宗成皇帝忌辰、上元天官旦、祐聖眞君旦、門官旦、招財童子旦、孝穆成皇后忌辰、孝聖憲皇后忌辰、庇祐財神旦、孝儀純皇后忌辰。〔註 38〕當然這些公共類日期，除皇帝皇后的忌辰禁止宴會、作樂、嫁娶、上任，有法律效力保證外，其它日期在多大程度和範圍上得到人們怎樣的執行和遵從，是一個複雜的需要分疏民俗、廟會、地域性等方面的內容。即：清代曆書帶給人們的影響，主要的還是在觀念層面，從時間社會學角度而言，其並沒有在一個統一的層面上，發揮調節社會生活節奏的功效。其它公共類日期如二十四節氣、歲時節日、歲時禁忌、廟會日期等等，均可作如是觀。

選日擇時類的查詢，在清代是一個較爲普遍的現象，而且並不局限於民間百姓。嘉慶二十二年皇帝諭：「朕辦理庶務，惟日孜孜，內外章奏，無不隨時批答，從不稍存避忌。其諏吉舉行者，皆事關典禮，即古人外事剛日，內事柔日之義，非尋常事件所能比例也。乃直省各督撫奏事於拜折時，先擇吉日又豫擇吉日，囑令差弁於到京後，屆期呈遞。是以近日遇閉破之期，竟全無奏摺，遇成開之日，數省之折彙齊呈遞，朕檢閱時憲書，其日必繫良辰，甚屬可笑可鄙。即在京各部院引見奏事，亦往往選擇吉日，均屬陋習，著通諭內外各衙門，嗣後遇有應辦之事務，各迅速辦理，一經辦竣，立即具奏，毋得仍前拘忌，選擇良辰，致有叢脞，用副朕勤求治理至意。」〔註 39〕這裡，嘉慶帝並非反對選時擇吉，而是反對官員們將選時擇吉用在上奏摺這件事情上。在認爲選時擇吉應該有所針對的嘉慶帝看來，官員們的可笑可鄙，不是因其選時擇吉，而是因其選時擇吉的盲目性。即：在嘉慶帝看來，事關典禮的事，才值得選時擇吉。從嘉慶帝批判官員們的邏輯而言，可以做出這樣的理解，但從嘉慶帝的一國之君的心理來看，或者還有其它緣由。官員們上奏

〔註38〕北京師範大學圖書館藏《諏吉通書》，清光緒二十年粵東第八甫麟玉樓刻本。
〔註39〕劉錦藻：《清朝續文獻通考》卷二百九十四象緯考一。

摺，之所以選日擇吉，無外乎是希望自己的奏摺生效，這個期望意味著將神煞類的靈驗置於皇帝的理性判斷之上，意即通過神煞來擺佈皇帝的意願，此種期待無異於將嘉慶帝放在傀儡的位置上，作爲一國之君的嘉慶帝，當然要對之報以「可笑可鄙」的嘲諷，來將這個傀儡的位置踢開。但嘉慶帝並不因此而反對選日擇吉，而是以選日擇吉要用在事關典禮的大事上爲由，來反對官員們在上奏摺時的選日擇時，其最終告訴我們的還是：不但官員們選時擇吉，皇帝也是要選時擇吉的。

清代皇室將事關典禮的選時擇吉提升到國家政治層面，來加以認眞嚴肅地對待。道光帝在位時期，曾因尙書都統敬徵沒有爲皇后的奉安典禮，選出恰當的好日子而勃然大怒。道光十五年的諭旨裏記載了這件事情的來龍去脈：「國家設立欽天監，掌測候推步之政令，及凡占驗、選擇之事，遇有應行典禮，先期諏吉，向俱恪遵《欽定協紀辨方》一書，考其宜忌，敬謹選擇奏明辦理，本年舉行孝穆皇后、孝愼皇后梓宮奉安典禮，由欽天監擇吉奏聞，經敬徵等於九月內選擇二十一、二十八兩日開列請旨，朕因二十八日繫屬平日，是以取用二十一日舉行奉安典禮。朕於幾暇，偶閱《欽定協紀辨方書》，將是日干支合其宜忌，殊覺未協，當將是書發交軍機大臣，會同敬徵循其義例，詳細推求有無妨礙，旋經軍機大臣及敬征將忌用各條於書內夾簽進呈，朕復加披閱，是日舉行奉安典禮，實不相宜。敬徵經朕迭加任使擢至尙書，管理欽天監事務有年，於諏日宜忌素爲熟諳，宜如何愼重揀選，此次所擇奉安日期，紕繆至此。如知其不宜，勉強湊合，則居心直不可問。如以是日忌用之處並不遵照《協記辨方》敬謹詳查選擇，反稽諸不經外傳，此係何等重大之事，乃如此漫不經心，將就草率，莫此爲甚。且經朕指出責令，會同詳查，敬徵亦知其忌用，並不具折請罪，喪心病狂，種種荒謬，實屬辜恩溺職。敬徵著革去尙書都統及一切差使，拔去花翎，賞給三品頂戴，仍留內務府大臣，其內務府應管事務，准其照常管理，並仍著管理欽天監事務以觀後效。其隨同具奏之欽天監堂官，著查取職名，交部嚴加議處，所有奉安日期，著軍機大臣會同禮部、欽天監敬謹選擇，另行具奏。」〔註40〕之所以將這件事情詳細轉引，是因爲這件事情裏的細節裏，有太多在今天人看來的不可思議和巨大反差。

針對這則材料的分析表明：首先，在清代，皇室的典禮，都要先期諏吉，

〔註40〕 劉錦藻：《清朝續文獻通考》卷二百九十四象緯考一。

並依遵《欽定協紀辨方書》。其次，為皇后的奉安典禮選擇一個恰當的吉祥之日，是一件重大的國家政務，參與其中的機構不僅有欽天監，還有禮部和軍機處，正如道光帝所言「此係何等重大之事」。最後，道光帝以「喪心病狂」來指責沒有為皇后奉安典禮選出好日子的大臣敬徵，足見其憤怒之極。而在這樣的憤怒裏，可有兩種解釋：一是道光帝認為，舉行皇后的奉安典禮，錯誤的日期會導致可怕的後果；一是因為敬徵在一件如此重大的國家大事上，竟然「如此漫不經心，將就草率」，「實屬辜恩溺職」，即：大臣的瀆職，讓其無法容忍。前者的指向是道光帝的觀念世界，後者的指向是道光帝作為一國之君的職守層面，兩者繫於一處，則曆書所跨越覆蓋的層面依然廣泛。再以今天的眼光反觀這件事，將一件在今天看來是迷信的舉動放置在國家重大政務的位置上，以及道光帝對沒有將今天看來是荒謬迷信的事情辦好，而憤怒之至，以今天的眼光來看，都令人驚訝。這是清代至現在，中國人觀念變化的反映。當然所謂迷信，今天仍然存在，甚或依然以曆書的方式存在，但卻不會遭遇到清代的使用語境，這依然是觀念變化的反映。所以，對以曆書為載體的觀念世界的探究，其出發前提，恰是今天觀念世界與清代觀念世界的異質性的存在。那麼，如果僅以今天的觀念價值為評判標準對之做出或科學或迷信的判斷，則無異於將一個異質的觀念世界摒棄在外，從而也就失去了探究的價值。所以，本文對曆書的解讀及對曆書使用的再現，均以其發生當下的語境還原為前提。

有清一代，從皇室到民間，從精英到民眾，選擇類的例子，比比皆是，此處不一一列舉。要之，選時擇吉的普遍性，意味著曆書活躍在一個廣泛的使用層面上。從而，將曆書置於不同語境中的解讀，均帶有普遍意義。曆書的廣泛使用，不僅來自其查詢功能，其它目的的使用，同樣是曆書廣泛使用的佐證，並以其特殊的使用方式，言說曆書不同的性質與功能。以下背誦時憲書的例子足可說明此點。

清代人常常將背誦時憲書視為某人有著超凡記憶力的證明。據潘衍桐《兩浙輶軒續錄》記載：「方引彥，字潞兆，遂安人，康熙癸巳舉人，官臨海教諭，嚴州詩錄：引彥幼時，能背誦時憲書，入都攜一襆被，往返皆步行，年至九十四卒。」〔註41〕又據李元度《國朝先正事略補編》所載：「潘耒，字稼堂，江蘇吳江人，早慧能強記，覽時憲書，一過即諳誦，康熙時以布衣試博學鴻

詞高等，授翰林院。」〔註42〕

　　時憲書成爲用以證明記憶力超凡的背誦用書，這裡傳達出信息有：首先，時憲書的內容爲大家熟識共享，才能成爲背給人聽的背誦用書，以此可以斷定時憲書在使用的層面，具備普及性和日用性的特點。其次，時憲書作爲書籍，出現在人們的生活中，並成爲人們智識活動的某種針對物，也意味著作爲書籍的時憲書在某種程度上介入著知識的層面，而成爲人們用以理解世界的正當知識體系的組成部分。以背誦時憲書來證明記憶力超凡，既說明時憲書中天文、曆法、術數、物候、日用事項等方面的內容，對於大多數讀書人而言是熟知的，是「最普遍的、也能被有一定知識的人所接受、掌握和使用的對宇宙間現象與事物的解釋」，也說明此種記載吉凶神煞、行事宜忌的曆書，作爲一種「日用而不知」的普遍知識、思想和信仰的物質載體，「一方面背靠人們不言而喻的終極的依據和假設，建立起一整套有效的理解，一方面在日常生活中起著解釋與操作的作用，作爲人們生活的規則和理由」，〔註43〕從而規約著包括讀書人在內的大多數中國民眾的思維方式。

（二）用以贈送的曆書

　　年度曆書，作爲一種時效性的日用類書籍，通常是在年終歲尾之際，進入千家萬戶的日用生活之中。值此辭舊迎新之際的曆書，也常常作爲饋贈品，而搭建著人與人之間賴以溝通交流的橋梁和紐帶。清代文人在表述時間感懷的詩文裏，常常以寄送時憲書爲抒發的端由。劉大紳在《子雲寄時憲書至感賦》中寫道：「授時書不至，幾欲忘春秋。老少憑人說，榮枯得自由。爲龍不爲鼠，呼馬或呼牛。甲子從君識，無端笑白頭。」〔註44〕再如梁章鉅《孟冬朔日頒時憲書恭紀》：「頒時循令典，敬體授時心。但切和甘禱，遑嗟歲月侵。緘封煩驛傳，光價壓書林。（書之板紙及裝潢，以此邦爲最精美，故遠處知交，每馳書索寄云。）十載重回首，龍樓瑞靄深。」〔註45〕這些有關索寄及寄送時憲書的詩文，表明在清代索要和贈送曆書是較爲普遍的，而文人之間的相互贈送，似乎有著更多感時傷懷的意味在其中。

〔註42〕李元度：《國朝先正事略補編》，清光緒刻本。
〔註43〕葛兆光：《中國思想史》第一卷，復旦大學出版社 2009 年版，第 14 頁。
〔註44〕劉大紳：《寄庵詩文鈔》文鈔卷一，民國雲南叢書本。
〔註45〕梁章鉅：《退庵詩存》卷十三，清道光刻本。

　　無論如何，曆書用以饋贈，就成了禮物。莫斯有關禮物的研究表明，禮物的送出，包含著要求回報的期待，而禮物的接受，則意味著履行回報的承諾，其中滲透著經濟與利益的計量。〔註46〕曆書在成為饋贈品之前，其所具有的特性，會使我們瞭解其作為禮物的送出與接納，包括了哪些因素在其中。首先，從金錢角度衡量，清代時憲書的書價，前已述及，平均約為二分銀左右，所以曆書對於大多數中國人而言，是所費不多的廉價之物；其次，曆書是大多數中國家庭的必備日用類書籍；最後，年度曆書，無論是面世還是使用，都具有時效性。那麼，曆書作為饋贈品送出，就會具有如下特點：一、送出曆書的時間多在每年的十月初一至新年到來之前，因為每年十月初一頒朔之後，曆書才大量面世，趕在新年之前送到，才能確保曆書使用價值充分實現。考慮到時間因素，那麼曆書在不能親自送上的時候，而採用寄送的方式送達，也就可以獲得解釋了。二、曆書花費銀兩無幾，不可能成為貴重禮品，所以，送出的曆書，未必都有要求回報的利益期待，即便有，也未必都與金錢相關。那麼，送曆書又是在何種層面上，彰顯了怎樣的人與人之間的交流與溝通呢？而在這樣的交流與溝通的實現中，又是藉由曆書的何種元素方足以達成呢？以下不同方式的送曆書，或可為上述問題的解答，提供思路。

　　清政府每年一度的頒朔禮中，頒賜給文武百官各類曆書，可算做是規模最為浩大的送曆書，但其結合儀式、等級而來，所關涉的主要還在於政治層面，與其說是饋贈，不如說是一種附加政治意味的例行公事，這部分內容前已論及，茲不贅述。倒是嘉慶元年（1796）至嘉慶四年（1799），每年由乾隆太上皇賞賜給皇族、近臣的以乾隆年號命名的時憲書，帶有饋贈的意味。首先需要解釋，在皇太子繼位改用嘉慶年號頒行時憲書後，緣何還有乾隆年號的時憲書存在。乾隆六十年，皇太子在登基繼位前夕，特率王公大臣恭進乾隆六十一年時憲書，理由為「歸政改元為曠古未有之盛典，雖見在頒朔以嘉慶紀元，而宮廷之內若亦一體循用新朔，於心實有未安，特進獻《乾隆六十一年時憲書》。」〔註47〕乾隆帝因其「臚詞籲懇，出於至誠」而俯從所請，並在嘉慶元年至嘉慶四年之間，每年印製一百本乾隆年號的時憲書，「用備頒發內廷皇太子、皇孫及曾元輩，並親近王大臣等，遂其愛戴之忱，其分頒各直

〔註46〕 見【法】馬塞爾·莫斯著、汲喆譯、陳瑞樺校：《禮物》，上海人民出版社 2002
　　　　 年版，第 1 頁。
〔註47〕 劉錦藻：《清朝續文獻通考》卷二百九十四象緯考一。

省外藩，仍用嘉慶元年時憲書以符定制。」﹝註 48﹞可見，是嘉慶帝及大臣們先有所請求，然後才有乾隆帝的賞賜曆書，以「遂其愛戴之忱」，附載於《乾隆六十一年時憲書》、《乾隆六十二年時憲書》、《乾隆六十三時憲書》以及《乾隆六十四年時憲書》上的乾隆年號，在賞賜中所彰顯的並非是繫於正朔的政治意涵，而更其是一種人倫情感的昭示。所以，在此語境中的曆書，既非政治象徵物，也非普通日用品，更主要的是作爲一種紀念品，在請求、賞賜、接受的交流中，體認君臣之宜。時任禮部尙書的紀昀，便將其獲贈的乾隆年號時憲書珍藏起來，在家族成員中代代相傳，直至存留今日。嘉慶年間的乾隆年號時憲書，作爲官頒曆書中的特例，因其數量無多，且在當時只賞賜給少數皇族及親近大臣，更因其以政治象徵物的性質而附加著當朝天子的孝親倫理，而成爲此後清代士人所津津樂道的掌故，時憲書在這樣的賞賜以至流傳爲掌故的過程中，凸顯的正是官頒曆書的政治倫理、日常倫理的疊合交錯及共有共享。

不遠萬里，寄送時憲書的例子，來自俞樾。俞樾的《春在堂詩編》裏有這樣一首詩：「重洋萬里賦西征，客裏驚心歲月更。欲爲家風存漢臘，恐無史筆紀周正。天朝頒朔知難遍，（憲書止頒使館，不能遍及）元旦逢春料未迎。寄汝憲書剛一紙，好將節氣記分明。」﹝註 49﹞俞樾不遠萬里寄送的是《光緒三十一年時憲書》中記載都城順天府節氣時刻的一頁紙（見圖四），接受者是他遠在英國的從孫同奎。「好將節氣記分明」是俞樾將一紙憲書寄送英國的理由。當然從地理學意義上講，英國與中國遠隔萬里，地處不同經緯度，有著不同的天氣和氣候，中國時憲書中記載的二十四節氣時刻，無論是從時間還是從天氣、氣候而言，都無法與英國一一對應，這些對俞樾而言，應該是有所知的。那麼，這一紙憲書，又所爲何來呢？中國曆書中的二十四節氣，不完全是爲農時而設，正所謂「下半年言天時，不言農時。」﹝註 50﹞二十四節氣所言明的天時裏，又有著怎樣的表述呢？「雨水，天一生水，人物之生，皆始於水……清明，按《國語》四時有八風，曆獨指清明風爲三月節，此風屬巽故也，萬物齊乎巽，巽曰潔齊，清明取明潔之義……夏至，陽極之至，陰氣始生，日北至，日長之至……白露，水土濕氣凝而爲露，秋屬金，金色

﹝註 48﹞劉錦藻：《清朝續文獻通考》卷二百九十四象緯考一。

﹝註 49﹞俞樾：《春在堂詩編》乙巳編，清光緒二十五年刻《春在堂全書》本。

﹝註 50﹞繆之晉：《大清時憲書箋釋》，《續修四庫全書·子部》天文算法類，第 679 頁。

白，白者露之色，而氣始寒也……」〔註51〕在這篇欽天監編製憲書所遵依的文獻裏，對二十四節氣的理解，不僅包含著天、地、人的相互關聯，也交替著相生相剋的規律變化，既有著可以感知的雨雪風霜，也附載著陰陽五行的交相嬗遞。質言之，二十四節氣，不單單是用來察知外在季節、氣候、天氣變化的工具，也是用來體認中國人文價值的時間系統。那麼，俞樾寄給從孫同奎的一紙憲書，則可解釋為俞樾從自己的立場出發，希望可以藉此慰藉遠在異國他鄉的從孫同奎的思鄉之情。而我們由此反觀時憲書，就可解讀出由其文字內容而延伸出的附加意義。

　　在以上有關贈送曆書的活動中，曆書作為禮品送出，由贈送者抵達接受者，其所建立起的溝通，並不是基於期待利益回報的有所圖謀，而是一種人倫、情理的交流，曆書之所以能促成這樣的交流，是因為曆書中所關涉的事項、物類，作為大多數中國人日常生活場景的常規設置而建構著某種集體共享的意識與情愫。

圖四　時憲書都城順天府節氣時刻頁

〔註51〕陳希齡：《恪遵憲度》，轉自常福元：《舊時憲書編製法》，《輔仁學誌》1929年第 1 卷第 2 期。據常福元在此文篇首言：「王君綏丞，余二十年前老友也。出示舊藏北平陳希齡所著《恪遵憲度》抄本，謂欽天監之秘，悉在於斯，余授而讀之。全書共二十二篇，附錄一篇……余前謂欽天監人非有所秘，特不知如何宣之，若陳君者，乃真能宣之者也。故錄存全文，藉傳其名。」

　　當曆書作為禮物，在特定的時間被送出時，其內隱含的情感類因素，就在贈送與接受的過程中浮現出來，從而完成人與人之間，無關乎利益的情感交流。

　　當然，送曆書也並非是全然的「感情用事」，因其恰逢年終歲尾，便不期然地帶上了些許歲時民俗意味。據《淮陰竹枝詞》載：「每歲頒發時憲書，淮人轉相傳送，謂之送日子過年，猶言度日容易也，或無人送而自買，謂之買日子過年，猶言度日艱難也。」〔註52〕獲取曆書的方式，成為判別未來一年如何度日的標準，刻畫年、月、日、時的曆書在淮人的轉相贈送中，充滿象徵性。但文人贈送曆書，常從中抽象出時間的流逝，而落實在民俗中的送曆書，則有著最切近曆書本質內容的象徵，即日子。又據顧祿《清嘉錄》記載蘇州有送曆本的習俗：「各圖地保，以新曆逐戶分送，人家必酬以錢文，如市價而倍之，號為送曆本。」「里正送新曆，始行於鄉村，後沿於城中。」〔註53〕作為商品的曆書，也可以通過禮物的形式，來實踐其作為商品的價值，這是在民俗層面上的又一種形式的送曆書。民俗意味著普遍性、常規性和社會性，那麼在此語境中的送曆書也詮釋著曆書關乎於此的商品性、歲時性、象徵性等特色。

（三）作為屬靈之物的曆書

　　曆書的物質載體是記載有文字的紙張，除了用以翻看、查詢、背誦外，其作為一種物質，還別有用途。徐士鑾《醫方叢話》記載一個治療瘧疾的藥方：「五月五日，用全本時憲書燒灰，雄黃酒調為小丸，如桐子大，每清晨開水吞下一丸。」〔註54〕這個看似荒謬的藥方，並非出自江湖郎中的記載。徐士鑾（1833～1915）字苑卿，又字沅青，天津人，清咸豐八年（1858）舉人，由內閣中書歷擢侍讀記名御史，同治十一年（1872）出任浙江台州知府。徐士鑾的身份，可以說明，這個藥方在當時並不是江湖郎中騙取錢財的胡言亂語，即人們相信燒成灰的時憲書確有治療瘧疾的療效。而不燒其它書籍，單只燒時憲書，則說明療效並非來自紙張，而是來自紙張承載的內容，那麼又是時憲書中的哪些內容被人們認為可以起到作用呢？先看另外一個時憲書療病的例子，或許可以對我們有所啟發。

〔註52〕 盛大士：《蘊愫閣詩續集》卷二，清道光四年刻本。

〔註53〕 顧祿：《清嘉錄》，江蘇古籍出版社1999年版，第211頁。

〔註54〕 徐士鑾：《醫方叢話》卷六，清光緒津門徐氏蝶園刻本。

　　法國人祿是遒對中國的觀察裏記載著這樣的例子:「在一些地方,特別是在安徽省徽州府,人們通常會在病人的床架上懸掛皇曆,因為那上面有當朝皇帝,即「天子」的名字,天子的力量是不受眾多鬼神制約的。而且,皇曆上還有所有吉星的名字,特別是二十八星宿,也就是日月二星每年運轉中停留的位置。」〔註55〕在這個例子裏,確保病中之人得以康復的,是當朝天子,而這樣的效驗則是通過懸掛曆書來實現,因為曆書上有皇帝的年號,這樣,皇帝不但借曆書的頒行證明了自己受命於天的合法統治地位,甚至以天子之名,獲得了超凡入聖、乃至凌駕鬼神之上的無邊法力,中國傳統的統治者,就這樣在人們相信鬼神無處不在的觀念世界裏,維繫、實踐著至高無上的統治權力。當然,在人們對曆書的特殊使用中,相信皇帝有超凡的法力,其原因未必在於普通民眾對統治學說中天人合一的哲學理念、受命於天的正統思想,有著多麼深刻的理解和體認,曆書中皇帝年號在眾多神煞的包圍和簇擁之中,映像著一個人神混雜的觀念世界。統治者通過《欽定協紀辨方書》對民眾觀念世界中的鬼神進行清理和整頓的標準,是遵循著統治層面的秩序和規律而來,用以安排和解說鬼神世界的模式不啻是現世的縮影。年類神煞中的統領為太歲,「太歲,人君之象,率領諸神,統正方位,斡運時序,總成歲功。」〔註56〕年類神煞中的奏書,「水神也。為歲君之諫臣,察私屈揚德意之神也。」「力士者,歲之惡神也。主刑威,掌殺戮。」〔註57〕可見,鬼神的世界裏不但有現世政治層面的君臣之別,還有現世倫理道德中的善惡之分。而民眾對鬼神世界的信奉,並不在於其所體現的規律與秩序,是在於其相信鬼神世界有求必應的靈驗和可以解決現世問題的效力。統治者追求的是秩序,民眾期待的是靈驗,兩者結合帶來的是在對神靈的信奉中,強化現實的統治秩序與道德倫理,而其帶來的一個不可避免的結果就是,現世統治在民眾觀念世界中的神化。就此,天子不受眾多鬼神的制約,並可以藉由曆書發揮驅除病魔的效驗,在相信鬼神存在的民眾間,便是一個可以理解的現象了。那麼,載有皇帝年號的曆書,也藉此再次獲得了衍生的附加意義,而成為帶有神奇法力的屬靈之物。

〔註55〕【法】祿是遒著,沈婕、單雪譯:《中國民間崇拜·歲時習俗》,上海科學技術文獻出版社 2009 年版,第 26 頁。
〔註56〕謝路軍主編、鄭同點校:《欽定協紀辨方書》,第 51 頁。
〔註57〕謝路軍主編、鄭同點校:《欽定協紀辨方書》,第 53、54 頁。

　　以此關照徐士鑾記載的燒成灰的時憲書入藥治病的藥方，則仍需從曆書中的鬼神世界說起。曆書中判定吉凶的重要標準就是各個時間點值日的神煞爲何，根據《欽定協紀辨方書》的整理，曆書中的神煞按運行周期劃分，可分爲四類：年神類神煞、月神類神煞、日神類神煞、時神類神煞；按領屬劃分，可分爲三大類：太歲神煞系統、月令神煞系統、干支五行神煞系統，此外還有被《欽定協紀辨方書》定義爲僭越的編外神煞系統，其雖然沒有在時憲書中出現，但常出現在民間自編的通書之中。〔註 58〕以上眾多神煞，數以千計，它們羅列在曆書當中，也活躍在人們的觀念世界之中，並賦予其所賴以表達的曆書的物質載體以某種神奇的法力，即：曆書的物質實體，變爲屬靈的法物，那麼將其入藥以療病，在相信鬼神的觀念世界裏，同樣也可視作當然之舉。

　　曆書之爲鬼神世界的物質載體，並非是個別病急亂投醫的人的妄生之念。在筆者翻閱過的許多曆書的封面上，都有墨筆題記的「夜觀無忌」字樣（見圖五）。〔註59〕周作人曾在《女人的禁忌》一文中，提到過這一現象：「還有曆本，那時稱爲時憲書的，在書面上也總有題字云『夜觀無忌』或者有人再加上一句『日看有喜』，那不過是去湊成一個對子，別無什麼用意的。由此看來，可以知道中國的禁忌是多得很，雖然爲什麼夜間看不得曆本，這個理由我至今還不明白。」〔註 60〕日本學者窪德忠在其《道教史》一書中，也曾提到過中國曆書上的這四個字：「解放前我得到的曆書封面寫有『夜觀無忌』的字樣，在這本曆書中也記有與鬼神有關的東西。不過書中寫道：唯有本書即使在夜間閱讀，也不必擔心鬼神的危害。」〔註 61〕通過這兩則材料可知，中國傳統曆書封面上載有「夜觀無忌」字樣，是一種頗爲普遍的現象，但對於曆書是否可在夜間觀看，周作人和窪德忠的理解，是截然相反的。周作人將其理解爲「夜間看不得曆本」，窪德忠理解爲但看無妨。兩個人的理解相反，其根由或在於「夜觀無忌」字樣在曆書封面上的有無，即曆書原本在夜間是

〔註58〕　見黃一農：《通書——中國傳統天文與社會的交融》，《社會天文學史十講》，第 270～311 頁。

〔註59〕　如北京師範大學圖書館藏《大清光緒十三年時憲書》、《大清光緒十六年時憲書》、《大清光緒十八年時憲書》、《大清光緒十九年時憲書》、《大清光緒二十年時憲書》、《大清光緒七年時憲書》等。

〔註60〕　周作人：《女人的禁忌》，鍾叔河編訂《周作人散文全集》9，廣西師範大學出版社 2009 年版，第 446 頁。

〔註61〕　【日】窪德忠：《道教史》，上海譯文出版社 1987 年版，第 10～11 頁。

看不得的,而在寫上了「夜觀無忌」字樣後,就但看無妨了。

　　「無忌」與「有忌」相對,通常有所忌諱的事物,都帶有危險性,但這裡依然存在的問題是:「挑燈夜讀」作為一種讀書習慣,在中國似並未受到過禁忌類的限制,為何曆書要單獨言明「夜觀無忌」?既聲明「夜觀無忌」,則意味「夜觀有忌」的存在,而「夜觀有忌」的指向顯然並非是可以挑燈夜讀的書籍,那麼「夜觀無忌」究竟是要將曆書從何種範疇中區隔開來呢?異質的事物,不需要加以區別,而同質的事物,往往要另加標準,方足以指示明確。那麼,「無忌」相對於「有忌」,就「忌」字而言,則提示我們,其相區隔的前提是同質性的存在。有所忌諱,多為避免危險,夜晚的忌諱,其所要避免的多與鬼怪相關,因為相信超自然存在的中國人,認為鬼怪常會在夜間出沒,為避免受其侵脅,有關夜晚的禁忌尤多。「有忌」指向超自然的鬼神世界,則「無忌」亦然。那麼,羅列眾多神煞的曆書,在人們相信通常會有鬼怪出沒的夜晚,無異於真實存在的鬼怪世界,質言之,人們相信年月日時之神煞系統,是真真切切存在的。

圖五　帶有「夜觀無忌」字樣的時憲書封面

　　此種對待曆書之神煞系統的態度,顯然與前所交代的繆之晉的觀點大為不同,更與湯若望的解釋,完全相反。將曆書置於書籍史的框架中,分疏編製、解讀以至使用的層面,我們會發現,由曆書聚攏的影像世界,映射到不

同人的腦海中，會有多麼巨大的差異。至於滿載鬼神的曆書，為什麼可以「夜觀無忌」，較之人們對於夜晚的諸多禁忌，這個聲明尤顯特殊。「夜觀無忌」的答案，或可從上述曆書之為吉祥之物的論證裏，獲得解釋；也或可從曆書中的鬼神世界井然有序，從而不構成對人類世界的威脅獲得解釋；亦或可從曆書中載有吉星、天子等可以制約鬼怪的神明獲得解釋。總之，答案要在鬼神世界裏找。

用於療病以及「夜觀無忌」的曆書表明，很多曆書的使用者相信，曆書中的眾多神煞乃至天子能賦予其物質載體以靈異的功能，在此意義而言，曆書超離了其日用類書籍的一般性質，而在信奉其靈驗功效的民眾腦海中，立體化為一個真切存在的、充滿法力的鬼神世界，曆書作為承載此世界的物質實體，而成為人們用以祈求鬼神的超驗法力達成現世心願的憑藉。那麼，學者周紹良曾提到過的置於佛像、道像腹內的曆書，〔註62〕以及筆者曾經見過的寫有「普照寺置」字樣的《大清光緒三十三年時憲書》，〔註63〕這些曆書出現在寺廟內的緣由，也或可就此獲得解釋。當然從民間信仰的角度而言，作為日用類物品的曆書，其在民俗、宗教中的應用，其背後有著更為複雜與多樣的信仰層面，礙於學識及論述主題，在此不展開過多論述。

但依然還有的問題是，針對曆書的「夜觀無忌」，如果是一種約定俗成的話，那為何還要將這四個字在曆書封面上寫明，而且這四個字都是用墨筆手書，應為使用者所寫，這就將編製、印刷、售賣曆書者排除在外。即：「夜觀無忌」四個字，並非作為一種推銷策略而載之曆書。那麼，將一種約定俗稱宣諸文字，又是為何呢？是否一定要將這四個字寫明，才能確保曆書可以「夜觀無忌」？鬼神世界的觀念載諸文字與否，是否是其應驗的必要途徑？曆書聚攏著世界在彼時人腦海中投射出的影像，有關曆書的一路追問，旁枝錯節，沒有窮盡，問題未必都有答案，但追問所到之處，開闢出的正是定義曆書之為何物的不可或缺的領域。

（四）用以記事的曆書

筆者見過的很多曆書上都有墨筆題記的印記，這可視為曆書被使用過的直接證據。墨筆題記的印記，可分為兩類，一為圖形類，一為文字類。

〔註62〕周紹良：《明〈大統曆〉》，《國家圖書館藏明代大統曆日彙編》第一冊，第11頁。

〔註63〕北京師範大學圖書館藏《大清光緒三十三年時憲書》。

　　圖形類的墨筆題記，多是在曆書的日期或文字旁畫圈，較常見是的對二十四節氣的圈劃。二十四節氣，不僅代表農時，也代表天時，農時安排或僅爲其圈劃二十四節氣的目的之一，其它以應天時的活動，或也據此安排。此外，還有的一些特殊日期旁畫圈，例如，一本《大清光緒八年時憲書》中，建除十二直所標識的「破」字旁幾乎都畫圈，〔註 64〕民間通常認爲破日萬事不利，那麼這個在破日旁畫圈的舉動，意味著墨筆題記的人在安排自己的行動日程時，是要查看曆書的，並對曆書中排列的宜忌內容，有所參照。

　　文字類墨筆題記的位置，有的在曆書封面，有的在曆書記有宜忌內容一欄的空白處，有的在曆書文字欄的上方。封面題記的文字主要有「夜觀無忌」、「新正月吉立」等，還有的將一年中的大小月集中寫出來，例如「光緒十二年，正三五八大，十月十二同，其餘皆是小，不看便分明。」〔註 65〕題在書中的文字，可分爲兩類，一類爲選時擇日的推算類知識，如一本《大清光緒三十五年時憲書》的紀年頁欄目上方，墨筆手書文字爲「丁亥屋上土，乙酉泉中水，戊寅城頭土，癸酉劍鋒金，辛未路旁土。」〔註 66〕一本《大清光緒二十八年七政經緯躔度時憲書》書中十月二十二日上方，墨筆題記的文字，十二地支呈圓形排列，中間空白處寫著「廿二壬申日辰時開工，申時生火，貴登天門時。」〔註 67〕從這些選時擇日的文字記載可知，當時的一些曆書使用者，對曆書中在今人看來頗爲隔膜、複雜的時間規律系統，是很熟稔的，抑或在他們而言，此類知識屬於生活常識的一種。

　　還有一種載於曆書中的文字，記載的是曆書使用者日常生活中的點滴事項。此類文字，較爲普遍的是對天氣的記載，這或許與曆書在某種程度上反映天象運行有關，當然也與曆書留白處較爲狹小有關，畢竟不能在曆書上長篇大論。雖然，同一本曆書內不可能做過多的文字擴展，但曆書每年一本，卻也爲在縱向的時間延展上，不斷持續文字記述，提供了可能。筆者所見的在曆書上記錄個人生活點滴的記載，持續時間最長的達 62 年之久。國家圖書館藏的《清四朝時憲書》，包括從咸豐元年（1851）至宣統四年（1912）共計 62 本時憲書，而將這 62 本時憲書繫於一處的，正是曆書使用者長達 62 年的在時憲書中的文字記載。

〔註 64〕北京師範大學圖書館藏《大清光緒八年時憲書》。
〔註 65〕北京師範大學圖書館藏《大清光緒十二年時憲書》。
〔註 66〕北京師範大學圖書館藏《大清光緒三十五年時憲書》。
〔註 67〕北京師範大學圖書館藏《大清光緒二十八年七政經緯躔度時憲書》。

　　首先，將自己長達 62 年的日常生活的點滴事項記錄在曆書上，這既是一種曆書的使用方式，也是一種感知存在的生活方式。其次，曆書的使用方式與個人的生活方式，交織爲一體，則此人感知的世界存在與曆書呈現的世界影像，有著彼此界說的互文關係。最後，通過解讀 62 本時憲書中的題記內容，或可提煉出，在清代究竟由哪些元素構成了一個普通人賴以感知世界存在的方式，而這些元素同樣會以互文的關係，界說曆書。

　　62 本時憲書，跨越清代咸豐、同治、光緒和宣統四朝。這是中國最後一個王朝的最後 62 年，也是中國近代史發端的 62 年。戰爭、革命、思潮、運動書寫著中國近代歷史的波瀾壯闊與複雜多變。較之於這段充滿驚濤駭浪的歷史，縱觀 62 本時憲書中的墨筆題記內容，卻安靜平淡的好似另一個時空。當然，中國近代歷史的這些特質，或許只是在我輩這些後世人，以今天的眼光回望過去，發出滄海桑田的慨歎時，才得以建構。真正發生過的歷史，或許永遠只以它自己的方式存在於時間深處。而我們所要做的，只是走近它，而不是爭論它。時間隱退了，歷史才能浮現。察知他所察知的，感受他所感受的，這是筆者在翻閱辨讀這位清代普通人所留下的日常生活記錄時，所採取的解讀策略。當然這種解讀策略與筆者在對時憲書的文本解讀時所採取的置身事外的立場是有所區別的。針對時憲書內容涵載的觀念世界之形式的解讀，需要一個置身事外的、保持距離的立場，才能夠對其做出結構性的概括；對記錄於時憲書中的日常生活進行細緻的解剖，則需要在一個感同身受的、理解他人之理解的內化層面，對觀念世界做具體而微的深描。

　　62 本時憲書中的記錄，以天爲單位，並非天天都有記錄，62 年約有 2 萬餘天，有記錄的天數過半，文字數量計爲十餘萬字。文字多載於曆書每頁宜忌欄目的留白處，如記錄文字較多，則寫在欄目以上的頁邊距處。出現記錄的頻率不一，通常的年份是幾乎天天記錄，從宣統朝開始，記錄日稀，甚至一年當中只有一兩條記錄，宣統四年（1912）正月二十二日記錄的「谷堆、谷墩酉時生」是最後一條記錄。曆書記錄中記下了百數十人的名字，唯獨沒有留下記錄者的名字。但好在普通人的名字不會和一些重要的歷史事件建立互相指涉的關聯，名字如張三也好，李四也罷，並不會對這本曆書呈現出的內容指陳有所左右，所以權且以「記錄者」來稱呼指代這位將自己的日常生活寫在時憲書上的清代人。記錄者所處地域，根據其經常提到的地名開封、獲嘉、衛輝等地，初步判斷應爲河南地區。又據其在咸豐五年六七月間曾記

錄親歷「張炳叛亂」事件，以及《新鄉縣志》中對咸豐五年張炳事件的記載，
〔註68〕可以斷定記錄者所在地爲河南新鄉。根據其記錄學生來爲母親祝壽以
及開課等內容可以斷定，記錄者的身份是鄉村教師。其所記錄的內容裏，沒
有故事類的情節記載，心情類的抒發也極少，議論性的文字更不多見。其所
記錄下的內容，主要由幾項天天、月月、年年都會出現的常規類記錄構成，
但正是常規性和穩定性更傾向於將內容固化爲某種方式浮現出來。所以，即
便是長達62年的記錄，也依然可以用幾個方面加以概括。〔註69〕

　　1. 對天的觀察和記錄是貫穿62年的主線，其中包括對天氣、旱澇災害和
異常天象的記錄。

　　（1）對天氣的記錄主要是對陰晴、雷電、雨雪、冷暖、風的記錄，並載
明天氣現象的具體時間，以下擇錄數條：

　　咸豐二年六月的記載除剃頭外，全爲天氣記錄：

　　初二日：有雨，雷電皆發。

　　初五日：雨二指。

　　初七日：正午大雨一犁，帶雷。

　　初八日：黎明大雨，透，水漲。

　　初九日：晴。

　　初十日：晴。

　　十一日：晴，水將落。剃頭。

　　十二日：雷雨一犁，水又漲。

　　十四日：雷雨交作。

　　十五日：午前晴，午後大雨□□，雷鼓其勢，電發其光，一夜雨淋漓至
晨時乃止，透之至。

　　十六日：晴。

　　十九日：水落。

　　二十日：雷雨不大。

〔註68〕「咸豐五年（1855）秋，聯莊會首領張炳等人，爲反對官府『土方加價』，於
龍泉寺聚眾萬餘人，殺傷差役，圍攻縣城。清庭派兵鎮壓，抗糧民眾被驅散，
張炳被捕遇害。」見《新鄉縣志》，三聯出版社1991年版，第12頁。

〔註69〕本章對國家圖書館藏《清四朝時憲書》中的墨筆題記內容的引用，文中正文
部分都有說明，所以不一一注釋出處，附錄二中摘錄《清四朝時憲書》的部
分墨筆題記內容，以作參照。

二十一日：又有小雨。

二十二日：水又漲。

二十三日：陰。

二十六日：午後大雨一陣，夜又大雨一陣。

二十七日：午前小雨，午後又雨，夜大雨，晨又雨，乃止。

二十九日：剃頭。

在其對天氣的觀察裏，尤以對雨的記錄最爲詳明，例如同治十三年六月二十九日：「五更有大雨二陣，縣街有四指雨，吳堂以北二指雨，洛塔灣一犁雨，劉莊營無雨。終日似陰，黃昏將滴雨點。」其指代雨的詞彙有：小雨、大雨、雷雨、細雨、雨點、白瀧雨、濛星雨等；描述雨量的詞有：一陣、一犁、四指、一濛等。在長年累月的天氣記錄中，一個逐漸發展出的趨勢是，記錄者常會以對天氣預測的口吻做記錄，例如「午後將丟雨星」、「黃昏將滴雨點」等。

（2）對異常天象的記錄，主要包括對日食、月食和日、雲、星的異常現象的記錄。

同治十三年五月二十七：見西北方有一星，白氣甚長。

同治十三年五月二十七：西北方白氣甚長之星，今不見矣。

光緒十五年正月初二日：巳刻日北有圈形如○；

光緒二十三年五月二十九日：初昏仰觀天上有一火光，大如碗口，自西南向東北而去。

大清宣統元年七月初八日：初昏西南方一大明星，一更天時正東方一大明星。

光緒二十七年九月十六日：十六日月食廿九秒，初虧亥正二刻一分，食甚夜子初一刻八分，復圓十七日子正一刻一分。

光緒二十七年十月上欄：初一日日食五分五秒，初虧申正初一刻十分，食甚申正二刻十三分，日入地平西初刻十分，帶食四分，復圓西初三刻四分，在地平下。

（3）對旱澇災害的記錄也尤爲詳細，以光緒四年夏秋間對洪水漲落的記錄爲例：

七月二十一日：水漲。

七月二十四日：水漲更大。

七月二十六日：水漸落。

七月二十九日：水停，不落不漲。

八月初二日：水又漸落。

九月十一日：黎明洪水忽漲。

九月十二日：自昨日至今日午刻，水勢漸停，離鋪門青石五寸三分，未曾流入。

九月十五日：水落七寸。

九月十六日：水復漲五寸。

九月十九日：水落甚緩。

九月二十八日：一日一夜水落分釐。

十月初十日：門前之水猶未落下。

對旱災的記錄裏有著不多見的心情表露：

同治十三年四月初一至十三日：自去年六月廿五日有雨後至今，絕無時雨之降，何天心之太忍也。旱既太甚，麥收甚薄，四方黎民皆怨天。

大清光緒三年六月十六：旱既太甚；七月：二麥未收，秋禾未種，雷雨不零，食從何供，甚可畏也。聞有種者，亦皆旱死；九月：時至九月，好雨未降，可畏之甚也。二麥未動，郊外一片盡是紅地。

大清光緒四年四月初九日：皇天猶有不忍人盡死之心。

在他對洪水的記錄裏，只有對水漲水落的觀察，但在對旱災的記錄裏，常伴有對求雨舉動的記錄，例如光緒二十六年（1900）六月初一至十三日欄上頁邊留白處書：「初二日聞六七個莊村人鳴鑼擊鼓，將雲夢山上廟宇一火盡焚，謂天不下雨，是萬仙閣有所阻隔。初九，日出日入，其色異常，誠如血色，人皆見之而驚畏，黃昏月色亦是紅的。初十、十一，日月之色亦然，晝夜全是朦朧之象，以後血色漸退。」大清宣統元年（1909）四月至五月的欄上頁邊留白處書：「旱既太甚，大路塵土有腳脖深。自去冬至今春，未有雪雨，二麥薄收，而子顆尚飽，天也。老婆們祈雨、東陽村祈雨、張家莊祈雨、寺王田莊等四莊祈雨、白馬村祈雨、郎公廟祈雨、東王村祈雨、城裏東街祈雨、縣南雨大可以播種，縣北雨小，有可播種者，有不可播種者。六月至七月：以前下的四方大小不勻，此處苗將槁矣。雨下透了，但嫌遲耳。以前旱的太甚，今日雲來即雨，又嫌下的太過了。」

「何天心之太忍也」、「四方黎民皆怨天」、「皇天猶有不忍人盡死之心」、

「二麥薄收，而子顆尚飽，天也」，在這樣對天的擬人化的記錄裏，有著記錄者極為少見的心情流露。從這樣的記錄中可知，天在記錄者的眼中，不但是一種擬人化的存在，而且是一種終極的解釋和標準。但對天的至高無上和主宰一切的認同，就其記錄內容而言，並非來自任何理論性的建構，而是來自一個鄉村人實實在在的靠天吃飯的生活需求。對天的觀察和記錄，首先與農作物的收成息息相關，「食從何出」的擔憂，讓其時刻保持著對天的觀察、記錄乃至預測；其次，「食從何出」端賴風調雨順。從而，在對天的觀察、記錄乃至預測中，把握天象運行的節律，將自己的日常生活納入其中，順時而動，就可以成為一種基本而有效的生存模式；最後，普通鄉村人的生活裏，沒有太多用以理解世界、解釋生活的理論性模式和文化類資源，於是會在日常生活最為本質的需求和最為常在的環境之相互依存中得出最為基本的理解與解釋模式。靠天吃飯的中國農民，在最基本的生存依賴中，建立起對天的信從，這樣的信從裏因其帶著無需證明的先驗性而成為中國鄉村人生活中，所有困厄的終極解釋，一句「天也」，足以釋然。

2. 對糧食價格的記錄。糧食的種類為麥、米、小米、黍、玉粱、黃豆、綠豆、紅高粱。全部記錄裏，與金錢相關的最多的記錄就是對糧食價格的記載。光緒四年（1878）春夏間的災荒，作者記錄：「四月十六日：放賑米，極貧三升半，次貧二升；五月初七日：放學賑，每人應該四升九合，余僅得了四升。」記錄者在經濟方面應該並不寬裕，但在記錄人際交往和私塾工作時，很少有錢財、花費、收入方面的記錄，可見，經濟方面或許窘迫，但對記錄者而言並不構成困擾。對糧價的關注，與其說是金錢方面的計量，毋寧說是對生存的擔憂。

3. 對科舉考試的記錄，包括院試、府試、縣試、擡榜等。記錄顯示，對每一次科舉考試，都有固定的關注點，一為主考官的到來和離去，二為記錄者自己和別人的名次。記錄者參加科舉考試的最好名次是大清同治六年十月參加文童縣場，共一百五十人，「黃昏擡榜，頭一名是呂蔭杞、第四名郭寶榮，第六名是我，第一百四名是劉貴。」與考試相關的記錄裏，沒有關於得失成敗的心情流露，此項記錄一直持續到光緒三十一年停罷科舉。

4. 對周圍親人、朋友、鄰居的出生、嫁娶、生病、死亡的記錄。如果死去之人的出生也曾在曆書上記錄，那麼他不但在該人死亡的這一天記上一筆，而且會在記錄該人出生的日期上，也做補充。如大清光緒二十七年十月

上欄書：「來冬十月初四日子正二刻生，至廿九年八月初三日殤了。」其中「至廿九年八月初三日殤了」，這一句是寫在一張狹小的字條上，然後貼在光緒二十七年十月頁面的空白處。這說明他將寫過的曆書都收藏起來，以備回顧翻檢並做補充。

5. 對生活類事項的記錄，包括剃頭、濯足、曬床、上梁、修牆、移火於外，換大夾襖、換大布衫等。其中很多生活類事項與曆書行事宜忌中的事項是完全重合的，比如記錄次數最多的剃頭，通常是在曆書中行事宜忌欄中已有的「剃頭」二字旁畫△。記錄顯示，他平均間隔 15～20 天剃一次頭。

6. 人際交往類的記錄裏，最為頻繁的是替人寫對、寫匾額、寫屏風、寫扇面、寫中堂、寫橫批，他甚至在曆書末頁，以畫圈的方式記錄整年裏替人寫過的扇面數量，但從未提到過報酬。此外還有請客、陪客、給人祝壽以及被人請去行成服禮等。

7. 時政類的記載裏有當地官員的上任、卸任，皇帝大婚、辦壽、駕崩，還有對太平天國、八國聯軍的記載。

8. 對農作物收割的記載。

9. 工作學習類記載，如上學、開課。記錄者的職業身份，通過其記載的學生為其母祝壽得以確定，但他對私塾教師工作相關的記載並不多，也同樣沒有提到過具體收入。

對除天以外的事項記錄，都非常簡單，常用幾個詞彙或一個句子完成，幾乎沒有長達數句的段落記載。兩個長達數百字的特例記錄，一是對其母病情的記載，一是與鄰居的一次涉及房產的官司糾葛。比較之下，許多近代史上的大事件，諸如太平天國、義和團、八國聯軍等，在記錄中都只是一筆帶過的道聽途說。有關西方的內容，更沒有在記錄中有任何展現。西方鐘點時間的引入，被認為是將中國納入到現代化歷程的一個重要舉措，其不僅在時間觀念方面，也在身體方面，型塑著中國人的現代性。〔註 70〕但這個表徵著西方的時間制度，在中國清末的鄉村，遠未達到如上海等現代化城市的普及程度。就這 62 本時憲書中的記錄而言，各種對天氣現象的記錄都寫明具體時間，但所用的時間表述概念多為：清晨、午時、飯罷、黃昏、張燈以及十二

〔註70〕相關研究可參見湛曉白：《時間的社會文化史：近代中國時間制度與觀念變遷研究》，社會科學文獻出版社 2013 年版；黃金麟：《歷史、身體、國家：近代中國的身體形成（1895～1937）》，新星出版社 2006 年版。

時辰裏的子丑寅卯等。即便是對日食、月食等精確至秒的時間記錄中依然用中國傳統的時辰表達。查閱所有的記錄內容，唯一的鐘點時刻記錄出現在光緒二十一年八月初七日：「選拔二場，十點鐘擂榜，縣學衛延齡選拔第一名」，「十點鐘」是記錄者在多年記錄當中，僅有的一次提到鐘點時刻。這說明，記錄者可以接觸到鐘錶，但卻沒有將其納入到自己的時間生活中，亦同樣沒有將之作爲概念引入到自己的時間觀念當中。這位清末的鄉村私塾教師依然生活在時憲書所定義下的時空之中，並以自己記錄於時憲書中的日常生活的循環性和周期性詮釋著時憲書最爲根本的性質，抑或是時憲書以其最爲根本的性質，規約著記錄者日常生活的循環性與周期性。記錄者的日常生活與時憲書的本質呈現，就這樣嵌合在一處，而彼此互釋。全部的記錄內容，從咸豐元年到宣統四年，幾乎沒有呈現出縱向上的任何變化、發展和流逝。在其62 年的記錄裏，唯一能夠察知變化、流逝的是其對自己十數位兒孫從出生、婚嫁到死亡的記錄。這位清代鄉村私塾教師的一生，從其記錄之展現而言，完全是程序化的、模式化的，上述筆者歸納出的 9 個方面的內容延展於其 62年的幾乎全部記錄裏。由是，我們可以在這種重複性和循環性當中，提煉某種結構化和模式化的元素，而這正是觀念世界的基本構成要素。

毫無疑問，在所有九個方面的記錄裏，對天的觀察和感知是最爲重要的部分，這大概是記錄者動筆記錄並堅持半個世紀而不輟的主要緣由。那麼，天究竟是以怎樣一種方式佔據了記錄者長達一生的關注呢？或許我們可以做一個想像和還原：天在記錄者腦海中的投影，構成了他全部生活的背景，由是，天成爲一個不需要證明、不需要質疑的理所當然的存在，對天的觀察記錄便是將自我納入其中，並據以開展生活的方式。對雨雪雷電、冷暖節氣的日復一日、年復一年、不厭其煩地重複記錄，與其說是記錄天氣，毋寧說是感知節律。在這位記錄者筆下展示出的一位清代鄉村人的日常生活裏，沒有觀念上的矛盾衝突，沒有情緒上的起伏跌宕，有的只是對天所調節下的自然節律的感知和順從，並在此種對重複性和規律性的適應中，建立起對時間流逝裏的一切的理所當然的、既來之則安之的接受。

這是在中國清代最後 60 年裏，一位中國鄉村人的生活方式和生活態度，由此關照出的觀念世界，在當時中國有多大程度的代表性和覆蓋率，或許我們可以以某種直觀量化的方式加以說明。做到這一點，需要將這個觀念世界與曆書勾連在一起，而證明此點的例證已經擺在面前。以上介紹的日常生活，

記載於時憲書中，不啻是一個清代人以個人日常生活的點滴事項爲時憲書之爲何物所做出的最佳注釋。則對於這位清代鄉村私塾教師記錄於時憲書上的日常生活的解讀，就是以一個具體而微的視角，對時憲書做出的進一步的解析與釋讀。記錄者觀念世界中以天爲依託的背景，和時憲書中以天行爲基礎的呈現，成爲將兩者嵌合於一處的共同前提。此種日常生活的重複性與規律性，與此前筆者在曆書中解讀出的關聯性、規律性、秩序性甚至保持著同步的時間節奏。易言之，將自己一生的日常生活的點滴事項，記錄於時憲書上，無論是就曆書所指涉的世界涵蓋其生活範疇，還是就曆書所規定的時間節律與其保持相同的節奏，都意味著兩者的同構性。因此，本章對清代曆書使用的研究，所觸及的正是清代國人的觀念世界。當然這位清末鄉村私塾教師在對時憲書的使用中，所呈現的觀念世界，並非可以完全複製到其他人對曆書的使用中。正如筆者此前所交代的，有關曆書的形式各異的使用方式裏，折射著諸如信奉鬼神、認知世界、寄託情感等諸多方面的元素。但所有這些曆書使用中所呈現的觀念世界，因其聚攏於曆書，又必然有著共性基礎，而此種共性基礎意味著個體觀念世界與曆書觀念世界的切合。以此，時憲書作爲清代人觀念世界的物質載體，以其巨大的發行數量，廣泛的使用層面，表徵著其所定義出的觀念世界，即便在一個激烈變革的年代裏，在思想家眾聲喧嘩的激蕩下，依然強固而靜默地存在於中國人的日常生活中，並以一種應用而不被察知的方式，型塑、規約、影響著其所能承載的一切內容。

以上對曆書的解讀可以說是對其所承載的觀念世界的再現，而對曆書使用的闡明，則是此種觀念世界在具體語境中的浮現，對曆書的解讀和對曆書使用的闡明，兩者互爲解說，在從文本解讀到語境使用的立體化空間，共同定義界說曆書所呈現的觀念世界。

結　語

　　本文對清代曆書的研究，以現存大量清代曆書爲起點，以回溯這些曆書
的來龍去脈爲切入點，旨在「從文獻梳理出意義，在故紙堆中探索其與周遭
世界的關聯，在文本與其文義格局之間來回穿梭，直到清出一條通路穿越陌
生的心靈世界。」〔註1〕易言之，對清代人觀念世界的呈現是本文以清代曆書
爲媒介，對之進行研究所力圖企及的領域。

　　然而，觀念世界的不可化約性，使得筆者在結語中很難對藉由清代曆書
以呈現的觀念世界做出斬釘截鐵的結論。正如格爾茲所言「社會，如同生活，
包含了其自身的解釋。」觀念世界亦然。觀念世界在其藉由曆書的種種呈現
中，便已然包含了其關於自身的解釋。當然，從研究者與其研究對象之關係
的客體化要求而言，仍需首先檢討筆者與本文論述之間的關係爲何。毋庸置
疑，通過對清代曆書的諸多論述去呈現彼時國人的觀念世界，是筆者基於個
人因素的主觀建構。那麼，對曆書的諸多論述是否呈現了觀念世界，觀念世
界即便有所呈現，其中又是否包含了其關於自身的解釋。質言之，這樣經過
主觀建構而得出的論述，在多大程度上貼近眞實，雖無法拿出確鑿的曾經來
檢驗，但卻可以通過論述的解釋有效性來證明。而解釋有效性得以彰顯，既
要落實於筆者在此基礎上展開的進一步研究，更有待於客觀的回應。

　　本文以清代曆書爲主題的研究，便是力圖呈現清代國人的觀念世界。觀
念世界之於曆書，又並非只是一種簡單的曆書內容的再現，即觀念世界不等
同於曆書的內容。從而，將本文的研究主題清代曆書置於書籍史的研究框架
中，實則是爲解讀曆書搭建不同的語境空間，並在循迹曆書的編製改定、出
版流佈以至解讀使用的層層遞進中，呈現可以對曆書進行「深描」的意義網

〔註1〕【美】羅伯特・達恩頓著、呂健忠譯：《屠貓記・法國文化史鈎沈》，第4頁。

絡，進而在其中獲得曆書相對於編製者、改定者、頒行者、販賣者、解讀者、使用者之為何物的解說，並於此解說中讓觀念世界浮現出來言明自身。即觀念世界與其說體現於曆書的文字內容，毋寧說體現於曆書在具體的語境空間中建立意義鏈接的模式。但置曆書於其中的語境空間的可轉換性，又意味建立意義鏈接模式在某種程度上的不確定性。那麼，觀念世界就並非是某種已經陳列好的建築，等著我們去發現，它更其是一種構成元素和反應機制的組合。所以，以曆書為媒介對觀念世界的再現，在提煉其構成元素，陳明其反應機制的同時，必須承認，在其構成元素與反應機制之間，存在著多種組合的可能。在對曆書的分析中可以發現，相同的元素、相同的反映機制，有可能排列出不同的組合。正如曆書中「天」的概念，在國家政治倫理的層面，意味正統性與合法性，而在日常生活的層面，則衍陳出鬼神的靈驗，前者源自傳統的理論建構，後者發自實用的生活策略。而曆書作為書籍，又體現出以編製、頒行到使用為表現形式的社會運行與社會互動，這意味著觀念世界仍有其自身社會學層面的影響機制在發揮調節作用。這也意味著，在將社會學層面的社會運行機制與社會互動模式納入清代曆書研究之前，僅僅在歷史的人類學模式中企及對觀念世界的把握，可能是一個沒有窮盡的過程，恰如本文對曆書眾多的沒有答案的追問。

因此，本文對清代曆書的研究，僅僅是一個開端，觀念世界之呈現，就本文論述而言，亦僅僅是若隱若現的冰山一角。本文有關曆書的研究限於清代，但曆書的歷史遠未隨清代的終結戛然而止，仍有如下問題接續而來：曆書在清末以及民國年間的遷演，傳統曆書之為老皇曆在民國年間的遭遇，民國政府以改正朔之形式對曆書的利用，對於觀念世界而言，意味著什麼？在曆書全面退出中國的政治領域，失去在人們生活中的日常性與普遍性之後，那些曾經延展於其中的理解、認知模式、那些據此而來的生活方式、生活態度，是就此煙消雲散了，還是游離於別處？而在無所不在的時間計量當中，在擁擠不堪的時間安排當中，在唯恐不及地與時間的賽跑當中，抑或是在無所事事的時間消磨當中，現代人又是如何在此種時間對待之中，理解與感知存在的？上述諸多疑問，與其說是接續本文研究而來，毋寧說是就此推導出本文的論述。對異質觀念世界的諸多訝異和不解，那其中浮現的正是我們自己的觀念世界。正如我們常常通過界定他者來確知自我那樣，上述諸多疑問的釋然，或許可以在求得對異質觀念世界的理解和把握中獲得。

附錄一　現存清代曆書書目

　　現存清代曆書，主要收錄在中國各地及海外的圖書館、高校及相關研究單位，還有一部分收藏在個人手中。收錄在中國各地及海外的圖書館、高校及相關研究單位的曆書信息，主要通過查閱各種古籍書目〔註1〕、相關研究論文〔註2〕及網絡書目檢索系統〔註3〕獲取，以表格形式列出。

〔註 1〕古籍書目主要包括：中國古籍善本書目編輯委員會編《中國古籍善本書目》，上海古籍出版社 1996 年版；北京圖書館普通古籍組編《北京圖書館普通古籍總目》，北京：書目文獻出版社 1990 年版。

〔註 2〕黃一農：《通書——中國傳統天文與社會的交融》，《社會天文學史十講》，復旦大學出版社 2004 年版，第 270〜311 頁；Richard J.Smith，"A Note on Qing Dynasty Calendars" late Imperial China，9.1（1988），pp.123〜145。

〔註 3〕網絡檢索系統主要包括：學院汲古——高校古文獻特色庫、中國國家圖書館古籍導航、中國臺灣圖書臺北分館書目檢索、中國歷代典籍總目。

中國各地及海外圖書館、高校、相關研究單位收藏清代曆書書目

年　份	曆書名稱〔註4〕	編者、出版責任者及版本類別〔註5〕	收藏地〔註6〕
1644 年	大清順治元年歲次甲申時憲曆	清順治刻本	山圖〔註7〕
	大清順治元年七政經緯躔度時憲書	清順治刻本	故圖
1645 年	大清順治二年歲次乙酉時憲曆	清順治刻本	故圖
	大清順治二年七政經緯躔度時憲書	清順治刻本	故圖
1646 年	大清順治三年歲次丙戌時憲曆（沈曾植、王秉恩、陳垣跋）	清順治刻本	國圖
	大清順治三年七政經緯躔度時憲書	清順治刻本	故圖
1647 年	大清順治四年歲次丁亥時憲曆	清順治刻本	山圖
	大清順治四年七政經緯躔度時憲書	清順治刻本	故圖
1648 年	大清順治五年歲次戊子時憲曆	清順治刻本	山圖
	大清順治五年歲次戊子時憲曆	清順治內府抄本	故圖
	大清順治五年七政經緯躔度時憲書	清順治刻本	故圖
1649 年	大清順治六年歲次己丑時憲曆	清順治刻本	山圖
	大清順治六年七政經緯躔度時憲書	順治刻本	故圖

〔註4〕本表按年序收錄從 1644 年至 1911 年的曆書，相同年份收錄不同種類的曆書，同年同類曆書收錄不同版本。

〔註5〕本表收集的曆書信息來自不同渠道，包括不同的古籍書目、網絡檢索系統及相關研究論文，藉此獲取的某些曆書信息並未完全涵蓋本表列出的事項，因此相關信息有的可見，有的不可見，且因無法對所列出的曆書一一翻閱核對，故編者、出版責任者及版本類別的相關信息未能全部列出，特此說明。

〔註6〕本表收錄的曆書藏於中國大陸、臺灣及英國、法國、美國的圖書館、博物館及研究所，收藏地具體名稱如下：中國國家圖書館（國圖）、故宮博物院圖書館（故圖）、北京市天文館（北天）、中共北京市委圖書館（中北委圖）、中國科學院自然科學史研究所（中科自然）、中國科學院國家科學圖書館（中科國家）、中國歷史博物館（中歷博館）、北京市文物局（北市文局）、北京大學圖書館（北大）、人民大學圖書館（人大）、北京師範大學圖書館（北師大）、南開大學圖書館（南開）、山東省圖書館（山圖）、四川省圖書館（四圖）、上海圖書館（上圖）、北京市文物局（北市文局）、河南省社會科學院圖書館（河南省社）、雲南大學圖書館（雲大）、中國臺灣圖書館（臺灣）、法國國家圖書館（法國）、大英博物館（英國）、倫敦大學亞非學院（倫敦）、美國國會圖書館（美國）、哈佛大學（哈佛）、荷蘭萊頓大學（萊頓大學）。如果同年同類且版本相同的曆書藏於多處，則表中只列一處收藏地。

〔註7〕表中館藏地均為簡稱，全稱見注釋⑥。

1650 年	大清順治七年歲次庚寅時憲曆	清順治刻本	山圖
	大清順治七年歲次庚寅時憲曆	清順治內府抄本	故圖
	大清順治七年七政經緯躔度時憲書	清順治刻本	故圖
1651 年	大清順治八年歲次辛卯時憲曆	清順治刻本	山圖
	大清順治八年歲次辛卯時憲曆	清順治內府抄本	故圖
	大清順治八年七政經緯躔度時憲書	清順治刻本	故圖
1652 年	大清順治九年歲次壬辰時憲曆	清順治刻本	山圖
	大清順治九年歲次壬辰時憲曆	清順治內府抄本	故圖
	大清順治九年七政經緯躔度時憲書	清順治刻本	故圖
	官頒曆書		法國
1653 年	大清順治十年歲次癸巳時憲曆	清順治刻本	山圖
	大清順治十年歲次癸巳時憲曆	清順治內府抄本	故圖
	大清順治十年七政經緯躔度時憲書	清順治刻本	故圖
1654 年	大清順治十一年歲次甲午時憲曆	清順治刻本	山圖
	大清順治十一年歲次甲午時憲曆	清順治內府抄本	故圖
	大清順治十一年七政經緯躔度時憲書	清順治刻本	故圖
1655 年	大清順治十二年歲次乙未時憲曆	清順治刻本	山圖
	大清順治十二年歲次乙未時憲曆	清順治內府抄本	故圖
	大清順治十二年七政經緯躔度時憲書	清順治刻本	故圖
1656 年	大清順治十三年歲次丙申時憲曆	清順治刻本	山圖
	大清順治十三年歲次丙申時憲曆	清順治內府抄本	故圖
	大清順治十三年七政經緯躔度時憲書	清順治刻本	故圖
1657 年	大清順治十四年歲次丁酉時憲曆	清順治刻本	山圖
	大清順治十四年歲次丁酉時憲曆	清順治內府抄本	故圖
	大清順治十四年七政經緯躔度時憲書	清順治刻本	故圖
1658 年	大清順治十五年歲次戊戌時憲曆	清順治刻本	國圖
	大清順治十五年七政經緯躔度時憲書	清順治刻本	故圖
1659 年	大清順治十六年歲次己亥時憲曆	清順治刻本	山圖
	大清順治十六年歲次己亥時憲曆	清順治內府抄本	故圖
	大清順治十六年七政經緯躔度時憲書	清順治刻本	故圖

1660 年	大清順治十七年歲次庚子時憲曆	清順治刻本	山圖
	大清順治十七年歲次庚子時憲曆	清順治內府抄本	故圖
	大清順治十七年七政經緯躔度時憲書	清順治刻本	故圖
1661 年	大清順治十八年歲次辛丑時憲曆	清順治刻本	山圖
	大清順治十八年七政經緯躔度時憲書	清順治刻本	故圖
1662 年	大清康熙元年歲次壬寅時憲曆	清順治十八年刻本	故圖
1663 年	大清康熙二年歲次癸卯時憲曆	清康熙刻本	故圖
1664 年	大清康熙三年歲次甲辰時憲曆	清康熙刻本	故圖
1665 年	大清康熙四年歲次乙巳時憲曆	清康熙刻本	故圖
1666 年	大清康熙五年歲次丙午時憲曆	清康熙刻本	故圖
	大清康熙五年七政經緯躔度時憲曆	清康熙刻本	故圖
1667 年	大清康熙六年歲次丁未時憲曆	清康熙刻本	故圖
	大清康熙六年七政經緯躔度時憲曆	清康熙刻本	故圖
1668 年	大清康熙七年歲次戊申時憲曆	清康熙刻本	故圖
	大清康熙七年七政經緯躔度時憲曆	清康熙刻本	故圖
1669 年	大清康熙八年歲次己酉時憲曆	清康熙刻本	故圖
	大清康熙八年七政經緯躔度時憲曆	清康熙刻本	故圖
1670 年	大清康熙九年歲次庚戌時憲曆	清康熙刻本	故圖
	大清康熙九年七政經緯躔度時憲曆	清康熙刻本	故圖
	官頒曆書		美國
1671 年	大清康熙十年歲次辛亥時憲曆	清康熙刻本	故圖
	大清康熙十年七政經緯躔度時憲曆	清康熙刻本	故圖
	官頒曆書（南明大統曆）		英國
1672 年	大清康熙十一年歲次壬子時憲曆	清康熙刻本	故圖
	大清康熙十一年歲次壬子時憲曆	清康熙內府朱墨抄本	故圖
	大清康熙十一年七政經緯躔度時憲曆	清康熙刻本	故圖
1673 年	大清康熙十二年歲次癸丑時憲曆	清康熙刻本	故圖
	大清康熙十二年歲次癸丑時憲曆	清康熙內府朱墨抄本	故圖
	大清康熙十二年七政經緯躔度時憲曆	清康熙刻本	故圖
1674 年	大清康熙十三年歲次甲寅時憲曆	清康熙刻本	故圖
	大清康熙十三年歲次甲寅時憲曆	清康熙內府朱墨抄本	故圖
	大清康熙十三年七政經緯躔度時憲曆	清康熙刻本	故圖

1675 年	大清康熙十四年歲次乙卯時憲曆	清康熙刻本	上圖
	大清康熙十四年歲次乙卯時憲曆	清康熙內府朱墨抄本	故圖
	大清康熙十四年七政經緯躔度時憲曆	清康熙刻本	故圖
1676 年	大清康熙十五年歲次丙辰時憲曆	清康熙刻本	國圖
	大清康熙十五年歲次丙辰時憲曆	清康熙內府朱墨抄本	故圖
	大清康熙十五年七政經緯躔度時憲曆	清康熙刻本	故圖
1677 年	大清康熙十六年歲次丁巳時憲曆	清康熙內府朱墨抄本	故圖
	大清康熙十六年七政經緯躔度時憲曆	清康熙刻本	故圖
1678 年	大清康熙十七年歲次戊午時憲曆	清康熙刻本	故圖
	大清康熙十七年歲次戊午時憲曆	清康熙內府朱墨抄本	故圖
	大清康熙十七年七政經緯躔度時憲曆	清康熙刻本	故圖
1679 年	大清康熙十八年歲次己未時憲曆	清康熙刻本	國圖
	大清康熙十八年歲次己未時憲曆	清康熙內府朱墨抄本	故圖
	大清康熙十八年歲次己未時憲曆	清抄本	故圖
	大清康熙十八年七政經緯躔度時憲曆	清康熙刻本	故圖
1680 年	大清康熙十九年歲次庚申時憲曆	清康熙內府朱墨抄本	故圖
	大清康熙十九年歲次庚申時憲曆	清康熙內府抄本（龔心釗跋）	故圖
	大清康熙十九年七政經緯躔度時憲曆	清康熙刻本	故圖
	官頒曆書（滿文）		法國
1681 年	大清康熙二十年歲次辛酉時憲曆	清康熙內府朱墨抄本	故圖
	大清康熙二十年七政經緯躔度時憲曆	清康熙刻本	故圖
1682 年	大清康熙二十一年歲次壬戌時憲曆	康熙內府朱墨抄本	故圖
	大清康熙二十一年七政經緯躔度時憲曆	清康熙刻本	故圖
	大清康熙二十一年歲次壬戌月五星淩犯時憲曆	清康熙欽天監朱墨抄本	故圖
1683 年	大清康熙二十二年歲次癸亥時憲曆	清康熙內府朱墨抄本	故圖
	大清康熙二十二年七政經緯躔度時憲曆	清康熙刻本	故圖
	大清康熙二十二年歲次癸亥月五星淩犯時憲曆	清康熙欽天監朱墨抄本	故圖

1684年	大清康熙二十三年歲次甲子時憲曆	清康熙刻本	故圖
	大清康熙二十三年歲次甲子時憲曆	清康熙內府朱墨抄本	故圖
	大清康熙二十三年七政經緯躔度時憲曆	清康熙刻本	故圖
	大清康熙二十三年歲次甲子月五星淩犯時憲曆	清康熙欽天監朱墨抄本	故圖
1685年	大清康熙二十四年歲次乙丑時憲曆	清康熙刻本	中北委圖
	大清康熙二十四年歲次乙丑時憲曆	清康熙內府朱墨抄本	故圖
	大清康熙二十四年七政經緯躔度時憲曆	清康熙刻本	故圖
	大清康熙二十四年歲次乙丑月五星淩犯時憲曆	清康熙欽天監朱墨抄本	故圖
1686年	大清康熙二十五年歲次丙寅時憲曆	清康熙刻本	故圖
	大清康熙二十五年歲次丙寅時憲曆	清康熙內府朱墨抄本	故圖
	大清康熙二十五年七政經緯躔度時憲曆	清康熙刻本	故圖
	大清康熙二十五年歲次丙寅月五星淩犯時憲曆	清康熙欽天監朱墨抄本	故圖
1687年	大清康熙二十六年七政經緯躔度時憲曆	清康熙刻本	故圖
	大清康熙二十六年歲次丁卯月五星淩犯時憲曆	清康熙欽天監朱墨抄本	故圖
1688年	大清康熙二十七年歲次戊辰時憲曆	清康熙刻本	故圖
	大清康熙二十七年歲次戊辰時憲曆	清康熙內府朱墨抄本	故圖
	大清康熙二十七年七政經緯躔度時憲曆	清康熙刻本	故圖
	大清康熙二十七年歲次戊辰月五星淩犯時憲曆	清康熙欽天監朱墨抄本	故圖
1689年	大清康熙二十八年歲次己巳時憲曆	清康熙內府朱墨抄本	故圖
	大清康熙二十八年七政經緯躔度時憲曆	清康熙刻本	故圖
	大清康熙二十八年歲次己巳月五星淩犯時憲曆	清康熙欽天監朱墨抄本	故圖
1690年	大清康熙二十九年歲次庚午時憲曆	清康熙內府朱墨抄本	故圖
	大清康熙二十九年七政經緯躔度時憲曆	清康熙刻本	故圖
	大清康熙二十九年歲次庚午月五星淩犯時憲曆	清康熙欽天監朱墨抄本	故圖
	民間曆書〔註8〕		英國

〔註8〕這本藏於大英博物館的民間曆書爲現存清代最早的民間曆書，據黃一農記載此書名爲《康熙二十九年庚午日用集福通書》，曾呈祥編著，見黃一農：《通

1691 年	大清康熙三十年歲次辛未時憲曆	清康熙內府朱墨抄本	故圖
	大清康熙三十年七政經緯躔度時憲曆	清康熙刻本	故圖
	大清康熙三十年歲次辛未月五星淩犯時憲曆	清康熙欽天監朱墨抄本	故圖
	民間曆書〔註9〕		英國
1692 年	大清康熙三十一年歲次壬申時憲曆	清康熙刻本	四圖
	大清康熙三十一年歲次壬申時憲曆	清康熙內府朱墨抄本	故圖
	大清康熙三十一年歲次壬申月五星淩犯時憲曆	清康熙欽天監朱墨抄本	故圖
1693 年	大清康熙三十二年歲次癸酉時憲曆	清康熙刻本	四圖
	大清康熙三十二年歲次癸酉時憲曆	清康熙內府朱墨抄本	故圖
	大清康熙三十二年歲次癸酉月五星淩犯時憲曆	清康熙欽天監朱墨抄本	故圖
1694 年	大清康熙三十三年歲次甲戌時憲曆	清康熙刻本	四圖
	大清康熙三十三年歲次甲戌時憲曆	清康熙內府朱墨抄本	故圖
	大清康熙三十三年歲次甲戌月五星淩犯時憲曆	清康熙欽天監朱墨抄本	故圖
1695 年	大清康熙三十四年歲次乙亥時憲曆	清康熙內府朱墨抄本	故圖
	大清康熙三十四年歲次乙亥月五星淩犯時憲曆	清康熙欽天監朱墨抄本	故圖
1696 年	大清康熙三十五年歲次丙子時憲曆	清康熙內府朱墨抄本	故圖
	大清康熙三十五年歲次丙子月五星淩犯時憲曆	清康熙欽天監朱墨抄本	故圖
1697 年	大清康熙三十六年歲次丁丑時憲曆	清康熙刻本	四圖
	大清康熙三十六年歲次丁丑時憲曆	清康熙內府朱墨抄本	故圖
	大清康熙三十六年歲次丁丑月五星淩犯時憲曆	清康熙欽天監朱墨抄本	故圖
1698 年	大清康熙三十七年歲次戊寅時憲曆	清康熙內府朱墨抄本	故圖
	大清康熙三十七年歲次戊寅月五星淩犯時憲曆	清康熙欽天監朱墨抄本	故圖
	民間曆書		英國

　　　　書——中國傳統天文與社會的交融》，《社會天文學史十講》，第 283～284 頁。
〔註 9〕該書名為《康熙三十年歲次辛未六螭集七政便覽通書》，見黃一農：《通書——
　　　　中國傳統天文與社會的交融》，《社會天文學史十講》，第 284 頁。

1699 年	大清康熙三十八年歲次己卯時憲曆	清康熙刻本	四圖
	大清康熙三十八年歲次己卯時憲曆	清康熙內府朱墨抄本	故圖
	大清康熙三十八年歲次己卯月五星凌犯時憲曆	清康熙欽天監朱墨抄本	故圖
1700 年	大清康熙三十九年歲次庚辰時憲曆	清康熙刻本	北市文局
	大清康熙三十九年歲次庚辰時憲曆	清康熙內府朱墨抄本	故圖
	大清康熙三十九年歲次庚辰月五星凌犯時憲曆	清康熙欽天監朱墨抄本	故圖
1701 年	大清康熙四十年歲次辛巳時憲曆	清康熙內府朱墨抄本	故圖
	大清康熙四十年歲次辛巳月五星凌犯時憲曆	清康熙欽天監朱墨抄本	故圖
1702 年	大清康熙四十一年歲次壬午時憲曆	清康熙刻本	故圖
	大清康熙四十一年歲次壬午時憲曆	清康熙內府朱墨抄本	故圖
	大清康熙四十一年歲次壬午時憲曆	清康熙內府抄本	故圖
	大清康熙四十一年七政經緯躔度時憲曆	清康熙刻本	故圖
	民間曆書		英國
1703 年	大清康熙四十二年歲次癸未時憲曆	清康熙刻本	故圖
	大清康熙四十二年歲次癸未時憲曆	清康熙內府朱墨抄本	故圖
	大清康熙四十二年七政經緯躔度時憲曆	清康熙刻本	故圖
	官頒曆書		英國
1704 年	大清康熙四十三年歲次甲申時憲曆	清康熙內府朱墨抄本	故圖
	大清康熙四十三年七政經緯躔度時憲曆	清康熙刻本	故圖
1705 年	大清康熙四十四年歲次乙酉時憲曆	清康熙刻本	山圖
	大清康熙四十四年歲次乙酉時憲曆	清康熙內府朱墨抄本	故圖
	大清康熙四十四年七政經緯躔度時憲曆	清康熙刻本	故圖
1706 年	大清康熙四十五年歲次丙戌時憲曆	清康熙內府朱墨抄本	故圖
	大清康熙四十五年七政經緯躔度時憲曆	清康熙刻本	故圖
1707 年	大清康熙四十六年歲次丁亥時憲曆	清康熙內府朱墨抄本	故圖
	大清康熙四十六年七政經緯躔度時憲曆	清康熙刻本	故圖
1708 年	大清康熙四十七年歲次戊子時憲曆	清康熙刻本	國圖
	大清康熙四十七年歲次戊子時憲曆	清康熙內府朱墨抄本	故圖
	大清康熙四十七年七政經緯躔度時憲曆	清康熙刻本	故圖

1709 年	大清康熙四十八年歲次己丑時憲曆	清康熙內府朱墨抄本	故圖
	大清康熙四十八年七政經緯躔度時憲曆	清康熙刻本	故圖
1710 年	大清康熙四十九年歲次庚寅時憲曆	清康熙內府朱墨抄本	故圖
	大清康熙四十九年七政經緯躔度時憲曆	清康熙刻本	故圖
1711 年	大清康熙五十年歲次辛卯時憲曆	清康熙內府朱墨抄本	故圖
	大清康熙五十年七政經緯躔度時憲曆	清康熙刻本	故圖
	官頒曆書		法國
1712 年	大清康熙五十一年七政經緯躔度時憲曆	清康熙刻本	故圖
1713 年	大清康熙五十二年七政經緯躔度時憲曆	清康熙刻本	故圖
1714 年	大清康熙五十三年歲次甲午時憲曆	清康熙刻本	國圖
	大清康熙五十三年七政經緯躔度時憲曆	清康熙刻本	故圖
1715 年	大清康熙五十四年七政經緯躔度時憲曆	清康熙刻本	故圖
	大清康熙五十四年歲次乙未七政經緯宿度五星伏見目錄	清康熙刻本	國圖
	官頒曆書		法國
1716 年	大清康熙五十五年七政經緯躔度時憲曆	清康熙刻本	故圖
	大清康熙五十五年歲次丙申便覽全備通書	清康熙刻本（清張友峰輯）	國圖
1717 年	大清康熙五十六年七政經緯躔度時憲曆	清康熙刻本	故圖
1718 年	大清康熙五十七年歲次戊戌時憲曆	清康熙內府朱墨抄本	故圖
	大清康熙五十七年七政經緯躔度時憲曆	清康熙刻本	故圖
1719 年	大清康熙五十八年七政經緯躔度時憲曆	清康熙刻本	故圖
	官頒曆書		美國
1720 年	大清康熙五十九年七政經緯躔度時憲曆	清康熙刻本	故圖
1721 年	大清康熙六十年歲次辛丑時憲曆	清康熙內府朱墨抄本	故圖
	大清康熙六十年七政經緯躔度時憲曆	清康熙刻本	故圖
1722 年	大清康熙六十一年歲次壬寅時憲曆	清康熙刻本	國圖
	大清康熙六十一年歲次壬寅時憲曆	清康熙內府朱墨抄本	故圖
1723 年	大清雍正元年歲次癸卯月五星淩犯時憲曆	清康熙內府朱墨抄本	故圖

1724 年	大清雍正二年歲次甲辰時憲曆	清雍正刻套印本	故圖
	大清雍正二年歲次甲辰時憲曆	清雍正內府抄本	故圖
	大清雍正二年歲次甲辰便覽溪口通書	清雍正刻本	國圖
1725 年	大清雍正三年歲次乙巳時憲曆	清雍正刻套印本	故圖
	大清雍正三年七政經緯躔度時憲曆	清雍正內府抄本	故圖
1726 年	大清雍正四年歲次丙午時憲曆	清雍正刻套印本	故圖
	大清雍正四年七政經緯躔度時憲曆	清雍正內府抄本	故圖
1727 年	大清雍正五年歲次丁未時憲曆	清雍正刻套印本	故圖
	大清雍正五年歲次丁未時憲曆	清雍正欽天監朱墨抄本	故圖
	大清雍正五年七政經緯躔度時憲曆	清雍正內府刻本	故圖
	大清雍正五年七政經緯躔度時憲曆	清雍正內府抄本	故圖
1728 年	大清雍正六年歲次戊申時憲曆	清雍正刻套印本	故圖
	大清雍正六年七政經緯躔度時憲曆	清雍正內府抄本	故圖
	大清雍正六年歲次戊申月五星凌犯時憲曆	清雍正欽天監朱墨抄本	故圖
1729 年	大清雍正七年歲次己酉時憲曆	清雍正刻套印本	故圖
	大清雍正七年歲次己酉時憲曆	清雍正內府朱墨抄本	故圖
	大清雍正七年七政經緯躔度時憲曆	清雍正內府抄本	故圖
1730 年	大清雍正八年歲次庚戌時憲曆	清雍正刻套印本	故圖
	大清雍正八年歲次庚戌時憲曆	清雍正刻本	河南省社
	大清雍正八年七政經緯躔度時憲曆	清雍正內府抄本	故圖
	大清雍正八年歲次庚戌月五星凌犯時憲曆	清雍正內府朱墨抄本	故圖
1731 年	大清雍正九年歲次辛亥時憲曆	清雍正刻套印本	國圖
	大清雍正九年歲次辛亥時憲曆	清雍正欽天監朱墨抄本	故圖
	大清雍正九年七政經緯躔度時憲曆	清雍正刻本	故圖
	大清雍正九年七政經緯躔度時憲曆	清雍正內府抄本	故圖
1732 年	大清雍正十年歲次壬子時憲曆	清雍正刻套印本	故圖
	大清雍正十年歲次壬子時憲曆	清雍正欽天監朱墨抄本	故圖
	大清雍正十年七政經緯躔度時憲曆	清雍正抄本	故圖

1733 年	大清雍正十一年歲次癸丑時憲曆	清雍正刻套印本	國圖
	大清雍正十一年七政經緯躔度時憲曆	清雍正刻本	故圖
	大清雍正十一年歲次癸丑月五星淩犯時憲曆	清雍正欽天監朱墨抄本	故圖
1734 年	大清雍正十二年歲次甲寅時憲曆	清雍正刻套印本	故圖
	大清雍正十二年歲次甲寅時憲曆	清雍正內府抄本	故圖
1735 年	大清雍正十三年歲次乙卯時憲曆	清雍正刻套印本	故圖
	大清雍正十三年歲次乙卯時憲曆	清雍正欽天監朱墨抄本	故圖
	大清雍正十三年七政經緯躔度時憲曆	清雍正刻本	故圖
	官頒曆書		法國
1736 年	大清乾隆元年七政經緯躔度時憲書	清雍正十三年內府刻本	故圖
	大清乾隆元年中星更錄（以前沒有）	清乾隆內府抄本	故圖
	官頒曆書		英國
1737 年	大清乾隆二年中星更錄	清乾隆內府抄本	故圖
1738 年			
1739 年	大清乾隆四年歲次己未七政經緯宿度五星伏見目錄	清乾隆刻本	國圖
	官頒曆書		法國
1740 年	大清乾隆五年歲次庚申時憲書		中科國家
	官頒曆書		法國
1741 年	大清乾隆六年歲次辛酉月五星相距時憲書	清乾隆欽天監朱墨抄本	故圖
1742 年	大清乾隆七年歲次壬戌時憲書	清乾隆欽天監朱墨抄本	故圖
	大清乾隆七年中星更錄	清乾隆內府抄本	故圖
1743 年	大清乾隆八年中星更錄	清乾隆內府抄本	故圖
1744 年			
1745 年	大清乾隆十年歲次乙丑時憲書	清乾隆刻本	國圖
	官頒曆書		美國
1746 年			
1747 年	大清乾隆十二年歲次丁卯時憲書		國圖
	大清乾隆十二年歲次丁卯月五星相距時憲書	清乾隆欽天監朱墨抄本	故圖

1748 年	大清乾隆十三年歲次丁卯月五星相距時憲書	清乾隆欽天監朱墨抄本	故圖
1749 年			
1750 年	大清乾隆十五年中星更錄	清乾隆內府抄本	故圖
1751 年	大清乾隆十六年七政經緯躔度時憲書	清乾隆刻本	故圖
1752 年			
1753 年	大清乾隆十八年歲次癸酉時憲書	朱墨套印本	臺灣
1754 年			
1755 年	大清乾隆二十年歲次壬午時憲書		國圖
1756 年	大清乾隆二十一年歲次丙子時憲書	朱墨套印本	臺灣
1757 年	大清乾隆二十二年歲次丁丑時憲書	清乾隆內府抄本	故圖
1758 年	大清乾隆二十三年歲次戊寅時憲書	清乾隆刻套印本	國圖
1759 年	大清乾隆二十四年歲次己卯時憲書	朱墨套印本	臺灣
1760 年	大清乾隆二十五年歲次庚辰時憲書	清乾隆刻套印本	人大
1761 年			
1762 年	大清乾隆二十七年歲次壬午時憲書	清乾隆刻套印本	國圖
	大清乾隆二十七年中星更錄	清乾隆內府抄本	故圖
1763 年			
1764 年	大清乾隆二十九年中星更錄	清乾隆內府抄本	故圖
	大清乾隆二十九年歲次甲申時憲書	刻本	北師大
1765 年	大清乾隆三十年歲次乙酉時憲書	清乾隆刻本	南開
1766 年	大清乾隆三十一年歲次丙戌時憲書	朱墨套印本	臺灣
1767 年			
1768 年	大清乾隆三十三年歲次戊子時憲書	朱墨套印本	臺灣
	官頒曆書		法國
1769 年	大清乾隆三十四年歲次己丑時憲書	朱墨套印本	臺灣
	官頒曆書（兩個版本）		法國
1770 年	大清乾隆三十五年歲次庚寅時憲書	清乾隆刻套印本	中歷博館
1771 年	大清乾隆三十六年中星更錄	清乾隆內府抄本	故圖
1772 年	大清乾隆三十七年歲次壬辰時憲書	清乾隆刻套印本	國圖

1773 年	大清乾隆三十八年歲次癸巳月五星相距時憲書	清乾隆欽天監朱墨抄本	故圖
	大清乾隆三十八年中星更錄	清乾隆內府抄本	故圖
	官頒曆書（墨筆題記）		美國
1774 年	官頒曆書		美國
1775 年	大清乾隆四十年中星更錄	清乾隆內府抄本	故圖
	官頒曆書		美國
1776 年	大清乾隆四十一年中星更錄	清乾隆內府抄本	故圖
1777 年	大清乾隆四十二年歲次丁酉時憲書	清乾隆刻本	上圖
	大清乾隆四十二年歲次丁酉時憲書	清乾隆刻套印本	國圖
	官頒曆書		法國
	官頒曆書		美國
1778 年	大清乾隆四十三年歲次戊戌時憲書	清乾隆刻套印本	國圖
	官頒曆書		美國
	官頒曆書		哈佛
1779 年	大清乾隆四十四年中星更錄	清乾隆內府抄本	故圖
	大清乾隆四十四年歲次己亥時憲書	刻本	國圖
	官頒曆書		美國
1780 年	大清乾隆四十五年中星更錄	清乾隆內府抄本	故圖
	大清乾隆四十五年歲次庚子時憲書	清乾隆刻套印本	北師大
	官頒曆書		美國
1781 年	大清乾隆四十六年歲次辛丑月五星相距時憲書	清乾隆欽天監朱墨抄本	故圖
	官頒曆書		美國
1782 年	大清乾隆四十七年歲次壬寅時憲書	清乾隆刻本	中歷博館
	大清乾隆四十七年歲次壬寅月五星距時憲書	清乾隆欽天監朱墨抄本	故圖
	官頒曆書		英國
	官頒曆書		美國
	官頒曆書		哈佛
1783 年	大清乾隆四十八年中星更錄	清乾隆內府抄本	故圖
	官頒曆書		美國

1784 年	官頒曆書		美國
	官頒曆書		哈佛
1785 年	大清乾隆五十年歲次乙巳時憲書	清乾隆刻本	北大
	大清乾隆五十年中星更錄	清乾隆內府抄本	故圖
	官頒曆書		美國
1786 年	大清乾隆五十一年歲次丙午時憲書	清乾隆刻本	北大
1787 年	大清乾隆五十二年歲次丁未時憲書	清乾隆刻套印本	故圖
	大清乾隆五十二年歲次丁未時憲書	清乾隆刻本	國圖
	官頒曆書		美國
1788 年	大清乾隆五十三年歲次戊申時憲書	清乾隆刻本	北大
1789 年	大清乾隆五十四年歲次己酉時憲書	清乾隆刻本	國圖
	官頒曆書		美國
1790 年	大清乾隆五十五年歲次庚戌時憲書	清乾隆刻本	國圖
	官頒曆書		美國
	官頒曆書		哈佛
1791 年	大清乾隆五十六年中星更錄	清乾隆內府抄本	故圖
	大清乾隆五十六年歲次辛亥時憲書	朱墨套印本	臺灣
	官頒曆書		美國
1792 年	大清乾隆五十七年歲次壬子月五星相距時憲書	清乾隆欽天監朱墨抄本	故圖
	大清乾隆五十七年歲次壬子時憲書		臺灣
	官頒曆書	朱墨套印本	美國
1793 年	大清乾隆五十八年中星更錄	清乾隆內府抄本	故圖
	大清乾隆五十八年歲次癸丑時憲書	朱墨套印本	臺灣
	官頒曆書		哈佛
1794 年	大清乾隆五十九年歲次甲寅時憲書	清乾隆刻本	故圖
	大清乾隆五十九年中星更錄	清乾隆內府抄本	故圖
1795 年	大清乾隆六十年歲次乙卯時憲書	清乾隆刻套印本	北天
	大清乾隆六十年歲次乙卯時憲書	清乾隆刻本	國圖
	官頒曆書		美國
1796 年	大清乾隆六十一年歲次丙辰時憲書（清紀樹馨、吳振棫跋）	清乾隆刻本	國圖
	大清嘉慶元年歲次丙辰時憲書	清嘉慶刻套印本	北天

1797 年	大清乾隆六十二年歲次丁巳時憲書	清嘉慶刻本	國圖
	大清乾隆六十二年歲次丁巳時憲書	清嘉慶內府抄本	故圖
	大清嘉慶二年歲次丁巳時憲書	清嘉慶刻套印本	人大
	民間曆書（有官員序文）		哈佛
1798 年	大清乾隆六十三年歲次戊午時憲書	清嘉慶刻本	國圖
	大清乾隆六十三年歲次戊午時憲書（陳垣跋）	清嘉慶刻本	國圖
	大清乾隆六十三年中星更錄	清嘉慶內府抄本	故圖
	大清嘉慶三年歲次戊午時憲書	清嘉慶刻套印本	北天
	大清嘉慶三年歲次戊午時憲書	清嘉慶刻本	北大
	民間曆書		英國
1799 年	大清乾隆六十四年歲次己未時憲書	清嘉慶刻本	國圖
	大清嘉慶四年歲次己未時憲書	清嘉慶刻套印本	人大
	大清嘉慶四年歲次己未時憲書	清嘉慶刻本	故圖
1800 年	大清嘉慶五年歲次庚申時憲書	清嘉慶刻套印本	人大
	大清嘉慶五年歲次庚申時憲書	清嘉慶刻本	國圖
1801 年	大清嘉慶六年歲次辛酉時憲書	清嘉慶刻套印本	北天
	大清嘉慶六年歲次辛酉時憲書	清嘉慶刻本	國圖
	大清嘉慶六年歲次辛酉時憲書	清嘉慶內府抄本	故圖
1802 年	大清嘉慶七年歲次壬戌時憲書	清嘉慶刻套印本	北天
	大清嘉慶七年歲次壬戌時憲書	清嘉慶刻本	故圖
	大清嘉慶七年歲次壬戌時憲書	清嘉慶內府抄本	故圖
1803 年	大清嘉慶八年歲次癸亥時憲書	清嘉慶刻套印本	北天
	大清嘉慶八年歲次癸亥時憲書	清嘉慶刻本	國圖
1804 年	大清嘉慶九年歲次甲子時憲書	清嘉慶刻套印本	北天
	大清嘉慶九年歲次甲子時憲書	清嘉慶刻本	故圖
	大清嘉慶九年歲次甲子時憲書	清嘉慶內府朱墨抄本	國圖
	民間曆書		法國
1805 年	大清嘉慶十年歲次乙丑時憲書	清嘉慶刻套印本	人大
	大清嘉慶十年歲次乙丑時憲書	清嘉慶刻本	故圖
	大清嘉慶十年歲次乙丑時憲書	清嘉慶內府朱墨抄本	國圖
	大清嘉慶十年歲次乙丑時憲書	清嘉慶內府抄本	故圖

1806 年	大清嘉慶十一年歲次丙寅時憲書	清嘉慶刻套印本	國圖
1807 年	大清嘉慶十二年歲次丁卯時憲書	清嘉慶刻套印本	人大
	大清嘉慶十二年歲次丁卯時憲書	清嘉慶刻本	北天
	大清嘉慶十二年歲次丁卯月五星相距時憲書	清嘉慶欽天監朱墨抄本	故圖
	趨避通書	福建泉州洪氏繼成堂刻	萊頓大學
1808 年	大清嘉慶十三年歲次戊辰時憲書	清嘉慶刻套印本	人大
	大清嘉慶十三年歲次戊辰時憲書	清嘉慶刻本	國圖
	大清嘉慶十三年歲次戊辰月五星相距時憲書	清嘉慶欽天監朱墨抄本	故圖
1809 年	大清嘉慶十四年歲次己巳時憲書	清嘉慶刻套印本	國圖
1810 年	大清嘉慶十五年歲次庚午時憲書	清嘉慶刻套印本	人大
	大清嘉慶十五年歲次庚午時憲書	清嘉慶內府抄本	故圖
	大清嘉慶十五年歲次庚午月五星相距時憲書	清嘉慶欽天監朱墨抄本	故圖
1811 年	大清嘉慶十六年歲次辛未時憲書	清嘉慶刻套印本	北天
	大清嘉慶十六年歲次辛未時憲書	清嘉慶刻本	國圖
	大清嘉慶十六年歲次辛未月五星相距時憲書	清嘉慶欽天監朱墨抄本	故圖
	民間曆書		哈佛
1812 年	大清嘉慶十七年歲次壬申時憲書	清嘉慶刻套印本	北天
	大清嘉慶十七年歲次壬申月五星相距時憲書	清嘉慶欽天監朱墨抄本	故圖
1813 年	大清嘉慶十八年歲次癸酉時憲書	清嘉慶刻套印本	國圖
	大清嘉慶十八年歲次癸酉時憲書	清嘉慶內府抄本	故圖
	大清嘉慶十八年歲次癸酉月五星相距時憲書	清嘉慶欽天監朱墨抄本	故圖
1814 年	大清嘉慶十九年歲次甲戌時憲書	清嘉慶刻套印本	國圖
	大清嘉慶十九年歲次甲戌時憲書	清嘉慶內府抄本	故圖
	民間曆書		英國
	民間曆書		倫敦

1815 年	大清嘉慶二十年歲次乙亥時憲書	清嘉慶刻套印本	北天
	民間曆書		英國
	民間曆書		倫敦
1816 年	大清嘉慶二十一年歲次丙子時憲書	清嘉慶刻套印本	北天
	民間曆書		倫敦
	民間曆書		倫敦
	大清嘉慶二十一年趨避通書	福建泉州洪氏繼成堂	萊頓大學
1817 年	大清嘉慶二十二年歲次丁丑時憲書	清嘉慶刻套印本	國圖
1818 年	大清嘉慶二十三年歲次戊寅時憲書	清嘉慶刻套印本	國圖
	民間曆書		英國
1819 年	大清嘉慶二十四年歲次己卯時憲書	清嘉慶刻套印本	人大
	大清嘉慶二十四年歲次己卯時憲書	清嘉慶刻本	北天
	民間曆書		倫敦
1820 年	大清嘉慶二十五年歲次庚辰時憲書	清嘉慶刻套印本	人大
	官頒曆書		英國
	民間曆書（書前有地方官員的序文）〔註10〕		倫敦
	民間曆書		倫敦
	民間曆書		倫敦
	官頒曆書		哈佛
1821 年	大清道光元年歲次辛巳時憲書	清道光刻套印本	人大
	大清道光元年歲次辛巳月五星相距時憲書	欽天監朱墨抄本	故圖
	民間曆書		倫敦
1822 年	大清道光二年歲次壬午時憲書	清道光刻套印本	北大
	大清道光二年歲次壬午月五星相距時憲書	清道光欽天監朱墨抄本	故圖
	大清道光二年中星更錄	清道光內府抄本	故圖

〔註10〕 "Some almanacs also included prefaces by local civil and / or military officials , designed to indicate a measure of administrative approval and support for specific works." Richard J.Smith: "A Note on Qing Dynasty Calendars" late Imperial China，9.1（1988），pp.127～128.

1823 年	大清道光三年歲次癸未時憲書	清道光刻套印本	北大
	官頒曆書（滿文）		法國
1824 年	大清道光四年歲次甲申時憲書	清道光刻套印本	人大
	大清道光四年歲次甲申月五星相距時憲書	清道光欽天監朱墨抄本	故圖
	民間曆書		英國
1825 年	大清道光五年歲次乙酉時憲書	清道光刻套印本	國圖
	大清道光五年歲次乙酉時憲書	清道光刻本	北天
	大清道光五年歲次乙酉月五星相距時憲書	清道光欽天監朱墨抄本	故圖
	大清道光五年中星更錄	清道光內府抄本	故圖
1826 年	大清道光六年歲次丙戌時憲書	清道光刻套印本	中科自然
	官頒曆書		英國
1827 年	大清道光七年歲次丁亥時憲書	清道光刻套印本	人大
	大清道光七年歲次丁亥時憲書	清道光刻本	國圖
1828 年	大清道光八年歲次戊子時憲書	清道光刻套印本	北天
	大清道光八年歲次戊子時憲書	清道光刻本	雲大
	官頒曆書		英國
	官頒曆書		哈佛
1829 年	大清道光九年歲次己丑時憲書	清道光刻套印本	人大
	大清道光九年中星更錄	清道光內府抄本	故圖
1830 年	大清道光十年歲次庚寅時憲書	清道光刻套印本	人大
1831 年	大清道光十一年歲次辛卯時憲書	清道光刻套印本	北天
	大清道光十一年歲次辛卯月五星相距時憲書	清道光欽天監朱墨抄本	故圖
	大清道光十一年中星更錄	清道光內府抄本	故圖
	官頒曆書		英國
1832 年	大清道光十二年歲次壬辰時憲書	清道光刻套印本	國圖
1833 年	大清道光十三年歲次癸巳時憲書	清道光刻套印本	國圖
	大清道光十三年七政經緯躔度時憲書	清道光刻本	國圖
	官頒曆書		哈佛

1834 年	大清道光十四年歲次甲子時憲書	清道光刻套印本	北天
	大清道光十四年歲次甲子時憲書	清道光刻本	故圖
1835 年	大清道光十五年歲次乙未時憲書	清道光刻套印本	人大
	官頒曆書		哈佛
1836 年	大清道光十六年歲次丙申時憲書	清道光刻套印本	人大
	大清道光十六年歲次丙申時憲書	清道光朱墨抄本	國圖
	大清道光十六年中星更錄	清道光內府抄本	故圖
	民間曆書		英國
1837 年	大清道光十七年歲次丁酉時憲書	清道光刻套印本	人大
	大清道光十七年歲次丁酉月五星相距時憲書	清道光欽天監朱墨抄本	故圖
	大清道光十七年中星更錄	清道光內府抄本	故圖
1838 年	大清道光十八年歲次戊戌時憲書	清道光刻套印本	人大
	大清道光十八年中星更錄	清道光內府抄本	故圖
1839 年	大清道光十九年歲次己亥時憲書	清道光刻套印本	人大
	大清道光十九年歲次己亥時憲書	清道光刻本	故圖
	官頒曆書		哈佛
1840 年	大清道光二十年歲次庚子時憲書	清道光刻套印本	人大
	民間曆書		英國
	民間曆書		英國
	官頒曆書		哈佛
1841 年	大清道光二十一年歲次辛丑時憲書	清道光刻套印本	人大
	大清道光二十一年歲次辛丑時憲書	清道光刻本	中科自然
	官頒曆書（三個版本）		英國
1842 年	大清道光二十二年歲次壬寅時憲書	清道光刻套印本	人大
	大清道光二十二年歲次壬寅月五星相距時憲書	清道光欽天監朱墨抄本	故圖
	大清道光二十二年中星更錄	清道光內府抄本	故圖
	民間曆書		英國
	民間曆書		英國

1843 年	大清道光二十三年歲次癸卯時憲書	清道光刻套印本	人大
	大清道光二十三年歲次癸卯時憲書	清道光刻本	北天
	官頒曆書		英國
	民間曆書		英國
1844 年	大清道光二十四年歲次甲辰時憲書	清道光刻套印本	人大
	大清道光二十四年中星更錄	清道光內府抄本	故圖
	民間曆書		法國
	民間曆書		法國
	民間曆書		倫敦
	民間曆書		倫敦
	官頒曆書		哈佛
1845 年	大清道光二十五年歲次乙巳時憲書	清道光刻套印本	人大
	官頒曆書（滿文）		法國
	官頒曆書（兩個版本）		英國
	官頒曆書		哈佛
	民間曆書		哈佛
1846 年	大清道光二十六年歲次丙午時憲書	清道光刻套印本	人大
	大清道光二十六年歲次丙午時憲書	清道光刻本	中科自然
	大清道光二十六年中星更錄	清道光內府抄本	故圖
	道光二十六年日月刻度通書（鄭振鐸跋）	清道光刻本	國圖
	官頒曆書（滿文）		法國
	民間曆書		英國
1847 年	大清道光二十七年歲次丁未時憲書	清道光刻套印本	人大
	民間曆書		英國
	民間曆書（傳教士所編中西合曆）		倫敦
	官頒曆書		哈佛
1848 年	大清道光二十八年歲次戊申時憲書	清道光刻套印本	人大
	官頒曆書		哈佛
1849 年	大清道光二十九年歲次己酉時憲書	清道光刻套印本	國圖
	大清道光二十九年時憲書	清道光內府抄本	故圖

1850 年	大清道光三十年歲次庚戌時憲書	清道光刻套印本	北天
1851 年	大清咸豐元年歲次辛亥時憲書	清道光三十年刻套印本	人大
	大清咸豐元年歲次辛亥時憲書	清道光三十年刻本	國圖
	大清咸豐元年歲次辛亥時憲書	清道光三十年內府抄本	故圖
	平安通書	（美國）培端著	北大
1852 年	大清咸豐二年歲次壬子時憲書	清咸豐刻套印本	人大
	大清咸豐二年歲次壬子時憲書	清咸豐內府抄本	故圖
	官頒曆書		英國
	民間曆書（傳教士所編中西合曆）		倫敦
1853 年	大清咸豐三年歲次癸丑時憲書	清咸豐刻套印本	人大
	官頒曆書（太平天國頒行）〔註11〕		英國
	官頒曆書		哈佛
	民間曆書		哈佛
1854 年	大清咸豐四年歲次甲寅時憲書	清咸豐刻套印本	人大
	大清咸豐四年歲次甲寅時憲書	清咸豐刻本	中科自然
	大清咸豐四年歲次甲寅時憲書	清咸豐內府抄本	故圖
	大清咸豐四年歲次甲寅中星更錄		國圖
	民間曆書		哈佛
1855 年	大清咸豐五年歲次乙卯時憲書	清咸豐刻套印本	人大
	大清咸豐五年歲次乙卯時憲書	清咸豐刻本	國圖
1856 年	大清咸豐六年歲次丙辰時憲書	清咸豐刻套印本	人大
	大清咸豐六年七政經緯躔度時憲書		國圖
	官頒曆書（滿文）		法國
	官頒曆書（蒙文）		法國
	民間曆書		英國

〔註11〕 此曆書所行用年份或爲 1852 年，見王重民《記巴黎圖書館所藏太平天國文獻》，（1935 年《圖書季刊》第二卷第二期，第 91～92 頁）「故圖文獻館藏洪大全供狀，有『咸豐二年二月十六日是我們的曆書三月初一的日子，』一語可知，太平天國自辛開壬子年確已頒用新曆矣，又《改定新曆書詔》稱：『每年十月獻明年新曆，』則是書當刻於壬子二年，不列顛博物院亦藏有癸好三年新曆一本，其辛開及壬子兩年新曆，尚有待於發見也。」

1857 年	大清咸豐七年歲次丁巳時憲書	清咸豐刻套印本	國圖
	大清咸豐七年歲次丁巳時憲書	清咸豐內府抄本	故圖
	大清咸豐七年歲次丁巳月五星相距時憲書	清咸豐欽天監朱墨抄本	故圖
	官頒曆書		英國
	民間曆書		英國
	羅傳烈通書	崇道堂	萊頓大學
1858 年	大清咸豐八年歲次戊午時憲書	清咸豐刻套印本	人大
	大清咸豐八年歲次戊午時憲書	朝鮮刻本	國圖
	民間曆書		英國
	民間曆書		英國
	民間曆書		英國
1859 年	大清咸豐九年歲次己未時憲書	清咸豐刻套印本	人大
	大清咸豐九年歲次己未時憲書	清咸豐欽天監朱墨抄本	故圖
	大清咸豐九年歲次己未月五星相距時憲書	清咸豐欽天監朱墨抄本	故圖
	官頒曆書		哈佛
1860 年	大清咸豐十年歲次庚申時憲書	清咸豐刻套印本	人大
	大清咸豐十年歲次庚申時憲書	清咸豐刻本	國圖
	大清咸豐十年歲次庚申時憲書	清咸豐內府朱墨抄本	故圖
	大清咸豐十年七政經緯躔度時憲書		國圖
	官頒曆書		英國
1861 年	大清咸豐十一年歲次辛酉時憲書	清咸豐刻套印本	人大
	大清咸豐十一年歲次辛酉時憲書	清咸豐欽天監朱墨抄本	故圖
	大清咸豐十一年中星更錄	清抄本	中科國家
	大清咸豐十一年七政經緯躔度時憲書		國圖
	官頒曆書（太平天國頒行）		英國
1862 年	大清咸豐十二年歲次壬戌時憲書	清咸豐內府抄本	故圖
	大清祺祥元年歲次壬戌時憲書	清祺祥刻套印本	人大
	大清祺祥元年歲次壬戌時憲書	清刻本	國圖
	大清祺祥元年歲次壬戌時憲書	朝鮮刻本	國圖
	大清同治元年歲次壬戌時憲書	清咸豐十一年刻本	故圖

1863 年	大清同治二年歲次癸亥時憲書	清同治刻套印本	人大
	大清同治二年歲次癸亥時憲書	清同治刻本	國圖
	大清同治二年歲次癸亥時憲書	清同治欽天監朱墨抄本	故圖
	大清同治二年歲次癸亥月五星相距時憲書	清同治欽天監朱墨抄本	故圖
	大清同治二年七政經緯躔度時憲書		國圖
	官頒曆書（滿文）		法國
1864 年	大清同治三年歲次甲子時憲書	清同治刻套印本	國圖
	大清同治三年七政經緯躔度時憲書	刻本	北師大
1865 年	大清同治四年歲次乙丑時憲書	清同治刻套印本	人大
	大清同治四年歲次乙丑時憲書	清同治刻本	故圖
	大清同治四年歲次乙丑時憲書	清同治內府抄本	故圖
	大清同治四年歲次乙丑月五星相距時憲書	清同治欽天監朱墨抄本	故圖
	官頒曆書（滿文）		法國
	民間曆書		英國
1866 年	大清同治五年歲次丙寅時憲書	清同治刻套印本	國圖
	大清同治五年歲次丙寅月五星相距時憲書	清同治內府抄本	故圖
	官頒曆書（滿文，兩個版本）		法國
1867 年	大清同治六年歲次丁卯時憲書	清同治刻套印本	人大
	大清同治六年歲次丁卯月五星相距時憲書	清同治欽天監朱墨抄本	故圖
	大清同治六年七政經緯躔度時憲書		國圖
	官頒曆書（滿文）		法國
	官頒曆書		英國
1868 年	大清同治七年歲次戊辰時憲書	清同治刻套印本	國圖
	大清同治七年歲次戊辰月五星相距時憲書	清同治欽天監朱墨抄本	故圖
1869 年	大清同治八年歲次己巳時憲書	清同治刻套印本	人大
	大清同治八年歲次己巳月五星相距時憲書	清同治欽天監朱墨抄本	故圖

1870 年	大清同治九年歲次庚午時憲書	清同治刻套印本	人大
	官頒曆書		哈佛
1871 年	大清同治十年歲次辛未時憲書	清同治刻套印本	人大
1872 年	大清同治十一年歲次壬申時憲書	清同治刻套印本	人大
	大清同治十一年歲次壬申時憲書	清同治刻本	國圖
	大清同治十一年七政經緯躔度時憲書	刻本	北師大
1873 年	大清同治十二年歲次癸酉時憲書	清同治刻套印本	北天
	大清同治十二年歲次癸酉時憲書	清同治刻本	國圖
	大清同治十二年七政經緯躔度時憲書	清同治刻本	故圖
	民間曆書		英國
	民間曆書		英國
1874 年	大清同治十三年歲次甲戌時憲書	清同治刻套印本	人大
	大清同治十三年歲次甲戌時憲書	清同治刻本	故圖
	大清同治十三年歲次甲戌時憲書	清同治內府抄本	故圖
	大清同治十三年七政經緯躔度時憲書	清同治刻本	故圖
	大清同治十三年歲次甲戌月五星相距時憲書	清同治內府朱墨抄本	故圖
1875 年	大清同治十四年歲次乙亥時憲書	清同治刻套印本	國圖
	大清同治十四年歲次乙亥時憲書	清同治十三年欽天監刻本	故圖
	大清同治十四年七政經緯躔度時憲書	清同治十三年欽天監刻本	故圖
	大清光緒元年歲次乙亥時憲書	清同治十三年欽天監刻本	國圖
	大清光緒元年歲次乙亥時憲書	清同治十三年欽天監朱墨抄本	故圖
	大清光緒元年七政經緯躔度時憲書	清同治十三年欽天監刻本	故圖
	大清光緒元年歲次乙亥月五星相距時憲書	清同治十三年欽天監朱墨抄本	故圖
	官頒曆書（滿文）		法國

1876 年	大清光緒二年歲次丙子時憲書	清光緒刻套印本	北天
	大清光緒二年歲次丙子月五星相距時憲書	清光緒欽天監朱墨抄本	故圖
	大清光緒二年歲次丙子時憲書（滿文）	刻本	北大
1877 年	大清光緒三年歲次丁丑時憲書	清光緒刻套印本	北天
	大清光緒三年歲次丁丑時憲書	清光緒刻本	故圖
	大清光緒三年歲次丁丑時憲書	清光緒欽天監朱墨抄本	故圖
	官頒曆書（滿文，兩個版本）		法國
1878 年	大清光緒四年歲次戊寅時憲書	清光緒刻套印本	北天
	大清光緒四年歲次戊寅時憲書	清光緒內府朱墨抄本	故圖
	大清光緒四年歲次戊寅月五星相距時憲書	清光緒內府朱墨抄本	故圖
	大清光緒四年七政經緯躔度時憲書	刻本	北大
1879 年	大清光緒五年歲次己卯時憲書	清光緒刻套印本	北天
	大清光緒五年歲次己卯時憲書	清光緒刻本	中科自然
	大清光緒五年七政經緯躔度時憲書	刻本	北大
1880 年	大清光緒六年歲次庚辰時憲書	清光緒刻套印本	北天
	大清光緒六年歲次庚辰時憲書	清光緒欽天監朱墨抄本	故圖
	大清光緒六年歲次庚辰月五星相距時憲書	清光緒欽天監朱墨抄本	故圖
	大清光緒六年七政經緯躔度時憲書	刻本	北大
	官頒曆書（滿文）		法國
	民間曆書		英國
1881 年	大清光緒七年歲次辛巳時憲書	清光緒刻套印本	北天
	大清光緒七年七政經緯躔度時憲書	清光緒刻本	故圖
	大清光緒七年中星更錄	清光緒內府抄本	故圖
	大清光緒七年歲次辛巳時憲書（滿文）	刻本	北大
1882 年	大清光緒八年歲次壬午時憲書	清光緒刻套印本	北天
	大清光緒八年歲次壬午時憲書	清光緒欽天監朱墨抄本	故圖
	大清光緒八年中星更錄	清光緒內府抄本	故圖
	大清光緒八年七政經緯躔度時憲書	刻本	北大

1883 年	大清光緒九年歲次癸未時憲書	清光緒刻套印本	北天
	大清光緒九年歲次癸未時憲書	清光緒內府抄本	故圖
	大清光緒九年七政經緯躔度時憲書	刻本	北大
	大清光緒九年歲次癸未時憲書（滿文）	刻本	北大
	民間曆書		英國
	官頒曆書		哈佛
1884 年	大清光緒十年歲次甲申時憲書	清光緒刻套印本	北天
	大清光緒十年歲次甲申時憲書	清光緒刻本	故圖
	大清光緒十年歲次甲申時憲書	清光緒欽天監朱墨抄本	故圖
	大清光緒十年七政經緯躔度時憲書	清光緒刻本	北大
1885 年	大清光緒十一年歲次乙酉時憲書	清光緒刻套印本	北天
	大清光緒十一年歲次乙酉時憲書	清光緒刻本	故圖
	大清光緒十一年歲次乙酉時憲書	清光緒欽天監朱墨抄本	故圖
	大清光緒十一年歲七政經緯躔度時憲書	清光緒刻本	中科自然
	大清光緒十一年歲次乙酉月五星相距時憲書	清光緒欽天監朱墨抄本	故圖
1886 年	大清光緒十二年歲次丙戌時憲書	清光緒刻套印本	北天
	大清光緒十二年歲次丙戌時憲書	清光緒刻本	故圖
	大清光緒十二年七政經緯躔度時憲書	刻本	北大
	大清光緒十二年歲次丙戌時憲書（滿文）	刻本	北大
	民間曆書		哈佛
1887 年	大清光緒十三年歲次丁亥時憲書	清光緒刻套印本	人大
	大清光緒十三年七政經緯躔度時憲書	刻本	北大
1888 年	大清光緒十四年歲次戊子時憲書	清光緒刻套印本	北天
	大清光緒十四年歲次戊子時憲書	清光緒欽天監朱墨抄本	故圖
	大清光緒十四年七政經緯躔度時憲書	刻本	北大
	官頒曆書		哈佛
1889 年	大清光緒十五年歲次己丑時憲書	清光緒刻套印本	人大
	大清光緒十五年歲次己丑時憲書	清光緒刻本	故圖
	大清光緒十五年七政經緯躔度時憲書	刻本	北大
	民間曆書		英國

1890 年	大清光緒十六年歲次庚寅時憲書	清光緒刻套印本	北天
	大清光緒十六年歲次庚寅時憲書	清光緒欽天監朱墨抄本	故圖
	大清光緒十六年七政經緯躔度時憲書	刻本	北大
	大清光緒十六年歲次庚寅時憲書（滿文）	刻本	北大
	民間曆書（有官員的序文）		哈佛
1891 年	大清光緒十七年歲次辛卯時憲書	清光緒刻套印本	北天
	大清光緒十七年歲次辛卯時憲書	清光緒刻本	國圖
	大清光緒十七年七政經緯躔度時憲書	刻本	北大
1892 年	大清光緒十八年歲次壬辰時憲書	清光緒刻套印本	北天
	大清光緒十八年歲次壬辰時憲書	清光緒刻本	故圖
	大清光緒十八年七政經緯躔度時憲書	刻本	北大
	官頒曆書（滿文）		法國
1893 年	大清光緒十九年歲次癸巳時憲書	清光緒刻套印本	北天
	大清光緒十九年歲次癸巳時憲書	清光緒刻本	中科自然
	大清光緒十九年七政經緯躔度時憲書	刻本	北大
1894 年	大清光緒二十年歲次甲午時憲書	清光緒刻套印本	人大
	大清光緒二十年歲次甲午時憲書	清光緒刻本	中科自然
	大清光緒二十年七政經緯躔度時憲書	清光緒刻本	中科自然
	諏吉通書	粵東第八甫麟玉樓刻本	北師大
1895 年	大清光緒二十一年歲次乙未時憲書	清光緒刻套印本	北天
	大清光緒二十一年歲次乙未時憲書	清光緒刻本	中科自然
	大清光緒二十一年七政經緯躔度時憲書	清光緒刻本	中科自然
1896 年	大清光緒二十二年歲次丙申時憲書	清光緒刻套印本	北天
	大清光緒二十二年歲次丙申時憲書	清光緒刻本	中科自然
	大清光緒二十二年七政經緯躔度時憲書	清光緒刻本	中科自然
1897 年	大清光緒二十三年歲次丁酉時憲書	清光緒刻套印本	北天
	大清光緒二十三年歲次丁酉時憲書	清光緒刻本	故圖
	大清光緒二十三年七政經緯躔度時憲書	刻本	北大
1898 年	大清光緒二十四年歲次戊戌時憲書	清光緒刻套印本	北天
	大清光緒二十四年歲次戊戌時憲書	清光緒刻本	中科自然
	大清光緒二十四年七政經緯躔度時憲書	清光緒刻本	中科自然

1899 年	大清光緒二十五年歲次己亥時憲書	清光緒刻套印本	北天
	大清光緒二十五年歲次己亥時憲書	清光緒刻本	中科自然
	大清光緒二十五年七政經緯躔度時憲書	刻本	北師大
	光緒二十五年洪潮和通書	福建泉州洪氏繼成堂	臺灣
1900 年	大清光緒二十六年歲次庚子時憲書	清光緒刻套印本	人大
	大清光緒二十六年歲次庚子時憲書	清光緒刻本	中科自然
	大清光緒二十六年七政經緯躔度時憲書	清光緒刻本	中科自然
	大清光緒二十六年七政經緯躔度時憲書	刻本	北大
	大清光緒二十六年歲次庚子時憲書(滿文)	刻本	北大
	大清光緒庚子年通書	刻本，朱墨套印，拾芥園編	國圖
	庚子歲華洋通書大成	石印本	國圖
1901 年	大清光緒二十七年歲次辛丑時憲書	清光緒刻套印本	人大
	大清光緒二十七年歲次辛丑時憲書	清光緒刻本	中科自然
	大清光緒二十七年七政經緯躔度時憲書	清光緒刻本	故圖
1902 年	大清光緒二十八年歲次壬寅時憲書	清光緒刻套印本	人大
	大清光緒二十八年歲次壬寅時憲書	清光緒刻本	中科自然
	大清光緒二十八年歲次壬寅時憲書	清光緒欽天監朱墨抄本	故圖
	大清光緒二十八年七政經緯躔度時憲書	清光緒刻本	人大
	光緒二十八年眞本通書	鴻都閣套印本	南大
1903 年	大清光緒二十九年歲次癸卯時憲書	清光緒刻套印本	北天
	大清光緒二十九年歲次癸卯時憲書	清光緒刻本	中科自然
	大清光緒二十九年七政經緯躔度時憲書	刻本	北師大
1904 年	大清光緒三十年歲次甲辰時憲書	清光緒刻套印本	人大
	大清光緒三十年歲次甲辰時憲書	清光緒刻本	中科自然
	大清光緒三十年歲次甲辰時憲書	清光緒朱墨抄本	國圖
	大清光緒三十年歲次甲辰中西合曆	北洋官報局印	國圖
	大清光緒三十年七政經緯躔度時憲書	刻本	北大
1905 年	大清光緒三十一年歲次乙巳時憲書	清光緒刻套印本	北天
	大清光緒三十一年歲次乙巳時憲書	清光緒刻本	中科自然
	大清光緒三十一年歲次乙巳時憲書	清光緒欽天監朱墨抄本	故圖
	大清光緒三十一年七政經緯躔度時憲書	刻本	北大
	民間曆書		哈佛

1906 年	大清光緒三十二年歲次丙午時憲書	清光緒刻套印本	人大
	大清光緒三十二年歲次丙午時憲書	清光緒刻本	中科自然
	大清光緒三十二年七政經緯躔度時憲書	清光緒刻本	故圖
	大清光緒三十二年中星更錄	清光緒內府抄本	故圖
	中西合曆	丁冠西編	國圖
	大清光緒三十二年歲次丙午時憲書(滿文)	刻本	北大
1907 年	大清光緒三十三年歲次丁未時憲書	清光緒刻套印本	人大
	大清光緒三十三年歲次丁未時憲書	清光緒刻本	中科自然
	大清光緒三十三年中星更錄	清光緒內府抄本	故圖
	大清光緒三十三年七政經緯躔度時憲書	刻本	北大
	大清光緒三十三年歲次丁未時憲書(滿文)	刻本	北大
1908 年	大清光緒三十四年歲次戊申時憲書	清光緒刻套印本	北天
	大清光緒三十四年歲次戊申時憲書	清光緒刻本	中科自然
	大清光緒三十四年歲次戊申時憲書	清光緒欽天監抄本	故圖
	大清光緒三十四年中星更錄	清光緒內府抄本	故圖
	大清光緒三十四年七政經緯躔度時憲書	刻本	北大
	民間曆書		美國
1909 年	大清光緒三十五年歲次己酉時憲書	清光緒刻套印本	北天
	大清光緒三十五年歲次己酉時憲書	清光緒刻本	中科自然
	大清光緒三十五年七政經緯躔度時憲書	清光緒刻本	故圖
	大清宣統元年歲次己酉時憲書	清宣統刻套印本	故圖
	大清宣統元年歲次己酉時憲書	清宣統刻本	國圖
	大清宣統元年七政經緯躔度時憲書	清宣統刻本	故圖
	大清宣統元年中星更錄	清宣統內府抄本	故圖
1910 年	大清宣統二年歲次庚戌時憲書	清宣統刻套印本	人大
	大清宣統二年歲次庚戌時憲書	清宣統刻本	國圖
	大清宣統二年歲次庚戌月五星相距時憲書	清宣統欽天監朱墨抄本	故圖
	大清宣統二年中星更錄	清宣統內府抄本	故圖
	大清宣統二年七政經緯躔度時憲書	刻本	北大
	官頒曆書		哈佛

1911 年	大清宣統三年歲次辛亥時憲書	清宣統刻套印本	人大
	大清宣統三年歲次辛亥時憲書	清宣統刻本	故圖
	大清宣統三年歲次辛亥七政經緯躔度時憲書	清宣統刻本	故圖
	大清宣統三年歲次辛亥月五星相距時憲書	清宣統欽天監朱墨抄本	故圖
	大清宣統三年中星更錄	清宣統內府抄本	故圖
	中西合曆	丁冠西編	國圖
	官頒曆書		哈佛

附錄二 《清四朝時憲書》
墨筆題記內容摘錄

　　中國國家圖書館藏的《清四朝時憲書》，包括從咸豐元年（1851）至宣統四年（1912）共計 62 本時憲書，其上有墨筆題記文字。在泛黃的寫有干支歲時、節氣物候、神煞宜忌的曆書頁面上，用墨筆寫下只有彼時才會發生的生活瑣事，這種呈現方式本身營建出的就是一個當下的使用語境。可惜筆者不能在這個附錄裏，完整再現這個呈現方式。以下僅將咸豐四年、五年、六年時憲書的日期和與之相對應的墨筆題記內容摘錄出來，附錄於下：

《大清咸豐四年歲次甲寅時憲書》

正月

初八日：拜年來。

十二日：入學。△〔註1〕

二月

初一日：店車送去。

初四日：剃頭。

初十日：小雨二指，會。

三月

初六日：縣場起。

〔註 1〕△爲記錄中原有格式，其前文字爲曆書中印刷文字。

初七日：雨半犁

初八日：徒步而行。

十六日：剃頭。

四月

初五日：剃頭。

十八日：月食二分二十六秒。

十八日：雨一指。

十九日：雨四指

二十二日：剃頭。

三十日：收麥。

五月

初三日：上麥。

初六日：雨二指。

十一日：剃頭。

十五日：任車子□□。

十六日：風張其威，雷鼓其勢，電發其光，雨有大半犁。

二十二日：雷雨一陣。

二十三日：雷。

二十四日：雷雨。

二十五日：小雨。

二十六日：午後小雨一陣至黃昏，驟下大一陣小一陣一夜不止，透。

二十七日：自寅時至午時雨又不止，透極。

六月大

初一日：午後雷雨一陣，剃頭

十一日：會。

十四日：自寅至戌大雨一陣小雨一陣。

十五日：水漲。

十七日：剃頭。

十八日：雷。

十九日：雷。

二十日：雷。小雨一陣。

二十一日：黃昏雷鼓其勢，電發其光，大雨一陣。

二十二日：終朝有雨，約有半犁。

二十三日：午前晴，午後小雨一濛，夜有大雷陣。

二十四日：雷震，晝晴，夜有大雨幾陣。

二十五日：午後有雨，夜又有小雨。

二十六日：午前有小雨一陣。

七月大

初三日：剃頭。

十一日：午前小雨一陣，臨暮時小雨一陣。

十三日：五更有雨，連前約有一犁。

十四日：午時有細雨。

十五日：清晨有小雨。

十六日：剃頭。午前有小雨，午後大雨一陣又有一犁。

二十日：黃昏有雨。

二十一日：終朝有雨。

二十三日：午後有雨一陣。

二十四日：請。

二十六日：王車送去。

二十七日：午後大雨帶雷，黃昏又雨，後半夜又雨至明，透。

閏七月小

初五日：剃頭。

十四日：科考齊集。

十五日：往府。

十六日：下馬。

十七日：古學。

十八日：老生正場。

十九日：童生古學，雨半犁。

二十日：頭場。

二十一日：雨連前瀾透。

二十二日：本□有場。

二十三日：有雨。

二十四日：有雨，回來。

二十五日：有小雨後半夜大雨至明。

二十六日：終日雨不止，灡透。

二十七日：晴。

二十八日：上馬。

八月大

初八日：雨一濛。

十四日：剃頭。

十六日：黃昏小雨一陣。

十七日：生王車、未來去□。

二十四日：小雨。

二十五日：黃昏有小雨一指。

二十七日：午後有小雨。

二十八日：黃昏有小雨。

九月小

初六日：剃頭。

初七日：車送來。

十七日：午後雨有半犁。

十八日：陰。

二十六日：剃頭。

十月大

十四日：車□走。

十九日：剃頭。

十一月小

初十日：剃頭。

十一日：一九。

二十一日：二九

二十九日：三九。

十二月大

初一日：剃頭

初九日：四九。

十八日：五九。

二十七日：六九。

《大清咸豐五年歲次乙卯時憲書》

二月

二十二日：剃頭。

二十五日：小雨二指。

二十八日：午前午後有小雨。

二十九日：午後有小雨。

三月

初二日：黃昏有雨。

初三日：土王用事。

初四日：黃昏有小雨，連前半犁。

初六日：動工。

十三日：剃頭。

十六日：上梁△。終日有雨，前晌雨大，後晌雨小，約有一犁。

十七日：白日晴，黃昏雷鼓其勢，電發其光，有雨連前透。

十八日：午後又雷鼓其勢，雨一陣。

二十一日：⬚立夏⬚〔註2〕

二十二日：午後有小雨至黑，終夜有小雨至明不止。

二十三日：自朝至午小雨方止，連前透極。灑透。

三十日：剃頭。

四月小

初五日：晨時小雨一陣。

初六日：終日有小雨一犁。

初七日：⬚小滿⬚□甫壽日。

〔註 2〕⬚立夏⬚爲記錄中原有格式，方框內爲時憲書中印刷文字。

十二日：剃頭。

十三日：南關。

十四日：收麥。

十六日：北關。

十八日：上麥。

二十一日：黃昏雷雨一陣。

二十二日：芒種。

五月小

初二日：剃頭。

初六日：午前雷雨一陣，午後小雨一指，黑夜大雨一陣小雨一陣。

初七日：雨又終朝，透。

初九日：夏至。

初十日：劉家車□來。

十四日：清晨小雨午前大雨至午後，黃昏又雨，半夜連前灑透。

二十二日：剃頭。

二十四日：□走。

六月大

初六日：午後有小雨。

初七日：清晨有小雨二指。

初八日：土王用事。

初九日：剃頭。搖會。

十三日：雨一濛。

十五日：午後有小雨後半夜又有小雨。

十六日：馬氏壽日。清晨有小雨午時有雨午後又有雨。約有二犁。

十七日：北□進來人馬三□，將城門謹閉。

十九日：上城看，南吶喊。

二十日：北門上人放炮，將自己人激死兩個，北吶喊。

二十一日：北吶喊。

二十二日：張燈時，小雨一濛。北吶喊。

二十三日：未明，雨一陣，黎明雨一陣，午前一陣，正午大雨至未時二犁。

二十四日：南吶喊。

二十六日：火烘西門。

二十七日：火烘東門。

二十八日：將黑時雨一陣，前半夜小雨後半夜大雨，連前灑透。

二十九日：午前有小雨，黃昏北吶喊。

三十日：剃頭。晨時開南門，進北鄉勇四百。

七月小

初一日：午前有下雨，午後出南門爭鬥，不見勝敗。

初二日：上垛看，午後有小雨，夜間又有雨幾陣，灑透。

初三日：上垛看見三東主。

初四日：午後交戰，不分勝負。夜北吶喊。

初五日：上垛看，夜東門外炮響連天。

初六日：午後有雷無雨。

初七日：晴。

初八日：午後有雨一陣。

初九日：大行皇太后昇遐。晴。

初十日：早晨有小雨一濛，夜又有小雨，上垛看見郭親家。

十一日：終日雨不住點，灑透灑透。

十二日：後半夜南吶喊。

十三日：晴。午前上垛。

十四日：是□垛外垛上連環炮響。

十五日：望垛看。

十六日：午前用繩將丙午卸下城去。

十七日：北垛下用□槍，將北門上人打死一個。

十八日：午後大兵進來四千五百人，夜，賊西散，

十九日：大兵午前出城，將孟營放火，臧營放火，東關盡皆燒毀。

二十日：午後兵勇進來約有二千。剃頭

二十一日：啟南門出，對向西□而去。

二十二日：欽差□□，開封府衛輝知府連兵勇進來約有二千。

二十三日：子時出隊，一則向向西北進剿，一則向進剿，啟北門回家，看官
兵與賊在小□交戰。

二十四日：午後出對，西北路進剿。

二十五日：未出隊。梳。

二十六日：聞匪民在獲嘉西，大兵一千四百人進剿獲嘉，留在垛內。

二十七日：白露。劉範領人向塊村進剿，拏獲一人姓王。將範聚，賞一品頂戴。

二十八日：將孫讓拿獲，又將姓傅學武拿獲刺死。

二十九日：出隊西北。

八月大

初一日：拿獲李清德，又拿十數人，繫獲嘉。有放有不放。夜雨一陣，剃頭，進兵二百人。

初二日：又拿孫伯之父孫玉長，黃昏雷雨交作，南門外東邊紮三個營盤，又拿黃寶鳳，繫壯士頭。

初三日：拿獲邑□人。

初四日：兵勇往獲邑二百五。往王淶二百五，代明鎮臺道臺進兵一千。

初五日：向吳家堂北紮營，劉老長領勇與賊在九空橋交戰，不分勝負。

初七日：出隊獲邑登□寺，將賊打退十里，進兵五百。

初八日：午時按察司上獲邑去。午後出隊，將賊拿獲數十人，打死幾百。

初九日：清晨欽差亦上獲邑去。知府回府，城內風□，將張昞拿獲不傷，夜雨幾陣。

初十日：又雨幾陣，約有四指，按察司回來上衛郡去。梳。

十一日：入學。

十二日：午前小雨一陣，又拿獲幾人，午後大風至夜不止。

十三日：秋分。晨又大風。

十四日：風聞張倫前自首，楊先生逃走河南，晴，後半日陰，申長順將艮二包取去。

十五日：是夜賊亦金。

十六日：五更大兵從獲邑到輝邑，將趙谷局團團圍困，引火燒毀，又將楊老個戴老八拿獲，接哀詔。

十七日：本府西司上輝邑帶勇五百人，打死賊百人。

十八日：剃頭。在山口拿獲惠汝梅押到新邑，明日押到衛郡，又拿四人。

十九日：徒步，蔭之與□孀上陳堡看日落回來。

二十日：晴。

二十一日：晴，痢疾，晝四回，夜十五回。

二十二日：晝八回，夜五回。

二十三日：晝五回，夜一回，又拿獲一人。

二十四日：梁永安來看杯茶而去，大人在獲邑剿演。

二十五日：清晨陰，丟星。將張眪家眷全拿到解到衛郡審問。見喜。蔭之打
更。送染。

二十六日：晨聞將孫讓審死，又拿獲邑姓曹二人，把總□□華界來住□。

二十七日：晴，毛藍。

二十八日：拿獲王玉。

二十九日：寒露。晴，上陳堡□。

三十日：祝太太家眷進來，夜半雨，聲至枕邊。

九月大

初一日：清晨有小雨，午前又有小雨，約有半犁。日落時又雨，至夜半止，
約有二犁。

初二日：半晴半陰。

初三日：蔭之與□嬪上陳堡，是日黑龍江兵打新邑過。

初五日：聞拿獲七人，有塊村人，有馬坊人周村人。

初八日：午後有雷□震驚，主旱。

初九日：打更。

初十日：剃頭。

十一日：土王用事。

十二日：在北門外斬首大塊村潘杜二人，又在臨川縣拿來四人，是日打本邑過。

十四日：霜降

十五日：又截來二人，是日聞在山西太原府拿住張昮，未留截來，又同在河
南□池縣拿住張倫。

十七日：稼頭。

二十一日：將大塊村郭濱首級戒來。

二十二日：巡更。

二十四日：祝公往歸德府去，吳公代理。

二十五日：上陳堡梁親戚家吃麵，無酒席，繫□月四輛車去教來。

二十六日：是日孟營孟親戚寫碑。

二十七日：將張倫首級掛在北門上，與金親戚寫匾，繫德盛號三字，又寫□
　　　　　珠二字。

二十八日：剃頭。

二十九日：立冬。

十月小，建丁亥

初二日：將劉癸忠拿獲。

初五日：巡更。

初六日：終日有雨，至二更時仍有小雨，約有半犁。

初八日：搖會。

十四日：小雪。

十五日：將郭俊首級掛在北門，崔立子首級掛在東門。

十六日：將劉金忠首級戒來掛在北門。

十七日：剃頭。

十八日：巡更。

二十日：任總爺過此看，以禮相迎。

二十二日：將王玉首級戒來掛在北門上。

二十八日：將劉萬成拿住。

十一月大建戊子

初二日：巡更。

初七日：將劉義成首級掛在北門。

初九日：剃頭。將張晒拿住戒來。

十一日：與祝太太賀壽，送帳，一人攤加四百八十文。

十四日：冬至。

十五日：巡更。

二十五日：縣頭場。

二十七日：論場。

二十八日：巡更。三更展榜四百人，司亮采登科，是榜頭。

二十九日：覆試。

十二月小建己丑

初一日：剃頭。△午時張榜三百人，榜頭是司亮採。

初二日：又覆試。

初三日：將張晒首級戒來掛在南門上。

初四日：張榜八十人，岳秀山是榜頭。

初五日：覆試。

初六日：小雪一指。

初七日：張大榜，司亮採是案首。

初十日：土王用事。

《大清咸豐六年歲次丙辰時憲書》

正月大建庚寅

初九日：入學。

初十日：大風。

十五日：剃頭。△

十九日：府場齊集。大風

二十日：風。

二十二日：風雪冷之甚。

二十七日：暖。

二月小建辛卯

初六日：黃風。

初八日：府場大榜已張。

初九日：終日大風不止，黑夜風□。

初十日：是日風仍不止，不過略小一點。

十三日：大風終日終夜。

十四日：春分。終風且暴。

十五日：小雨。

十六日：陰。

十七日：陰。

十八日：濛星雨。

十九日：夜有小雨。

二十日：小雨。

二十一日：晝小雨，夜有雪。

二十四日：院考齊集。

二十九日：清明。下馬。

三月小建壬辰

初一日：古學。

初二日：上六學文生。

初三日：童生古學。

初四日：下五學文生，

初六日：童生正場。

初八日：童正場。

初九日：動土。

初十日：童正場。修東屋。

十一日：祝公從歸德回來。

十二日：通覆。

十三日：馬□。

十六日：剃頭。

十八日：被竊五百，午時逾牆扭鎖。

二十八日：動工修南屋。

四月大建癸巳

初五日：三點雨，黃昏大風。

初六日：午大風，小雨一濛。

十二日：請會。

十三日：瓦成，雨一陣。

十四日：工完。

十六日：攞方土佃屋地。

十七日：又攞方土佃完，晚雨二指。

十八日：小滿。

二十二日：放麥學。

二十六日：剃頭。

二十七日：黃昏雷動其勢，電發其光，風張其威，大雨一陣。

二十八日：風聲不息，夜有小雨一濛。

三十日：祝公請到衙門寫粉牌一面，字有三千，□□□□□

五月小建甲午

初二日：正午寫畢。

初三日：芒種。

初八日：午後陰。

初九日：午後雷震百里，雨一陣，少頃雷聲又作，大雨四指。

初十日：剃頭。

十一日：夜又有雷聲。

二十一日：□□車來，正午時雷風交作，雨。

二十四日：午後有小雨一濛，剃頭。

二十五日：清晨有小雨一濛，午後大雨幾陣，少頃又小雨幾陣，少頃又大雨，
　　　　　至黑約有一犁。

二十六日：清晨仍陰，有濛星雨。

二十九日：黃昏雨一濛。

六月大建乙未

初一日：有小雨。與祝公叩頭。

初二日：己時□莊女兒告終。

初五日：又寫花封佐理匾一面。

初六日：午後有小雨。

初八日：清晨有雨，早飯罷白瀧雨至午時，約有大半犁。

初九日：剃頭。

十一日：五更大雨一陣。

十二日：頭會。午前又有雨，仍有大半犁。

十三日：黎明有大小雨，至辰時正午時有大雨一陣，下罷日出，復沒，午後
　　　　　又有小雨一陣，夜又有大雨，連前瀾透。

十四日：清晨又有小雨午晴，黃昏又有雨濛成點，河水漸長。

十五日：午後大雨一陣，雷聲交作，至戌時仍有雨滴。

十六日：細雨如絲，有時下，有時不下。

二十三日：陳堡辦壽，午前到門首，未進家，假裝看孩子他岳母，說些不盡
　　　　　人情話，沒有因為嚇如此可惡至極。

二十五日：又打發姓張來看孩子。

二十七日：剃頭。換衣。

二十九日：他自己車來教走。

三十日：與金老水母親作弔。

七月小建丙申

初三日：午後忽然聚東西南北之氣，氤氳而會於一處，方且風張其威，雷鼓其勢，直若五行六□得勢，積力以助為雨雲，而不移，時則仍雲□日華也。而又不移，大雨滂沱也。

初五日：伏，又犯痢疾之病。

十三日：剃頭。

十四日：午後有雷無雨，至黃昏有小雨一濛。

十五日：以前麥價二百五十。

十六日：米價二百八十。

十七日：終日終夜□雲。

十八日：終日終夜□雲。

十九日：大氣大旱，蠟蟲食苗。又終日終夜□雲。

二十日：痢疾些次好些，前晌又□雲，惟午後有一星浮雲，瞬息之間即退，仍然終夜□雲。

二十一日：糧食價暴漲，三天長了一百多。

二十三日：處暑。是日同遊，楊與王東家母作弔。麥價三百五十。

二十四日：風聞蝗蟲在姑故寨，食苗太甚。米價三百八十。

二十五日：天□過熱。終日□雲。午後上陳堡看去。

二十六日：天道大變，旱既太甚，是日旱風四起，午後蝗蟲穿垛而來，遮天映地。

二十七日：剃頭。換衣。蝗蟲又進垛來。

二十八日：眼光廟會。旱風四起。

二十九日：清晨有小雨，正午晴，頃刻又陰，仍有小雨，時下時不下。聞趙家把他大兒告了。

八月大建丁酉

初一日：午前有雨，時下時不下，張燈時下至五更時止，約有半犁。

初二日：午前晴，馬福□□添起請。

初九日：白露。剃頭。

十二日：次會。

十三日：蝗蟲又來了。將自己坡地玉苗盡食，未□麥。

十五日：有濛星雨將濕地皮。

十九日：麥價長至四百。

二十日：米價長至五百。

二十二日：有小雨至午時即止。

二十五日：秋分。去與小孩送褲。

二十六日：□□車來。

二十七日：麥價三百八十。

二十八日：剃頭。大士前有會，米價四百八十。

三十日：前日晨小雨，一陣即止，飯罷小雨至午，約有四指。午後小雨至黑，
　　　　少止，又雨，至半夜，約有一犁。

九月大建戊戌

初四日：聞米價四百六十。麥價三百七十。

初九日：到黃昏時才丟星，不時即止。

初十日：寒露。有小雨，不多即止。

十一日：晝有小雨，夜又有小雨，以上皆小濛星雨，未下下雨來。

十二日：午後又有小雨。

十三日：又有小雨四指。

十四日：上邢家莊邢親戚家寫碑。

十八日：黃昏忽然陰，將有小雨點，子在川上一□。

十九日：剃頭。有小雨二指。

二十日：午前又有細雨，黑夜又有雨一陣。

二十一日：晨陰午晴。

二十三日：是日黑夜有小雨一陣，師課題□□之內，未課，徒步而送去，明
　　　　　日回來。

二十四日：清晨陰有雨點，午仍陰，至二更時有雨一陣，連前約有四指。

二十九日：是日在垛裏火神廟寫碑有三百餘字。

三十日：又寫碑二百餘字，是日黑夜有小雨二指。

十月大

初一日：午前有雨，夜又有雨，約有一犁，連前灑透。

初八日：晨有細雨一濛。

初九日：剃頭。

十二日：三會。

十七日：三更時有雨一陣。

二十一日：與孔老三家陪客，黃昏上禮單。

二十三日：園地出菜。

二十七日：午時廿八人與祝公祝壽，一跪四叩禮，留吃壽麵，畢即回。

二十八日：剃頭。

十一月小

初四日：是夜大風。巡更。

初七日：將許鳳樓挪住解來審問下監內。

初八日：是日大風。

初九日：又有風。

初十日：攤四百八十文，十一日又送帳兩杆，生員三杆，童生一杆，柴八色，
與老太太賀壽十一百。看堂戲賞一千。饒席十八碗。張燈而回。

十三日：是日與士成寫中堂二張。

十四日：是日又寫屏四扇。

十五日：又寫小橫批四個。

十七日：家。與李□生寫匾二個，寫「天生同」三大字。

十八日：巡更。剃頭。

二十四日：冬至。

二十六日：與□寫刻爵金營。

二十七日：與棚下客寫屏八扇，對一付，繫□小大□一個，對。

十二月大建辛丑

初三日：巡更。

初六日：剃頭。

十二日：四會。

參考文獻

一、曆書類

1. 《大清順治三年歲次丙戌時憲曆》
2. 《大清順治十五年歲次戊戌時憲曆》
3. 《大清康熙五十五年歲次丙申便覽全備通書》
4. 《大清雍正二年歲次甲辰便覽溪口通書》
5. 《大清乾隆六十一年歲次丙辰時憲書（清紀樹馨、吳振棫跋）》
6. 《道光二十六年日月刻度通書》
7. 《大清咸豐元年歲次辛亥時憲書》
8. 《大清咸豐五年歲次乙卯時憲書》
9. 《大清咸豐七年歲次丁巳時憲書》
10. 《大清咸豐八年歲次戊午時憲書》
11. 《大清咸豐十二年歲次壬戌時憲書》
12. 《大清光緒十二年歲次丙戌時憲書》
13. 《大清光緒十三年時憲書》
14. 《大清光緒十三年歲次丁亥時憲書》
15. 《大清光緒十五年七政經緯躔度時憲書》
16. 《大清光緒十七年歲次辛卯時憲書》
17. 《大清光緒十六年歲次庚寅時憲書》
18. 《大清光緒十八年歲次壬辰時憲書》
19. 《大清光緒十九年歲次癸巳時憲書》
20. 《大清光緒二十年歲次甲午時憲書》
21. 《光緒二十年粵東省城諏吉通書》

22. 《光緒二十六年粵省拾芥園通盛》
23. 《大清光緒二十八年七政經緯躔度時憲書》
24. 《大清光緒三十年歲次甲辰時憲書（清光緒朱墨抄本，光緒三十年進呈本）》
25. 《大清光緒三十三年歲次丁未時憲書》
26. 《大清光緒三十五年歲次己酉時憲書》
27. 《大清宣統二年歲次庚戌時憲書》
28. 《大清宣統三年歲次辛亥時憲書》
29. 《清四朝時憲書》

以上曆書均為中國國家圖書館及北京師範大學圖書館藏曆書。

二、史料類

1. 【德】湯若望：《新曆曉或》，見張潮輯：《昭代叢書》埤編庚集，吳江沈氏世楷堂版本。
2. 繆之晉：《大清時憲書箋釋》，《續修四庫全書·子部》天文算法類，上海古籍出版社 2002 年版。
3. 湯若望：《民曆輔注解惑》，清康熙刻本。
4. 《康熙會典》，清文淵閣四庫全書本。
5. 《清朝文獻通考》，清文淵閣四庫全書本
6. 《大清會典則例》，清文淵閣四庫全書本。
7. 《清通典》，清文淵閣四庫全書本。
8. 《大清會典》，清文淵閣四庫全書本。
9. 《清通典》，清文淵閣四庫全書本。
10. 《大清通禮》，清文淵閣四庫全書本。
11. 《大清五朝會典·光緒會典》，線裝書局 2006 年版。
12. 《新鄉縣志》，三聯出版社 1991 年版。
13. 席裕福、沈師徐輯：《皇朝政典類纂》，上海圖書集成局 1903 年版。
14. 劉錦藻：《清朝續文獻通考》，商務印書館 1955 年版。
15. 趙爾巽等撰：《清史稿》，中華書局 1977 年版。
16. 李元度：《國朝先正事略》卷一，清同治刻本。
17. 李元度：《國朝先正事略補編》，清光緒刻本。
18. 朱壽朋：《東華續錄（光緒朝）》，上海集成圖書局 1909 年版。
19. 吳壇著、馬建石、楊育棠校注：《大清律曆通考校注》，中國政法大學出版社 1992 年版。
20. 海寧：《晉政輯要》卷六，清乾隆山西布政使司刊本。

21. 西清：《黑龍江外記》，清光緒廣雅書局刻本。

22. 張德堅：《賊情彙纂》，清抄本。

23. 李鴻章：《李文忠公奏稿》，光緒三十四年金陵刻本。

24. 傅恒：《平定準噶爾方略》正編卷九，清文淵閣四庫全書本。

25. 徐珂編撰：《清稗類鈔》第一冊，中華書局出版社 1984 年版。

26. 鄂爾泰、張廷玉編纂、左步青校點：《國朝宮史》，北京古籍出版社 1994 年版。

27. 謝路軍主編、鄭同點校：《欽定協紀辨方書》，華齡出版社 2009 年版。

28. 葉德輝：《郋園讀書志》，上海古籍出版社 2010 年版。

29. 趙翼：《陔餘叢考》，河北人民出版社 1990 年版。

30. 方濬師：《蕉軒隨錄》，中華書局 1997 年版。

31. 梁章鉅：《退庵詩存》，清道光刻本。

32. 梁章鉅：《歸田瑣記》，中華書局 1981 年版。

33. 陸以湉：《冷廬雜識》，中華書局 1984 年版。

34. 葉名灃：《橋西雜記》，中華書局 1985 年版。

35. 吳振棫：《養吉齋叢錄》，北京古籍出版社 1983 年版。

36. 潘相：《琉球入學見聞錄》，清乾隆刻本。

37. 曹雪芹：《紅樓夢》，中華書局 2010 年版。

38. 劉大紳：《寄庵詩文鈔》，民國雲南叢書本。

39. 盛大士：《蘊愫閣詩續集》，清道光四年刻本。

40. 顧祿：《清嘉錄》，江蘇古籍出版社 1999 年版。

41. 俞樾：《春在堂詩編》，清光緒二十五年刻《春在堂全書》本。

42. 徐士鑾：《醫方叢話》，清光緒津門徐氏蜨園刻本。

43. 潘衍桐：《兩浙輶軒續錄》，清光緒刻本。

44. 魏特：《湯若望傳》，商務印書館 1933 年版。

45. 阮元校刻：《十三經注疏》，中華書局 2009 版。

46. 蘇輿：《春秋繁露義證》，中華書局 1992 年版。

47. 陳立撰、吳則虞點校：《白虎通疏證》，中華書局 1994 年版。

三、檔案類

1. 國家第一曆書檔案館藏

2. 清代朱批奏摺

3. 清代欽天監題本

四、研究專著

1. 江曉原：《天學真原》，遼寧教育出版社 2007 年版。

2. 鄧文寬：《敦煌吐魯番天文曆法研究》，甘肅教育出版社 2002 年版。

3. 黃一農：《社會天文學史十講》，復旦大學出版社 2004 年版。

4. 劉道超、周榮益：《神秘的擇吉》，廣西人民出版社 2009 年版。

5. 吳國盛：《時間的觀念》，北京大學出版社 2006 年版。

6. 蕭放：《歲時——傳統中國民眾的時間生活》，中華書局 2002 年版。

7. 劉道超：《擇吉與中國文化》，人民出版社 2004 年版。

8. 任騁：《中國民間禁忌》，作家出版社 1991 年版。

9. 【美】羅伯特·達恩頓著、呂健忠譯：《屠貓記·法國文化史鈎沈》，新星出版社 2006 年版。

10. 【法】弗雷德里克·巴比耶著、劉陽等譯：《書籍的歷史》，廣西師範大學出版社 2005 年版。

11. 【美】克利福德·格爾茲著、納日碧力戈等譯、王銘銘校：《文化的解釋》，上海人民出版社 1999 年版。

12. 【美】克利福德·格爾茲著、趙丙祥譯、王銘銘校：《尼加拉：十九世紀巴釐劇場國家》，上海人民出版社 1999 年版。

13. 葛兆光：《思想史研究課堂講錄》，生活·讀書·新知三聯書店 2005 年版。

14. 葛兆光：《中國思想史》，上海復旦大學出版社 2009 年版。

15. 【法】皮埃爾·布迪厄著、蔣梓驊譯：《實踐感》，譯林出版社 2003 年版。

16. 喬治·J.E.格雷西亞著、汪信硯、李志譯：《文本性理論：邏輯與認識論》，人民出版社 2009 年版。

17. 【美】楊慶堃著、范麗珠等譯：《中國社會中的宗教》，上海人民出版社 2007 年版。

18. 【法】馬塞爾·莫斯著、汲喆譯、陳瑞樺校：《禮物》，上海人民出版社 2002 年版。

19. 【美】林·亨特主編、江政寬譯：《新文化史》，臺北麥田出版 2002 年版。

20. 張仲民：《出版與文化政治：晚清的「衛生」書籍研究》，上海世紀出版集團 2009 年版。

21. 蕭東發主編、何東紅、朱賽虹編著：《中國官府藏書》，貴州人民出版社 2009 年版。

22. 【捷克】嚴嘉樂著、叢林、李梅譯：《中國來信（1716～1735）》，大象出版社 2002 年版。

23. 榮振華著、耿昇譯：《在華耶穌會士列傳及書目補編》，中華書局 1995 年版。

24. 江曉原、鈕衛星：《中國天學史》，上海人民出版社 2005 年版。

25. 朱維錚：《走出中世紀》，上海人民出版社 1987 年版。

26. 朱靜編譯：《洋教士看中國朝廷》，上海人民出版社 1995 年版。

27. 吳嘉麗、葉鴻灑主編：《新編中國科技史》下冊，臺北銀禾文化事業公司 1990 年版。

28. 楊翠華、黃一農編：《近代中國科技史論集》，臺北中央研究院近代史研究所 1991 年版。

29. 黃金麟：《歷史、身體、國家：近代中國的身體形成（1895～1937）》，新星出版社 2006 年版。

30. 陳進國：《信仰、儀式與鄉土社會──風水的歷史人類學探索》上，中國社會科學出版社 2005 年版。

31. 【法】祿是遒著、沈婕、單雪譯：《中國民間崇拜‧歲時習俗》，上海科學技術文獻出版社 2009 年版。

32. 鍾叔河編訂：《周作人散文全集》9，廣西師範大學出版社 2009 年版。

33. 【日】窪德忠：《道教史》，上海譯文出版社 1987 年版。

34. 中國古籍善本書目編輯委員會編：《中國古籍善本書目》，上海古籍出版社 1996 年版。

35. 北京圖書館普通古籍組編：《北京圖書館普通古籍總目》，書目文獻出版社 1990 年版。

36. 北京圖書出版社古籍影印室編：《國家圖書館藏明代大統曆日彙編》，北京圖書館出版社 2007 年版。

37. Richard J.Smith，"A Note on Qing Dynasty Calendars" *late Imperial China*，9.1（1988）

38. 湛曉白：《時間的社會文化史：近代中國的時間制度與觀念變遷研究》，社會科學文獻出版社 2013 年版。

五、研究論文

1. 常福元：《舊時憲書編製法》，《輔仁學誌》1929 年第 1 卷第 2 期。

2. 王重民：《記巴黎圖書館所藏太平天國文獻》，《圖書季刊》1935 年第二卷第二期。

3. 黃一農：《擇日之爭與「康熙曆獄」》《清華學報》新 21 卷第 2 期 1991 年。

4. 黃一農：《清初欽天監中各民族天文家的權力起伏》，《新史學》1991 年 6 月二卷二期。

5. 黃一農：《湯若望〈新曆曉或〉與〈民曆輔注解惑〉二書略記》，《國立中央圖書館館刊》新 25 卷第 1 期 1992 年 6 月。

6. 黃一農：《康熙朝漢人士大夫對「曆獄」的態度及其所衍生的傳說》，《漢學研究》第 11 卷第 2 期 1993 年 12 月。

7. 黃一農：《耶穌會士湯若望在華恩榮考》，《中國文化》1992 年第 2 期。

8. 黃一農：《擇日之爭與康熙「曆獄」》，《清華學報》，1991 年新第 21 卷第 2 期。

9. 陳昊：《「曆日」還是「具注曆日」——敦煌吐魯番曆書名稱與形制關係再討論》，《歷史研究》2007 年第 2 期。

10. 劉永明：《唐宋之際曆日發展考論》，《甘肅社會科學》2003 年第 1 期。

11. 張培瑜、徐振韜、盧央：《曆注簡論》，《南京大學學報》（自然科學版）1984 年第 1 期。

12. 曹之：《古代曆書出版小考》，《出版史料》2007 年第 3 期。

13. 劉永明：《敦煌曆日探源》，《甘肅社會科學》2002 年第 3 期。

14. 周寶榮：《唐宋歲末的曆書出版》，《學術研究》2003 年第 6 期。

15. 韋兵：《競爭與認同：從曆日頒賜、曆法之爭看宋與周邊政權的關係》，《民族研究》2008 年第 5 期。

16. 江曉原：《科學史外史研究初論——主要以天文學史為例》，《自然辯證法通訊》2000 年第 2 期。

17. 史玉民：《清欽天監衙署位置及廨宇規模考》，《中國科技史料》2003 年第 24 卷第 1 期。

18. 江曉原：《1645 年〈西洋新法曆書〉》，《博覽群書》2010 年 9 期。

19. 鄧建華：《楊光先與康熙朝「曆案」》，《社會科學輯刊》1993 年第 4 期。

20. 謝景芳：《楊光先與清初「曆案」的再評價》，《史學月刊》2002 年第 6 期。

21. 左玉河：《論南京國民政府的廢除舊曆運動》，《中華民國史研究三十年（1972～2002）》下卷，社會科學文獻出版社 2008 年版。

22. 袁逸：《清代書籍價格考——中國歷代書價考之三（上）》，《編輯之友》1993 年第 4 期。

23. 【法】克里斯蒂昂·雅各布著、陸象淦譯：《從書籍到文本——文獻學比較史芻議》，《第歐根尼》，2003 年第 1 期。

24. 【法】羅蘭·巴特著、楊揚譯、蔣瑞華校：《從作品到文本》，《文藝理論研究》1988 年第 5 期。

25. 葛兆光：《時憲通書的意味》，《讀書》1997 年第 1 期。

26. 沈津：《說「翻刻必究」》，http://blog.sina.com.cn/s/blog_4e4a788a0100ogj2.html.

六、學位論文

1. 黃儒宣：《〈日書〉圖象研究》，中國臺灣大學文學院中國文學研究所 2010 屆博士論文。

2. 林裕盛：《擇日通書之脈絡分析與研究——以〈欽定協紀辨方書〉爲中心》，南華大學宗教學研究所 2007 屆碩士學位論文。

3. 張書華：《現代性的追求：晚清時間意識之轉變及其意涵》，中國臺灣私立東海大學中國文學系 2008 屆碩士學位論文。

七、網絡檢索系統

1. 學院汲古——高校古文獻特色庫
2. 中國國家圖書館古籍導航
3. 中國臺灣圖書館臺北分館書目檢索
4. 中國歷代典籍總目